Nordseeküste
mit dem Wohnmobil

Vieles, selbst die Hamburger Hallig wie hier, lässt sich mit dem Wohnmobil erreichen.

Michael Moll

NORDSEEKÜSTE MIT DEM WOHNMOBIL

Die schönsten Routen entlang des Wattenmeeres in Niedersachsen und Schleswig-Holstein

BRUCKMANN

Nicht nur auf Nordstrand wird man willkommen geheißen.

INHALT

DIE DEUTSCHE NORDSEEKÜSTE UND IHRE REGIONEN 6

DIE ROUTEN 16

1 STÄDTEBESICHTIGUNG IM HINTERLAND DER NORDSEEKÜSTE 18
Von Papenburg bis Greetsiel

2 OSTFRIESISCHES INSELHOPPING OHNE WOHNMOBIL 36
Von Borkum bis Wangerooge und Harlesiel

3 RUND UM DEN JADEBUSEN – GROSSE MEERESBUCHT DER NORDSEE 68
Von Harlesiel nach Butjadingen

4 EINBLICKE INS LANDESINNERE RUND UM BREMEN 82
Von Varel nach Cuxhaven

5 AN DER ELBE LANDEINWÄRTS IN DIE HANSESTADT HAMBURG 104
Von Cuxhaven nach Hamburg

6 AN ELBE UND KANAL DURCH SCHLESWIG-HOLSTEIN 122
Von Hamburg nach Rendsburg

7 ZU DEN ALTEN BADEORTEN NORDFRIESLANDS 136
Von Rendsburg nach Husum

8 MIT DEM SCHIFF NORDFRIESLANDS INSELN ENTDECKEN 160
Von Husum nach Sylt

REISEINFORMATIONEN VON A BIS Z 180

REGISTER 188

PS.: 190

STRASSENATLAS 192

IMPRESSUM 216

Weite Landschaften mit Schafherden sind das Symbol der Nordseeküste.

» DIE DEUTSCHE NORDSEEKÜSTE UND IHRE REGIONEN

Die Regionen der deutschen Nordseeküste bieten eine hervorragende touristische Infrastruktur, die sich mit ihrer Vielzahl von Wohnmobilstellplätzen und Campingplätzen gut für Wohnmobiltouristen eignet. Außerdem ist der Küstenstreifen gut ausgebaut und lässt sich selbst mit Dickschiffen problemlos befahren. Es warten keine hohen Steigungen, keine Serpentinen und keine allzu engen Straßen.

Im Südwesten befindet sich Ostfriesland, wo von der zentral gelegenen B 201 zwei weitere Bundesstraßen in Richtung Küste abzweigen. Dazwischen erstreckt sich ein weites Netz kleinerer Landstraßen. Besonders beliebt ist die sogenannte Störtebekerstraße, die küstennah parallel zu den Deichen verläuft. Weiter östlich gelangt man in den Bereich der Unterweser, wo man den Jadebusen ebenfalls bequem auf Bundesstraßen umrunden kann. Wer die Tour so fährt wie im Buch beschrieben und auch die Großstädte der Region besucht, wird hier für ein kurzes Stück sogar auf Autobahnen unterwegs sein.

In den Sielorten blickt man immer auf die kleinen Fischkutter.

Ebenfalls mit der Autobahn erreicht man die historische Landschaft namens Land Hadeln. Sie erstreckt sich zwischen Weser und Elbe. Auch hier kommt man gut auf Bundesstraßen voran. Die Elbe liegt ungefähr in der Mitte der Nordseeregion und teilt diese in den niedersächsischen und den schleswig-holsteinischen Bereich. Um sie zu überqueren, nutzt man entweder die Elbfähre zwischen Wischhafen und Glückstadt oder folgt der B 73 in das Stadtgebiet von Hamburg.

Mit dem Verlassen von Niedersachsen treffen wir nördlich der Elbe auf die Region Holstein und folgen hier bis zur dänischen Grenze grob dem Verlauf der B 5. Für die Abstecher direkt an die Küste und auch in das Landesinnere entlang des Nord-Ostsee-Kanals bis Rendsburg fährt man auf gut ausgebauten Landstraßen.

Ab dem Eidersperrwerk zwischen Büsum und St. Peter-Ording verlässt man schließlich Holstein und fährt durch Südschleswig, die nördlichste Landschaft Deutschlands. Nordschleswig befindet sich bereits jenseits der deutsch-dänischen Grenze. In Südschleswig ist man zugleich an der nordfriesischen Küste unterwegs, der die Nordfriesischen Inseln Sylt, Föhr, Amrum, Pellworm und einige Halligen vorgelagert sind. Sie bilden das Pendant zu den Ostfriesischen Inseln, die von Borkum bis Wangerooge reichen.

HOCHSEEINSEL HELGOLAND

Ungefähr auf halber Strecke zwischen diesen beiden Inselgruppen liegt die einzige Hochseeinsel Deutschlands: Helgoland. Hier dürfen keine Wohnmobile fahren, selbst das Fahren von Fahrrädern ist auf dem Eiland verboten. Insofern ist die Insel für Wohnmobilfahrer nur als Tagesausflug interessant. Passagierschiffe fahren ab Cuxhaven und ab Büsum, die Fahrzeit beträgt zwischen 75 und 130 Minuten. Eine Besonderheit ist dabei das

Das Naturschutzhaus informiert über die Hamburger Hallig.

Ausbooten, bei dem man vor der Insel vom Fährschiff auf ein kleineres sogenanntes Börteboot umsteigen muss.

OSTFRIESLAND UND SEINE INSELN

Wer jetzt auf Ostfriesenwitze hofft, wird leider enttäuscht. Das haben die Region und ihre Bewohner nicht verdient. Entstanden sind die Witze übrigens Ende der 1960er-Jahre durch die Nachbarn im Ammerland, genauer gesagt durch eine Veröffentlichung in einer Schülerzeitung. Wie ein Lauffeuer verbreiteten sich die Sticheleien gegen die Ostfriesen in ganz Deutschland, was in Ostfriesland jedoch durchaus wohlwollend zur Kenntnis genommen wird. Immerhin ist es aus Sicht der Touristiker der Region nicht ganz uninteressant, auch in anderen Landesteilen erwähnt zu werden. Augenzwinkernd wurde schon behauptet, die Ostfriesen hätten die Ostfriesenwitze selbst erfunden.

Landschaftlich erstreckt sich Ostfriesland auf der Halbinsel zwischen Ems- und Wesermündung, wobei der östlichste Bereich rund um Horumersiel und Jever historisch zum Jeverland gezählt wird bzw. wurde. Vorgelagert sind die Inseln Borkum, Memmert, Juist, Norderney, Baltrum, Langeoog, Spiekeroog und Wangerooge. Mit dem Auto bzw. Wohnmobil befahrbar sind nur die Inseln Borkum und Norderney. Auf allen anderen Inseln ist der motorisierte Verkehr verboten. Anders als auf Helgoland darf man hier jedoch mit dem Fahrrad fahren, angesichts der lang gestreckten Inseln ein beliebtes Fortbewegungsmittel.

Die Landschaft ist flach und besteht aus Marschland ohne natürliche Erhebungen, das sich auf gleicher Höhe wie der Meeresspiegel befindet. Daher ist die Region komplett eingedeicht und beherbergt mehrere Pumpwerke und Siele, mit denen das Land entwässert werden kann, was aufgrund eines zu niedrigen Gefälles kaum auf natürlichem Weg möglich ist. Nicht zuletzt deswegen findet man im Hinterland zahlreiche Moorlandschaften.

Klassisch für Ostfriesland sind die vielen Sielhäfen, um die sich meist ein reges touristisches Angebot entwickelte. In den Hafenbecken haben üblicherweise Krabbenkutter und Ausflugsschiffe angelegt, mit denen man entweder zu den Inseln oder Seehundsbänken fahren kann oder wo man frisch gefangene Nordseekrabben erhält.

NATIONALPARK UND WELTNATURERBE

Seit 1986 gehört der gesamte Küstenbereich Ostfrieslands einschließlich der Inseln zum Nationalpark Niedersächsisches Wattenmeer. Weiter östlich geht er in den Nationalpark Hamburgisches Wattenmeer über und im Norden folgt der Nationalpark Schleswig-Holsteinisches Wattenmeer. Seit dem Jahr

Gleich hinter dem Deich kann man vielerorts bequem übernachten.

2009 werden sie auf der UNESCO-Weltnaturerbeliste geführt.

Die Gezeiten an der deutschen Nordseeküste sind sehr ausgeprägt und führen dazu, dass sich das Wasser der Nordsee bei Ebbe weit zurückzieht. Das ermöglicht einen wunderbaren Einblick in das Leben auf dem Meeresgrund. Wattwürmer, Krebse und Schnecken sind ein gefundenes Fressen für die hiesige Vogelwelt und auch ein beliebter Anblick bei den Urlaubern, die dann im Wattenmeer umherspazieren können.

Bei entsprechender Wetterlage und Vorsicht sind Wanderungen zu einigen Inseln möglich. Zu den Klassikern zählen Wattwanderungen nach Norderney, Baltrum, Langeoog und Spiekeroog. Aus Gründen der Sicherheit sollten solche Touren aber nur mit einem erfahrenen Führer gemacht werden. Dieser hat unterwegs einige interessante Geschichten zu erzählen und kann die eindrucksvolle Landschaft erläutern.

CUXHAVEN UND DAS ALTE LAND

Zwischen der Wesermündung und der Elbe erstreckt sich unter anderem das Alte Land. Es ist vom Obstbau geprägt und sollte auf Wunsch des Bundeslandes für zukünftige UNESCO-Welterbeanträge berücksichtigt werden. Als Gründe nannte man die Siedlungsstrukturen mit den vielen Bauernhöfen und die Entwässerung der Region. Der Antrag wurde zwar abgelehnt, dennoch ist die Region bei Urlaubern beliebt und bietet Ausblicke sowohl auf die Nordsee als auch die Elbe mit ihrem regen Schiffsverkehr.

HOLSTEIN

Marschlandschaft prägt auch Holstein. Zahlreiche sogenannte Högen zeugen von der Zeit der Landgewinnung, die auch hier dazu führte, dass die Landschaft ausnahmslos flach ist. In Holstein befindet sich sogar die tiefste Landstelle Deutschlands. Knappe dreieinhalb Meter steht man hier unter dem Meeresspiegel und damit rund acht Meter unter der Deichkrone. Denn auch in Holstein muss mit zahlreichen Deichbauten gearbeitet werden, damit das Land nicht vom Meer geholt wird.

Für Wohnmobilreisende ist besonders der Nord-Ostsee-Kanal von großem Interesse. Mehrere Stellplätze direkt am Ufer des Kanals ermöglichen gemütliche Abende, an denen man auf die vorbeiziehenden Schiffe blicken kann, die hier viele Seemeilen rund um Dänemark sparen, wenn sie von der Nordsee zur Ostsee oder umgekehrt fahren.

SCHLESWIG BZW. NORDFRIESLAND

Die nördlichste Landschaft Deutschlands ist ebenso flach wie die bereits genannten. Im Gegensatz zur holsteinischen Küste befinden sich vor dem nördlicheren Küstenabschnitt wieder zahlreiche Inseln. Diese liegen nicht so schön aneinandergereiht wie in Ostfriesland, sondern ein wenig verstreut im nordfriesischen Wattenmeer. Die nördlichste und wohl bekannteste ist Sylt. Südlich davon folgen Amrum, Föhr und Pellworm.

Sylt ist als einzige deutsche Nordseeinsel durch einen Damm mit dem Festland verbunden. Auf dem Hindenburgdamm verkehrt aber nur die Deutsche Bahn mit dem Sylt Shuttle ab Niebüll. Pkws können damit problemlos nach Sylt gebracht werden. Viele Wohnmobile müssen mittlerweile den Umweg über Dänemark in Kauf nehmen und können nur mit der Fähre ab Rømø nach Sylt gelangen. Ob dieser Zustand dauerhaft so bleibt, ist abzuwarten.

Am nördlichsten Punkt Deutschlands wälzen sich Seehunde im Sand.

Zu den Eilanden in Nordfriesland zählen auch die Halligen. Diese werden bei Sturmflut vom Wasser überflutet und nur die Warften sind dann noch zu sehen, künstliche Aufschüttungen, meist mit bewohnten Häusern, die mithin komplett vom Wasser der Nordsee umgeben sind. Bei einem normalen Wasserstand breiten sich die Halligen jedoch deutlich aus. Die Hallig Langeneß hat zum Beispiel eine Länge von fast zehn Kilometern. Zwischen den Warften kann man die Salzwiesen erkunden, die auf den Halligen üblicherweise wachsen. Sowohl die Inseln als auch die Halligen sind mit Fähren und Ausflugsschiffen gut erreichbar.

Auch hier wieder bietet sich eine Wattwanderung vom Festland zu einer Hallig oder zu einer Insel an – am besten in Begleitung eines kundigen Wattwanderführers. Es gibt verschiedene Kombinationsmöglichkei-

Fischkutter bringen Nordseekrabben in die Sielhäfen.

Auch der Sielhafen von Neuharlingersiel ist ein beliebtes Reiseziel.

ten, zum Beispiel indem man zu einer Hallig wandert, eine Insel mit der Fähre besucht und schließlich zum Festland zurückkehrt.

DIE STÄDTE AN DER KÜSTE

Wer an die deutsche Nordseeküste fährt, erwartet in der Regel kleine, gemütliche Ortschaften, in denen man bequem vom Wohnmobilstellplatz zu Fuß oder mit dem Fahrrad zum Bäcker gelangt und wo man abends noch eine kleine Runde mit dem Hund läuft und Ruhe genießt. Diese Ortschaften gibt es und sie sind deutlich in der Mehrzahl. Ob das nun die Sielorte in Ostfriesland oder die Kögen und Dörfer an der schleswig-holsteinischen Küste sind, Ruhe findet man fast überall.

Greetje ist der Name dieser Krabbenskulptur.

Doch es gibt auch größere Städte und gar Metropolen in der Region. Husum, Büsum, Emden und Stade sind solche Städte, wo es schon etwas rummeliger zugeht, aber immer noch der Tourismus im Vordergrund steht, und man flanieren und gut einkehren kann. Cuxhaven, Bremerhaven und Wilhelmshaven sind schon eine Spur größer und nur punktuell für den Urlauber von Interesse. Dort sind dafür wiederum Sehenswürdigkeiten, die man in kleineren Gemeinden nicht findet.

Zu guter Letzt bleiben die Metropolen wie Bremen und Hamburg. Will man hier alle bedeutenden Attraktionen sehen oder die Museen besuchen, muss man schon mehrere Tage einplanen. Außerdem gilt es natürlich zu berücksichtigen, dass man sich nicht mehr unmittelbar an der Küste befindet, sondern etwas weiter landeinwärts.

So oder so sollte man bedenken, dass auch und gerade kleinere Orte in der Hochsaison gut besucht sind – die gemütlichen Ortschaften auf den Inseln, die ein wahres Urlaubsparadies sind, genauso wie die Küs-

tenstädtchen. Insbesondere die Sielorte in Ostfriesland sind ein beliebtes Reiseziel, und das nicht nur in den Sommerferien. Viele Menschen aus Nordrhein-Westfalen und insbesondere aus der Ballungsregion Ruhrgebiet nutzen die gute Autobahnanbindung, um am Wochenende schnell zur Küste zu fahren.

SEHENSWÜRDIGKEITEN

Eines ist klar: Es gibt nicht die eine Sehenswürdigkeit an der deutschen Nordseeküste. Vielmehr gibt es viele kleine und vor allen Dingen auch die Nordseeküste selbst. Wer mag es nicht, von Schafen umringt auf einem Deich zu stehen und auf die Wellen oder das Wattenmeer zu blicken, während die Möwen kreischen. Gerade das ist das Erlebnis, das eine Fahrt an die Küste ausmacht.

Doch es gibt eben auch die von Menschenhand geschaffenen Sehenswürdigkeiten. Beinahe jeder Ort hat ein Heimatmuseum, in vielen Häfen gibt es Museumsschiffe und an den Küsten stehen Leuchttürme oder andere Bauten, die als Wahrzeichen gelten. In der Reihenfolge der Routen zählen zu den bedeutenden Sehenswürdigkeiten die Meyer-Werft in Papenburg, der schiefe Turm von Suurhusen bei Emden, der rotgelbe Pilsumer Leuchtturm bei Greetsiel, das Sielhafenmuseum in Carolinensiel, das Deutsche Marinemuseum in Wilhelmshaven, die Bremer Stadtmusikanten in der Altstadt der Hansestadt, die Kugelbake in Cuxhaven, der Holzkran von Stade, die Hochbrücke in Rendsburg, das Eidersperrwerk und die Straßenzüge in Friedrichstadt.

Das alles ist nur eine Auswahl – die Attraktionen in Hamburg nicht mitgezählt. Darüber hinaus beherbergt die Region rund um die deutsche Nordseeküste drei Welterbestätten der UNESCO, die jedoch erst im 21. Jahrhundert als solche gewürdigt wurden. Das begann im Jahr 2004 mit dem Rathaus und der Rolandfigur in Bremen, gefolgt vom Deutschen Wattenmeer im Jahr 2009 (mit Erweiterungen in den Jahren 2011 und 2014) sowie der Hamburger Speicherstadt und dem Kontorhausviertel mit dem Chilehaus im Jahr 2015.

NORDDEUTSCHE KÜCHE

Wer an die Küste fährt, wird nicht umhinkommen, die eine oder andere Speise, die fangfrisch aus dem Meer kommt, zu probieren. Mundgerecht und sehr beliebt sind die

Auch Windmühlen wie hier in Jever gehören zum klassischen Bild an der Nordseeküste.

Zu Ostfriesland gehört natürlich auch die Einkehr in eine Teestube.

Kibbelinge, die ihren Ursprung in den Niederlanden haben. Dabei handelt es sich meist um Seelachs, der würfelförmig mit Backteig überzogen und frittiert wurde. Angeboten werden sie typischerweise mit Remoulade oder auch Pommes frites. Ebenfalls beliebt sind Fischbrötchen mit Lachs, Bismarckhering oder geräucherter Makrele.

Oftmals findet man leider auch Fischspeisen, von deren Genuss abzuraten ist. Dazu gehört zum Beispiel die sogenannte Schillerlocke. Hierbei handelt es sich um den Bauchlappen des Dornhais, der auf der Roten Liste der gefährdeten Arten steht. Auch die Makrele sowie der Aal, der oftmals geräuchert angeboten wird, gelten als überfischt.

Beliebt ist natürlich die berühmte Nordseekrabbe. Nach ihrer Fahrt auf dem offenen Meer kommen die Krabbenkutter in die Häfen, wo sie ihren Fang sofort verladen oder auch vor Ort verkaufen. Gemeint sind mit den Krabben jedoch keine klassischen Krabben, die man auch als Krebs kennt, sondern vielmehr Nordseegarnelen. Sie gehören zwar zu den Krebstieren, haben aber einen lang gestreckten Körper und unterscheiden sich von den rötlichen Garnelen, die als Delikatesse gelten, durch ihre Farbe. Denn ihr rosafarbenes Aussehen und auch die deutliche Krümmung des Körpers erhalten Nordseegarnelen erst nach dem Kochen. Zuvor sind sie deutlich weniger gekrümmt und zeigen eine eher dunkle Färbung, mit der sie sich auf dem Meeresboden tarnen.

CAMPING- UND STELLPLÄTZE

Entlang der deutschen Nordseeküste gibt es zahlreiche Möglichkeiten für Wohnmobilisten, das Fahrzeug abzustellen und darin zu übernachten. Die klassischen Campingplätze sind überall anzutreffen, besonders in den beliebten Urlaubsorten. Manche von ihnen befinden sich allerdings etwas außerhalb der Dörfer und sind umgeben von Deich und Marschlandschaft. Dann ist es gut, wenn man ein Fahrrad dabeihat, um in den nahe gelegenen Ort radeln zu können.

Auch in Sachen Ausstattung bieten die norddeutschen Campingplätze, wie überall, eine große Vielfalt. Mal trifft man auf den kleinen, liebevoll geführten Platz in Familienbesitz. Ein anderes Mal gleicht der Campingplatz einer kleinen Ortschaft und ist entsprechend umfangreich ausgestattet. Und dann gibt es die Campingplätze, wo es versäumt wurde, mit der Zeit zu gehen.

Bei den immer beliebter werdenden Wohnmobilstellplätzen gibt es weder einen Mangel noch einen einheitlichen Standard. Manche wurden von der Gemeinde selbst eingerichtet und haben ein sehr einfaches Niveau. Andere bieten Vollausstattung mit Schranke, Bezahlung per Karte und vielem mehr. Darüber hinaus gibt es Wohnmobilstellplätze, die sich in privater Hand befinden oder vom angrenzenden Campingplatz geführt werden.

Bei der Wahl des Camping- oder Stellplatzes schadet es also nicht, vorher einen Blick in die Beschreibung oder zusätzlich auf die Satellitenkarte bei Google Maps zu werfen. Denn nicht jeder Übernachtungsplatz, der sich unmittelbar neben dem Meer befindet, bietet auch einen freien Blick darauf. In vielen Fällen schützen die Deiche nicht nur vor dem Wasser, sondern versperren auch den Blick auf dieses. Das gilt im Übrigen auch für das Ufer an der Elbe.

Krabben gehören auf die norddeutsche Speisekarte.

Einen Camping- oder Stellplatz muss man nicht lange suchen.

Diese Brücke überspannt den Störtebekerkanal bei Greetsiel.

» DIE ROUTEN

1 STÄDTEBESICHTIGUNG IM HINTERLAND DER NORDSEEKÜSTE

Von Papenburg bis Greetsiel

Aller Anfang ist schwer, sagt man. Doch schwer ist die Anreise zur Nordseeküste nicht. Man fährt durch die weite Landschaft von Emsland und Ostfriesland und lässt den Blick über Felder und Fehn schweifen. Die eigentliche Küste erreichen wir in dieser Etappe erst ganz zum Schluss. Zuvor besuchen wir die Meyer-Werft in Papenburg, schlendern durch die Altstadt von Leer, besuchen das Schloss in Aurich und genießen den Blick auf den Binnenhafen von Emden. Erst am Leuchtturm von Pilsum, dem Wahrzeichen Ostfrieslands, stehen wir nahe Greetsiel am Ufer der Nordsee und blicken zum ersten Mal auf das weite Wasser.

Wahrzeichen von Greetsiel sind zweifellos die beiden Windmühlen.

Zugegeben, Papenburg liegt nicht an der Küste. Rund 24 Kilometer Luftlinie sind es noch bis zum Dollart an der Emsmündung und sogar über 70 Kilometer bis zum offenen Meer nördlich der Ostfriesischen Inseln. Dennoch muss man Papenburg in einem Atemzug mit der deutschen Nordseeküste nennen. Immerhin befindet sich nordwestlich der Stadt die Meyer-Werft, die in unregelmäßigen Abständen Schlagzeilen macht, weil gerade wieder ein Schiff fertiggestellt wurde. Die Werft baut meist große Kreuzfahrtschiffe, die Platz für mehrere Tausend Passagiere bieten. Spannend ist dann immer wieder die Überführung der Schiffe auf der Ems bis zur Nordsee, wo sie in der Regel nach Eemshaven auf niederländischer Seite gebracht werden, um dort den letzten Schliff in Form von Innenausbau zu erhalten.

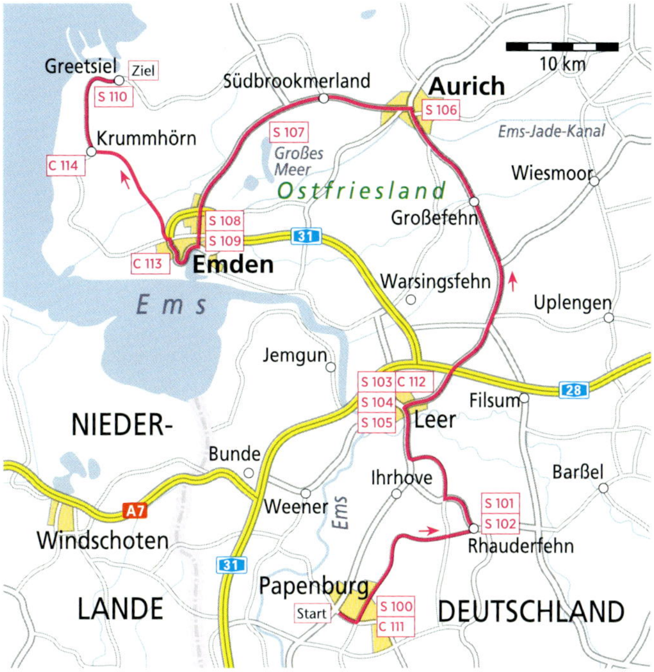

ZU BESUCH AUF DER MEYER-WERFT

Die Meyer-Werft ist heute ein Ankerpunkt der »Europäischen Route der Industriekultur« und dort in bester Gesellschaft. Denn zu diesem Netzwerk des industriellen Erbes Europas gehören Standorte wie die Zeche Zollverein in Essen, das Erzbergwerk Rammelsberg im Harz, die saarländische Völklinger Hütte, ein Silberbergwerk in Polen, ein Längstwellensender in Südschweden und eine Mustersiedlung im britischen Bradford – allesamt Welterbestätten der UNESCO. Dazu hat es in Papenburg zwar noch nicht gereicht, aber immerhin kann die Werft stolz auf eine ähnlich lange und interessante Geschichte zurückblicken.

Gegründet wurde sie im Jahr 1795, als noch Holzschiffe gebaut wurden. Sie war eine von 20 Werften allein in Papenburg, doch das Familienunternehmen hat schon früh erkannt, dass die Zukunft im Stahlbau liegt. Noch im 19. Jahrhundert fertigte man auf der Werft die ersten Stahlrumpfschiffe, damals noch mit Dampfantrieb. Durch diesen innovativen Schritt konnte man sämtliche Mitbewerber abhängen und sich als einzige Werft Papenburgs behaupten. Ihren Standort hatte die Meyer-Werft noch bis in die 1980er-Jahre in Innenstadtnähe. Dort findet man heute das **Kulturzentrum Alte Werft**, das unter anderem die Stadthalle und die Städtische Galerie beherbergt.

Mit dem Umzug der Werft von Papenburgs Mitte an das Ufer der Ems begann auch gleichzeitig der Bau von Kreuzfahrtschiffen. Mehr als drei Dutzend davon wurden bisher ausgeliefert und die Auftragsbücher sind voll. Bis zum Jahr 2024 stehen bereits die Aufträge fest. Darunter sind auch mehrere Schiffe der sogenannten Heliosklasse. Sie können bis zu 6600 Passagiere über die Weltmeere bringen und werden mit Flüssigerdgas angetrieben. Daneben werden auch Gastanker, Containerschiffe und Forschungsschiffe gebaut.

Europaweite, aber ungewollte Aufmerksamkeit erlangte die Werft im November 2006 bei einer der ohnehin schon spektakulären **Emsüberführungen**. Als das fast 300 Meter lange Kreuzfahrtschiff Norwegian Pearl der Reederei Norwegian Cruise Line auf der Ems zur Nordsee gebracht werden sollte, wurde dafür eine 380-Kilovolt-Leitung über der Ems abgeschaltet. Das führte augenblicklich zu einer Überlastung des Stromnetzes, weshalb es in mehreren Län-

ROUTE 1

START- UND ENDPUNKT
Papenburg und Greetsiel

STRECKEN
überwiegend Bundes- und Landstraßen

STRECKENLÄNGE
ca. 120 km

FAHRZEIT
3 bis 4 Tage

BESTE JAHRESZEIT
April bis September

In der Innenstadt von Papenburg spaziert man an Kanälen entlang ...

dern Europas zu einem Stromausfall kam, von dem zwölf Millionen Menschen betroffen waren. In der Regel verlaufen die Emsüberführungen aber problemfrei und es ist immer wieder ein Erlebnis, diesem Geschehen beizuwohnen. Nicht selten sehen zahlreiche Menschen entlang der Ems dabei zu, wie die Schiffe teilweise zentimetergenau durch die Engstellen der Ems geschleust werden.

Die Meyer-Werft gibt über die geplanten Zeiten rechtzeitig Auskunft, doch handelt es sich hier um einen Arbeitsgang, der tiden- und auch wetterabhängig ist. So kann es sein, dass sich die geplante Überführung schon mal um einige Stunden verzögert. Dennoch ist es gerade für Wohnmobilfahrer eine große Freude, wenn solch ein Ozeanriese durch die flache Landschaft des Emslandes reist. Informationen über die dann besten Plätze gibt die Tourismusinformation Papenburg heraus.

STADTRUNDGANG DURCH PAPENBURG

Ortsbild und Umgebung von Papenburg werden von mehreren Kanälen geprägt. Der **Hauptkanal** verläuft einmal quer durch die Innenstadt und bietet sich an, um an seinen Ufern gemütlich durch Papenburg zu schlendern. Ausgangspunkt ist das neobarocke **Rathaus** aus dem Jahr 1913, hinter dem sich auch einige öffentliche Parkplätze befinden. Gleich vor dem Rathaus hat die Brigg **Friederike von Papenburg** angelegt, die eine Filiale der örtlichen Touristeninformation beherbergt.

Eigentlich ist in dem Bauch des Schiffes ein Trauzimmer und die Tourist Information untergebracht. Doch in in der Nacht zum 2. Januar 2021 kam es zu einem verheerenden Brand, der im Inneren zu schweren Schäden führte. Die Entwicklung des Schiffes bleibt abzuwarten.

Folgt man dem Hauptkanal in Richtung Westen, gelangt man schon in wenigen Gehminuten zum Küstensegler **Margaretha von Papenburg**. Wenig später folgt ein Schiff des Typs Tjalk, das überwiegend zum Befahren seichter Gewässer gedacht ist. Mit der **Thekla von Papenburg** passiert man das Zentrum der Stadt und gelangt nach kurzer Zeit zum eingangs erwähnten Kulturforum Alte Werft. Dort liegt die **Gesine von Papenburg**, die noch fahrbereit ist und gelegentlich auch eingesetzt wird.

Geht man am Rathaus am Kanal in die andere Richtung, erreicht man den Torf-Transporter **Anna von Papenburg**, der vor dem Krankenhaus festgemacht hat. Zum Abschluss folgt man dem Kanal durch einen Rechtsbogen bis zum Schoner **Katharina von Papenburg**, der immerhin 130 Tonnen Fracht laden kann. Wer jetzt noch ein paar weitere Schritte unternimmt, gelangt zur **Bockwindmühle**. Sie ist die letzte ihrer Art im Emsland, aber nicht mehr in Betrieb. Eine weitere Mühle, die **Meyers Mühle**, findet man zwischen dem Hauptkanal und dem Stadtpark im Stadtzentrum. Errichtet wurde sie im Jahr 1888 und sie ist heute immer noch wegen des hauseigenen Mühlenbrotes beliebt.

Obwohl wir also noch einiges von der Küste entfernt sind, belegen die Schiffe, die Windmühlen und natürlich die Werft, dass wir Papenburg als Startpunkt für eine Reise entlang der Nordseeküste richtig gewählt haben. Kurioserweise können wir hier aber auch einen Blick ausgerechnet zur Ostsee werfen, zumindest geschichtlich. Im östlich gelegenen Stadtteil Obenende erhebt sich der **Alte Turm**, der dank seiner 130 Stufen einen schönen Ausblick auf die Stadt und das Emsland ermöglicht. Der Turm wurde dem einstigen Leuchtturm der lettischen Hauptstadt Riga nachempfunden und diente in der Vergangenheit als Kirchturm. Das Kirchenschiff existiert nicht mehr, der originale Leuchtturm in Riga übrigens auch nicht, doch der Alte Turm ist geblieben. Er erhebt sich an der Ecke Umländer Wiekkanal und Splittingkanal.

Folgt man letzterem für rund 600 Meter, gelangt man zu einem weiteren Freilichtmuseum, zur **Von-Velen-Anlage**. Hier werden das Leben und der Alltag der ersten Siedler in der Region gezeigt. Im Rahmen einer täglichen Führung von April bis Oktober (14 Uhr) kann man nicht nur Eindrücke im Museum sammeln, sondern auch eine Bootsfahrt auf den Kanälen der Stadt erleben.

... in denen einige historische Schiffe angelegt haben.

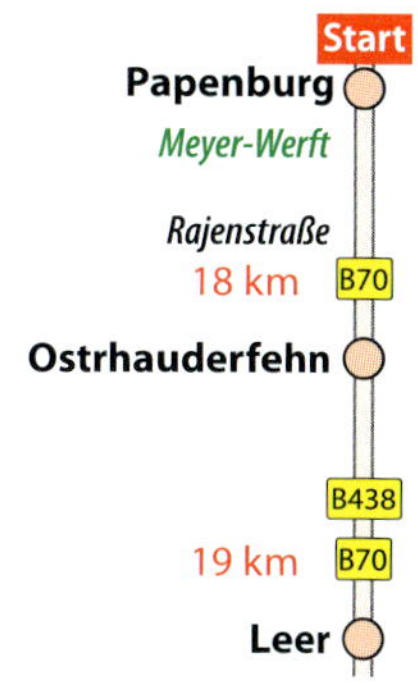

Das Rathaus von Papenburg präsentiert sich im neo-barocken Stil.

Am Hafen von Leer öffnet sich die Doktor-von-Bruch-Brücke.

DURCH DIE FEHNLANDSCHAFT

Auf der B70 verlassen wir Papenburg und biegen in Großwolde rechts ab. Hinter einem Kreisverkehr fahren wir am Westrhauderfehnkanal entlang und erreichen wenig später, dem Kanal durch den Ort folgend, am Ortsrand den **Hauptfehnkanal**, wo sich auch der ruhig gelegene Wohnmobilstellplatz (53.138583, 7.587694) befindet. Das **Fehn- und Schifffahrtsmuseum** ist gleich dort, wo die grün gestrichene Tjalk im Kanal liegt. Das in einer Jugendstilvilla untergebrachte Museum befasst sich mit dem Leben der Siedler in den Mooren und auch mit der Arbeit von Segelmachern und Seeleuten.

Am Kreisverkehr an der Hoffnungskirche mitten im Ort fahren wir nun auf die B438 und halten uns in nördlicher Richtung, bis wir durch die Fehnlandschaft hindurch wieder auf die B70 stoßen. Auf ihr verlassen wir das Emsland und erreichen Ostfriesland. Die drittgrößte Stadt der Region ist Leer und gleichzeitig unser nächstes Ziel.

Der Wohnmobilstellplatz in Leer ist zentral gelegen.

HAFENBESICHTIGUNG IN LEER

Leer macht es uns Wohnmobilfahrern ziemlich leicht, denn ein Wohnmobilstellplatz befindet sich direkt im Zentrum. Er ist zwar Teil des Parkplatzes Große Bleiche und bietet daher keine Natur, aber er ist ein guter Ausgangspunkt für einen Spaziergang durch den gemütlichen Ortskern. Und wer hier nicht übernachten möchte, findet zumindest einen ausreichend großen Parkplatz vor.

Nur 200 Meter sind es über die Königstraße, bis man sich am **Museumshafen** befindet, wo mehrere Einkehrmöglichkeiten bereitstehen und sich das Rathaus als Tor in die Fußgängerzone erhebt. Der Museumshafen ist alle zwei Jahre Schauplatz für ein Treffen rund 100 historischer Traditionsschiffe. Auf-

fällig ist auch das Backsteingebäude, in dem heute ein Restaurant untergebracht ist. Einst befand sich darin die Waage, als Leer im frühen 16. Jahrhundert das Wiegerecht erhielt.

Gleich dahinter befindet sich das **Heimatmuseum**, in dem neben der heimischen Schifffahrt auch die ostfriesische Wohnkultur ein Themenschwerpunkt ist. Das Wasser des Museumshafens stammt übrigens aus dem Fluss Leda, der am südwestlichen Rand von Leer in die Ems mündet. Überspannt wird es von der Dr.-vom-Bruch-Brücke, die mit dem dazugehörigen Brückenwärterhäuschen seit den 1920er-Jahren als Klappbrücke ihren Dienst tut.

Am westlichen Brückenkopf beginnt die **Wilhelm-Klopp-Promenade**, auf der man gemächlich am Wasser spaziert und wenig später das historische Dampfschiff **Prinz Heinrich** erreicht. Das auf der Meyer-Werft entstandene Schiff wurde nach sechs Jahrzehnten im Jahr 1969 außer Dienst gestellt und dient seither als Museumsschiff. Im August 2017 konnte es nach langer Restaurierung wieder aus eigener Kraft fahren. Benannt wurde das Schiff nach dem Generalinspekteur der Kaiserlichen Marine, der zugleich Bruder von Kaiser Wilhelm II. war. Genutzt wurde das Schiff für den Passagier- und Postdienst nach Borkum.

IN DER ALTSTADT

Über den Ernst-Reuter-Platz am Museumsschiff gelangt man in die **Fußgängerzone** von Leer. Besonders schön ist die Altstadt jedoch, wenn man auf der Mühlenstraße nach links abbiegt und nach einiger Zeit links durch die Brunnenstraße zur Rathausstraße gelangt. Hier sollte man sich nach links wenden und zwischen den gepflegten Häusern der Altstadt schlendern. Auf der linken Seite sieht man dann zum Beispiel das **Haus Samson**. An der schmuckvollen barocken Fassade liest man die Jahreszahl 1643. Doch das bezieht sich nur auf die Neugestaltung der Fassade, das Haus selbst ist sogar noch älter und blickt auf das Jahr 1570 zurück. Über der Weinhandlung im Erdgeschoss befindet sich im Haus Samson eine Ausstellung, die sich mit der Heimatkunde Ostfrieslands befasst.

Am Ende der Fußgängerzone treffen wir wieder auf das **Rathaus**, das im ausgehenden 19. Jahrhundert erbaut wurde und einen markanten Turm besitzt. Wenn möglich, sollte man auch einen Blick in das Innere werfen, das mit zahlreichen Wand- und Deckenmalereien verziert ist.

Erwähnenswert sind zwei weitere Bauwerke, die sich jedoch außerhalb der Leerer Altstadt befinden und zum Verkehrsnetz

Auch die Altstadt von Leer lädt zum Flanieren ein.

Das Landschaftshaus in Aurich

gehören. Denn westlich der Stadt fließt die Ems nach Norden und ist Schifffahrtsweg für die Kreuzfahrtschiffe der Papenburger Meyer-Werft. Rund 800 Meter nördlich der Leda-Mündung in die Ems passieren die Schiffe eine Engstelle, die zu Beginn des 21. Jahrhunderts erweitert werden musste. Die **Jann-Berghaus-Brücke** gehört zu den größten Klappbrücken Europas und ist über 460 Meter lang. Knapp 60 Meter davon können weggeklappt werden, damit die Schiffe die Ems befahren können. Wesentlich leichter ist es bei der Emsüberführung weitere zweieinhalb Kilometer flussabwärts. Dort passieren die Schiffe den Emstunnel, was die Kapitäne selbstverständlich unbeeindruckt lässt. Doch als Wohnmobilfahrer auf der A 31 fährt man seit 1989 unter der Ems hindurch.

NACH AURICH

Um unsere Reise entlang der Nordseeküste fortzuführen, brauchen wir die Autobahn nicht. Östlich der Leerer Innenstadt können wir unser Wohnmobil auf die B 436 steuern und ab der kleinen Gemeinde Hesel der B 72 folgen. Zahlreiche Felder und Windräder säumen unseren Weg, mehrere Kanäle überqueren wir, bis wir Aurich erreichen. Wir sollten nicht gleich in das Zentrum hineinfahren, sondern an einer Kreuzung links in den Fischteichweg abbiegen und dabei auf die Beschilderung des Schwimmbads De Baalje achten. Dort befindet sich ein Wohnmobilstellplatz, von wo aus wir bequem den Ortskern von Aurich erkunden können.

Über die Julianenburger Straße gelangen wir in das Zentrum und spazieren dabei durch den **Schlosspark**. Dort ließ der ostfriesische Graf Ulrich Cirksena im 15. Jahrhundert eine Burg errichten. Diese wurde durch einen schweren Brand im darauffolgenden Jahrhundert stark in Mitleidenschaft gezogen und im Anschluss zu einem Schloss ausgebaut. Mehrere weitere Umbauten ließen das heutige Gebäude entstehen, in dem mittlerweile das Landgericht untergebracht ist. Weitere Nebengebäude sind das sogenannte Schlösschen und der Marstall, die von der Oberfinanzdirektion genutzt werden.

Über einen schmalen Fußweg gelangt man zum Bürgermeister-Müller-Platz, wo sich das **Landschaftshaus** erhebt. Das Bauwerk, das ebenfalls an ein Schloss erinnert, wurde 1901 nach dreijähriger Bauphase fertiggestellt und ist Sitz der Ostfriesischen Landschaft, dem Kommunalverband der Region.

Gleich gegenüber dem Landschaftshaus sehen wir das Wahrzeichen von Aurich. Das kleine **Pingelhus** war einst ein Lagerhaus für den Auricher Hafen. Dieser wiederum be-

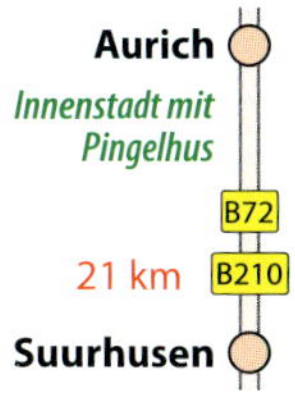

SPECIAL

DIE FAMILIE CIRKSENA

Immer wieder trifft man in Ostfriesland auf den Namen Cirksena, besonders häufig in Verbindung mit dem Vornamen Edzard. Dieser lebte in der ersten Hälfte des 15. Jahrhunderts und war einer der ostfriesischen Stammeshäuptlinge. Aus dem Häuptlingsgeschlecht entwickelte sich eine Adelsfamilie, die bis Mitte des 18. Jahrhunderts existierte und lange Zeit die Geschicke Ostfrieslands leitete. Nach dem Tode von Carl Edzard Cirksena im Jahre 1744 fiel Ostfriesland an König Friedrich II. von Preußen. Der Stammsitz der Familie befand sich bis dahin auf der Burg Greetsiel, die wenig später als Gefängnis genutzt und anschließend abgebrochen wurde.

fand sich noch zu Beginn des letzten Jahrhunderts an ebendieser Stelle, an der wir nun stehen. Punkt 16 Uhr läutete auf dem Haus eine Glocke, um die Abfahrt der Schiffe nach Emden bekannt zu geben. Daher leitet sich der Name Pingelhus ab, denn im ostfriesischen Platt steht pingeln für klingeln.

Am Pingelhus erreichen wir die Fußgängerzone und durchqueren sie durch die Hafenstraße, um wenig später rechts auf die Burgstraße abzubiegen. Dort sehen wir schon bald auf der rechten Seite das **Historische Museum** der zweitgrößten Stadt in Ostfriesland. Es präsentiert auf über 500 Quadratmetern die Geschichte Ostfrieslands und natürlich der Stadt Aurich.

Wenig später gelangen wir zwischen den zahlreichen Einkaufsmöglichkeiten zum **Marktplatz**. Hier weiß man auf den ersten Blick nicht, wo man zuerst hinschauen soll. Da wäre zum einen die gläserne **Markthalle**, in der man seinen Hunger mit Backwaren, Obst und Gemüse, Fleisch und Fisch stillen kann. Links daneben erhebt sich das **Knodtsche Haus**, das – anders als die anderen eher gewöhnlichen Häuser rund um den Markt – im spätbarocken Stil errichtet wurde und aus dem 18. Jahrhundert stammt. Deutlich fällt es mit seiner Doppeltreppe auf und hebt sich damit ein wenig von den übrigen Gebäuden ab.

Auffällig ist auch die Skulptur vor der Markthalle, **Sous-Turm** genannt. Albert Sous, Künstler aus dem Rheinland, wurde beauftragt, diese Plastik zu entwerfen, damit der Marktplatz eine Sehenswürdigkeit innehat. Diese hat er jetzt schon seit 1990, denn in diesem Jahr wurde der 25 Meter hohe Turm, bestehend aus Stahlrohren und Plexiglas, feierlich enthüllt. Dass die Materialien im Grunde nur Abfälle aus dem Forschungszentrum Jülich sind, ist sicherlich nur ein Punkt, über den man in Aurich gern diskutiert. Aufgrund seiner Form wird die Skulptur auch als Auricher Tauchsieder bezeichnet.

Seit dem Start der Reise in Papenburg sind wir der Nordseeküste bedeutend näher gekommen. Es sind von der Markthalle in Aurich nur etwas über 20 Kilometer bis zur Küste und sogar weniger als 30 Kilometer Luftlinie bis zum Strand von Norderney. Keine Frage, das Meer lockt und man will es endlich sehen – oder eben auch nicht, je nach Tide. Dennoch sollte man ab Aurich erst einmal in Richtung Süden fahren, wenn man die gesamte deutsche Nordseeküste erleben möchte, genauer gesagt in Richtung Südwesten. Auf der B 210 durchqueren wir Moordorf, passieren Loppersum und wähnen uns schon

Kleines Pingelhus im Zentrum von Aurich

Schiefer als der Turm von Pisa ist die Kirche in Suurhusen.

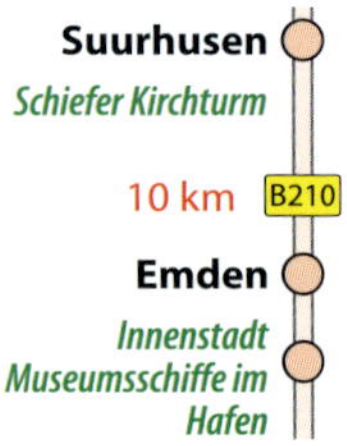

fast in Emden, bis das Navi nach Eingabe der folgenden Koordinaten sagt, man möge bitte rechts abbiegen: 53.414167, 7.223889.

AM SCHIEFEN TURM VON SUURHUSEN

Kurz darauf steht man auf einem Parkplatz in der kleinen Ortschaft Suurhusen und hat die Möglichkeit, das hiesige **Landarbeitermuseum** zu besuchen. Es ist in einem Landarbeiterhaus aus dem Jahr 1679 untergebracht und zeigt den typischen Alltag einer ostfriesischen Landarbeiterfamilie in der ersten Hälfte des letzten Jahrhunderts.

Strahlend weiß leuchtet der Wasserturm in Emden.

Eine weitere Sehenswürdigkeit von Suurhusen, die hin und wieder auch in der ausländischen Presse vorgestellt wird, befindet sich schräg gegenüber vom Parkplatz. Schräg ist hierbei ein gutes Stichwort. Denn die Presse berichtet immer dann von Suurhusen, wenn es um die schiefsten Türme der Welt geht und man festgestellt hat, dass der Schiefe Turm von Pisa einfach nur berühmt ist. Er ist allerdings weniger schief als der **Kirchturm von Suurhusen**. Dieser bringt es nämlich auf eine Neigung von 5,1 Grad, der Campanile dagegen ist weniger als 4 Grad geneigt.

In Zahlen bedeutet das, dass der Kirchturm von Suurhusen bei einer Höhe von 27 Metern am Dachfirst einen Überhang von fast 2,50 Metern hat. Oder anders ausgedrückt: Liegt man auf dem Boden, mit den Füßen an der Turmwand, ragt das Dach des Turmes über den Kopf des Liegenden hinaus. Damit steht der Kirchturm von Suurhusen im Guinnessbuch der Rekorde – noch vor dem Schiefen Turm von Pisa.

Wie es zu dieser Neigung kam, ist leicht erklärt. Der Turm wurde Mitte des 15. Jahrhunderts an die damals bereits bestehende Kirche angebaut und auf einem Fundament aus Eichenstämmen auf morastigem Boden errichtet. Lange Zeit ging das gut, doch

Der Hafen in Emden ist geprägt von Skulpturen und ...

Ende des 19. Jahrhunderts senkte sich der Grundwasserspiegel durch Entwässerung der umliegenden Felder. Die Eichenstämme, bis dahin gut konserviert, begannen zu verrotten. Den Rest erledigte die Schwerkraft. Im 20. Jahrhundert bewegte sich der Turm immer weiter – bis zu seiner heutigen Neigung. Mit Sicherungsmaßnahmen Ende des Jahrhunderts konnte eine weitere Neigung bisher erfolgreich verhindert werden. Übrigens, einen schieferen Turm gibt es zwar in Rheinland-Pfalz, doch da es sich dabei nur um eine Ruine handelt, wurde er nicht in das Guinnessbuch aufgenommen.

EMDENS MUSEUMSSCHIFFE

Zurück an der Bundesstraße, biegen wir rechts ab und folgen ihr bis in das Zentrum von Emden. Wir bleiben die gesamte Zeit geradeaus, passieren den Rathausplatz, überqueren auf einer kleinen Brücke die Falderndelft und biegen gleich dahinter halb rechts ab, um nach wenigen Augenblicken den ideal gelegenen Wohnmobilstellplatz an der Marina aufzusuchen. Dort blicken wir auf den Alten Binnenhafen und sehen am gegenüberliegenden Ufer mit dem Hafentorplatz einen Teil der Emder Altstadt.

Den Weg, den wir mit dem Fahrzeug gemacht haben, legen wir nun zu Fuß zurück, um die Innenstadt zu besichtigen. Auffällig sind natürlich die Museumsschiffe im **Ratsdelft**. Dieser reichte in früheren Zeiten noch weiter nach Norden und war sogar mit dem 300 Meter weiter nördlich gelegenen Alten Graben verbunden. Heute endet der Ratsdelft direkt vor den Toren des Rathauses und

... interessanten Museumsschiffen.

Manchmal kann man mit dem Wohnmobil mitten im Ort parken.

Teile des Delfts sind zugeschüttet. Gleich drei Museumsschiffe liegen hier am Kai und geben ein schönes Bild ab.

Eines davon ist die fast 27 Meter lange **Georg Breusing**. Sie wurde 1963 in Dienst gestellt und diente ein Vierteljahrhundert als Seenotkreuzer der Deutschen Gesellschaft zur Rettung Schiffbrüchiger. Während der Dienstzeit war das Schiff auf der Insel Borkum stationiert. Der Namensgeber für das Schiff war Oberzollinspektor in Emden und gründete bereits im Jahr 1861 den ersten Verein zur Rettung Schiffbrüchiger, der wenige Jahre später in der DGzRS aufging. Nach ihm ist auch die Promenade zwischen Emder Rathaus und dem Ratsdelft benannt.

Kibbelinge sind nur eine Speisemöglichkeit an der Küste.

Folgen wir der Promenade, folgt gleich nach dem Seenotkreuzer das auf der Meyer-Werft gebaute Schiff **Amrumbank**. Im Jahr 1915 fertiggestellt, war es bis 1983 im Einsatz und legte in diesen fast sieben Jahrzehnten kaum Seemeilen zurück. Denn es diente als Feuerschiff und wies mit einer festen Position den Besatzungen anderer Schiffe den Weg. Heute beherbergt das Schiff in seinem Bauch ein kleines Museum und ein Restaurant.

Am nördlichen Ende des Ratsdelfts erhebt sich das **Rathaus**, das nach seiner fast vollständigen Zerstörung nach dem Zweiten Weltkrieg wiederaufgebaut wurde. Das ursprüngliche Gebäude entstand in der zweiten Hälfte des 16. Jahrhunderts. Auffällig ist auf dem Dach der kleine Turm, in dem heute ein **Glockenspiel** untergebracht ist. Einstmals wachten dort oben die sogenannten Türmer als Brandwache über die Stadt. Im Stundenrhythmus gaben sie ein Signal darüber, dass alles in Ordnung war. Das Glockenspiel ist deutlich jüngeren Datums und wurde vom Emder Bürger Bernhard Brahms im Jahr 2000 gestiftet aus Dankbarkeit darüber, dass er die fast vollständige Zerstörung Emdens im September 1944 überlebt hat.

Im Inneren des Rathauses ist eines der bedeutendsten Museen der Region untergebracht. Das **Ostfriesische Landesmuseum** befasst sich mit Kunst, Kultur und Landesgeschichte Ostfrieslands und ist auch bekannt für die ausgestellte Moorleiche. Sie wurde 1907 beim Torfstechen bei Bernuthsfeld in der Nähe des Ewigen Meers, nördlich von

SPECIAL

OTTO WAALKES

Otto Waalkes erblickte im Jahr 1948 in Emden das Licht der Welt und begann schon früh mit seiner Karriere als Komiker. Seine Erfolge als Musiker, Schauspieler, Regisseur und Synchronsprecher inklusive der zahlreichen Auszeichnungen, die er erhielt, würden den Platz an dieser Stelle sprengen. Sein Markenzeichen ist der Ottifant, der zum ersten Mal in den 1970er-Jahren auf einem Schallplattencover zu sehen war. Später folgten eine Zeichentrickserie und sogar ein Kinofilm. Selbst die Deutsche Post ehrte den Ottifanten im Jahr 2017 mit einer Briefmarke, auf der dieser abgebildet ist. Kurzum, Otto Waalkes hat deutsche Comedy-Geschichte geschrieben.

Ostfriesisches Landesmuseum A31
27 km K229
Greetsiel
Sielhafen
Pilsumer Leuchtturm
Ziel

Aurich, gefunden. Ihr Alter wird auf rund 1200 Jahre geschätzt.

Wenn man durch den Torbogen des Rathauses geht, erreicht man gleich dahinter den modernen Zugangsbereich des Ostfriesischen Landesmuseums in der kleinen Fußgängerzone. Die weitaus größere Fußgängerzone beginnt auf der anderen Seite des Ratsdelfts, dem Rathaus gegenüber. Dort erkennt man auf einen Blick das Eckhaus auf der linken Seite als **Dat Otto Huus**. Die Ausstellung über den Komiker Otto Waalkes, der in Emden geboren wurde, stammt von ihm selbst und wurde 1987 eröffnet.

HISTORISCHES EMDEN

Biegt man rechts ab, kommt man in das moderne Zentrum der Stadt mit zahlreichen Einkaufsmöglichkeiten. Historische Häuser sucht man dort jedoch wegen der starken Bombardierungen im Zweiten Weltkrieg vergebens. Lohnenswert ist ein Spaziergang geradeaus. In der Großen Straße sollte man nach kurzer Zeit links in die Kirchstraße abbiegen. Nur wenige Schritte sind es dort bis zur evangelischen **Großen Kirche**.

Die Geschichte des Bauwerks reicht bis in das 10. Jahrhundert zurück, als an dieser Stelle eine erste Holzkirche errichtet wurde. Sie wurde im 13. Jahrhundert durch einen Backsteinbau ersetzt, der wiederum im Laufe der Jahrhunderte mehrfach ausgebaut und nach Zerstörungen durch eine Sturmflut restauriert wurde. Bis zu 3000 Personen bot das Gotteshaus einstmals Platz. Die größte Zerstörung erlitt es jedoch im Dezember 1943 bei den Luftangriffen auf die Stadt.

Nach dem Zweiten Weltkrieg wurde auf Teilen der Grundmauern die **Schweizer**

Der Komiker Otto hat sein eigenes Museum.

Beliebte Ausflugsziele sind der Hafen von Emden, ...

Kirche erbaut. Der noch übrig gebliebene Ruinenrest wurde erst Ende des letzten Jahrhunderts neu bebaut. Dabei entstand die **Johannes a Lasco Bibliothek** als eine der wichtigsten theologischen Bibliotheken in Deutschland. Benannt ist sie nach dem polnischen Reformator Johannes a Lasco, der Mitte des 16. Jahrhunderts viele Jahre in Emden verbrachte.

Gegenüber der Bibliothek bzw. der Großen Kirche betritt man die Pelzerstraße, wo sich nach 100 Metern auf der rechten Seite die **Pelzerhäuser** befinden. Die dreigeschossigen Backsteinbauten mit den Hausnummern 11 und 12 sind die einzigen Häuser der Emder Innenstadt, die die Bombardierung am 6. September 1944 überstanden haben, und sie gelten damit als die ältesten Häuser der Stadt. Neben einem Café beherbergen sie eine Außenstelle des Ostfriesischen Landesmuseums und zeigen in unregelmäßigen Abständen Wechselausstellungen.

... und die Windmühlen in Greetsiel.

In jedem Sielort gibt es zahlreiche Einkehrmöglichkeiten.

Folgt man der Pelzerstraße bis zu ihrem Ende, wendet sich dann nach rechts und sofort nach links, so steht man am Hafentorplatz, genau gegenüber vom Wohnmobilstellplatz. Durch das **Hafentor** aus dem Jahr 1635 gelangt man wieder in Richtung Ratsdelft. Etwas abseits der Altstadt befindet sich an der Abdenastraße noch der 42 Meter hohe **Wasserturm**. Aufgrund seiner Architektur im Jugendstil und der filigran wirkenden Stelzen ist er ebenfalls sehenswert.

DIE ZWILLINGSMÜHLEN VON GREETSIEL

Wenn wir mit dem Wohnmobil der Straße am Wasserturm folgen, gelangen wir zur ersten Ausfahrt der A 31, die als sogenannter Ostfriesenspieß die Region mit dem Ruhrgebiet verbindet, wo sie bei Bottrop endet. Schon an der zweiten Ausfahrt verlassen wir die Autobahn und fahren an Groß Midlum und Krummhörn vorbei, um nach Greetsiel zu gelangen.

Gleich nach Überquerung der großen Kreuzung am Ortseingang befindet sich rechter Hand die Zufahrt zum örtlichen Stellplatz. Von dort kommt man gut zu Fuß in das kleine Städtchen. Leider sehen wir hier immer noch nicht die Nordsee, denn Greetsiel liegt rund zweieinhalb Kilometer im Landesinneren. Aber was macht das schon, die Möwen kreischen, die Luft duftet nach Salz-

SPECIAL

WINDMÜHLEN

Die Windmühle war die erste Maschine, die mittels Kraftübertragung Energie erzeugte. In der Regel setzte man Windmühlen zum Mahlen ein, und das in allen Teilen der Welt. Eine klassische Mühle, wie wir sie in Europa und besonders an der Küste antreffen, ist die Holländerwindmühle, bei der sich die Mühlenhaube mit ihren Flügeln im Wind dreht. Eine ältere Mühlenart ist die Bockwindmühle, die in der Regel kleiner ist und auf einem Holzgestell steht. Darauf dreht sich das gesamte Mühlengebäude. Unterschiede gibt es auch bei den Flügeln. Bekannt sind zum Beispiel die aus Latten bestehenden Gitterkreuze, die mit Segeln bespannt werden können. Andere Flügelflächen bestehen aus Holzbrettern, den sogenannten Türenflügeln. Früher wurden die Flügel auch zur Signalgebung genutzt und es entwickelte sich eine regional unterschiedliche Flügelsprache. Je nach Stellung der Flügel konnte von Weitem erkannt werden, ob der Mühlbetrieb gerade pausierte, es ein freudiges Ereignis oder einen Trauerfall gab.

Im Strandkorb entspannen kann man nicht nur am Strand.

wasser und gleich gegenüber der Entsorgungsstation erhebt sich die erste von zwei Windmühlen in Greetsiel. Die zweite lässt nicht lang auf sich warten, denn sie befindet sich nur 100 Meter entfernt in direkter Nachbarschaft. Daher werden die Bauwerke auch **Zwillingsmühlen von Greetsiel** genannt.

Die Mühlen sind vollkommen zu Recht das Wahrzeichen des Ortes. Die **rote Mühle** gleich gegenüber dem Parkplatz wurde zu Beginn des 18. Jahrhunderts erbaut. Sie kann besichtigt werden und beherbergt einen kleinen Mühlenladen sowie ein Café. Die **grüne Mühle** wurde Mitte des 19. Jahrhunderts in ihrer heutigen Form als Holländerwindmühle errichtet. Zuvor stand dort eine Bockwindmühle aus dem Jahr 1613, die jedoch einen schweren Wintersturm nicht überstand. Im Jahr 2013 erging es der grünen Mühle kaum besser, als der Orkan Christian Ende Oktober schwere Schäden in Nordeuropa anrichtete. Dabei wurden die Flügel abgerissen, die mittlerweile durch zahlreiche Spenden repariert werden konnten.

Der Mühlenstraße folgend, gelangt man über eine kleine Brücke in das eigentliche Zentrum von Greetsiel, wo zahlreiche Einkehrmöglichkeiten zum Verweilen einladen.

Aus dem Jahr 1706 stammt die Rote Mühle.

Souvenirgeschäfte säumen die kleinen Gassen rund um den **Sielhafen**, in dem Kutter und Ausflugsschiffe angelegt haben. Sehenswert ist auch ein Blick auf die Kirche mit dem frei stehenden **Glockenturm**, in dem unten ein öffentlicher Bücherschrank eingerichtet ist. Die Kirche befindet sich nur wenige Meter hinter dem Sieltor und genau gegenüber dem Gasthaus Greetsieler Börse.

Auch wenn Greetsiel keinen eigenen Badestrand hat und das Zentrum bzw. der Sielhafen nicht unmittelbar an die Küste grenzen, kann man etwas abseits dennoch abtauchen. Hierfür bietet sich die **Gesundheitsoase** mit Wellness- und Saunabereich an. Gleich daneben befinden sich ein Fitnesspark und die Touristeninformation.

Lesefreudige können den öffentlichen Bücherschrank nutzen.

LEUCHTTURM ROT-GELB

Mit Greetsiel verbindet man oft das Wahrzeichen von Ostfriesland, obwohl dieses gar nicht auf Greetsieler Gebiet liegt, sondern schon zum Nachbarort Pilsum gehört. Die Rede ist vom berühmten **Pilsumer Leuchtturm** mit seinem markanten rot-gelben Anstrich. Man kann ihn im Rahmen eines ausgiebigen Spaziergangs oder einer Radtour entlang des Deiches gut erreichen. Ab der Gesundheitsoase sind es rund dreieinhalb Kilometer je Strecke. Am Ende steht man nicht nur am Leuchtturm, sondern erblickt endlich die Nordsee – zum ersten Mal, seitdem wir in Papenburg gestartet sind und vorausgesetzt, dass nicht gerade Ebbe herrscht.

Der Leuchtturm entstand Ende des 19. Jahrhunderts als eines von fünf Leitfeuern zwischen Emden und der Nordsee. Doch schon 1919 wurde der Turm dauerhaft abgeschaltet, da sich die Fahrrinne mittlerweile verlagert hatte. Aufgrund seines schlechten Zustands sollte der Turm zu Beginn der 1970er-Jahre abgerissen werden. Das konnte verhindert werden und nach einer umfangreichen Restaurierung erhielt er sein heutiges Aussehen. Otto Waalkes machte den Leuchtturm mit seinem Kinofilm bundesweit bekannt, weshalb er heute ein beliebtes Ausflugsziel ist. In dem nur zwölf Meter hohen Turm kann man sich trauen lassen.

Der Leuchtturm von Pilsum gilt als das Wahrzeichen von Ostfriesland.

PRAKTISCHE HINWEISE

TOURISTINFORMATIONEN

Tourist-Info im Papenburger Zeitspeicher
Ölmühlenweg 21, 26871 Papenburg
Tel. 04961/83960
www.papenburg-marketing.de

Tourist-Information Leer
Ledastr. 10, 26789 Leer
Tel. 0491/91969670, www.touristik-leer.de

Verkehrsverein Aurich/Ostfriesland e. V.
Norderstr. 32, 26603 Aurich
Tel. 04941/4464, www.aurich-tourismus.de

Tourist-Info Emden
Bahnhofsplatz 11, 26721 Emden
Tel. 04921/97400, www.emden-touristik.de

Touristik-GmbH Krummhörn-Greetsiel
Zur Hauener Hooge 11, 26736 Krummhörn
Tel. 04926/91880, www.greetsiel.de

STELLPLÄTZE

S 100 **Wohnmobilstellplatz Papenburg**
(S. 196 D5), Mittelkanal links 94, 26871 Papenburg, GPS: 53.078750, 7.438889
Einfacher Stellplatz hinter dem Hotel Hilling, ohne besondere Ausstattung. Nachts ruhige Lage. Das Rathaus ist zu Fuß in einer guten Dreiviertelstunde erreichbar.

S 101 **Wohnmobilstellplatz Rhauderfehn**
(S. 197 E5), Am Siel 6 a, 26817 Rhauderfehn
GPS: 53.138583, 7.587056
Privater Stellplatz des Cafés am Siel in ruhiger Lage. 16 kostenpflichtige Stellflächen mit Entsorgungsstation und Frischwassersäule.

Gut informiert ist man auf dem Stellplatz in Greetsiel.

S 102 **Wohnmobilstellplatz Ostrhauderfehn**
(S. 197 E5), Hauptstr. 117, 26842 Ostrhauderfehn
GPS: 53.138806, 7.623139
Anreise über die Liebigstraße. Großzügig angelegter Stellplatz mit über 30 Stellflächen. WLAN, Wasser und Entsorgungsmöglichkeit vorhanden.

S 103 **Wohnmobilstellplatz Leer**
(S. 196 D3), Große Bleiche, 26789 Leer
GPS: 53.226083, 7.447417, Teil eines Großparkplatzes in zentraler Lage, von Wohnhäusern umgeben. Sani-Station und Stromanschlüsse vorhanden, Übernachtung gratis.

S 104 **Wohnmobilstellplatz Leer**
(S. 196 D4), Nessestr., 26789 Leer
GPS: 53.225333, 7.454333
Kleiner, kostenloser Stellplatz gleich auf der anderen Seite der Doktor-vom-Bruch-Brücke. Optisch kein Hingucker, aber ebenfalls zentrale Lage.

S 105 **Wohnmobilstellplatz des Seglervereins** (S. 196 D4), Seglerweg, 26789 Leer
GPS: 53.219056, 7.448111
Gebührenpflichtiger Stellplatz auf dem Privatgelände des Seglervereins südlich der Altstadt. Diese ist in wenigen Gehminuten erreichbar, Strom, Wasser vorhanden.

S 106 **Wohnmobilstellplatz Aurich**
(S. 196 D1), Tannenbergstr., 26603 Aurich
GPS: 53.465583, 7.476861
20 Stellflächen auf sandigem Untergrund in zentraler, aber dennoch ruhiger Lage direkt am Schwimmbad De Baalje. Das Zentrum ist nur wenige Gehminuten entfernt. Duschmög-lich-keiten dürfen im Schwimmbad gegen Gebühr genutzt werden.

S 107 **Wohnmobilhafen am Großen Meer**
(S. 196 D1), Langer Weg/Am Gästehafen
26624 Südbrookmerland
GPS: 53.444639, 7.307806
Zwischen Aurich und Emden gelegener Stellplatz an einem Campingplatz, direkt am See Großes Meer. Mitgliedsplatz bei »Mein Platz – Qualität mit Herz«. 30 Stellflächen mit Sanitärgebäude inklusive Waschmaschine und Trockner. Brötchenservice am Kiosk des Campingplatzes.

Wohnmobilstellplatz in Leer.

S 108 **Wohnmobilstellplatz Alter Binnenhafen** (S. 196 C2),
Am Eisenbahndock, 26721 Emden
GPS: 53.363250, 7.208250, 29 Stellflächen direkt am Binnenhafen mit Blick hinüber zum Hafentorplatz und zum Ratsdelft. Ver- und Entsorgungsstation sowie Sanitärgebäude mit Trockner und Waschmaschine vorhanden.

S 109 **Wohnmobilstellplatz an der Friesentherme** (S. 196 B2), Theaterstr. 2, 26721 Emden
GPS: 53.374694, 7.201472, Vier Stellflächen gegenüber dem Schwimmbad, nur Stromanschlüsse, keine Entsorgungsmöglichkeit. Die Lage ist etwas außerhalb der Altstadt, diese ist dennoch in rund 15 Minuten zu Fuß erreichbar.

S 110 **Wohnmobilstellplatz Greetsiel**
(S. 201 H6), Mühlenstr., 26736 Greetsiel
GPS: 53.497944, 7.103889
Über 50 Stellflächen auf Schotterrasen am Ortsrand, aber auch direkt an einer Landstraße. Das Zentrum ist in wenigen Gehminuten erreichbar, die Zwillingsmühlen von Greetsiel befinden sich praktisch gleich gegenüber der Zufahrt. Strom und Entsorgungsstation vorhanden, letztere ist nicht direkt auf dem Platz, sondern auf dem öffentlichen Parkplatz davor.

CAMPINGPLÄTZE

C 111 **Campingplatz Poggenpoel**
(S. 196 D6), Zum Poggenpoel, 26871 Papenburg, Tel. 04961/97 40 26
http://papenburger-campingplatz.de
GPS: 53.065944, 7.427417'
Ganzjährig geöffneter Campingplatz am südöstlichen Ortsrand von Papenburg, angrenzend an einen kleinen See.

C 112 **Ems Marina Bingum** (S. 196 D4)
Marinastr. 14–16, 26789 Leer-Bingum
Tel. 0491/644 47
www.ems-marina-bingum.de
GPS: 53.224750, 7.419306
Direkt am linksseitigen Ufer der Ems, also gegenüber der Stadt Leer. Idealer Ausblick auf die Jann-Berghaus-Klappbrücke, wenn ein Schiff der Meyer Werft überführt wird.

C 113 **Camping Knock** (S. 196 B2)
Am Mahlbusen 1, 26723 Emden
Tel. 04927/567, www.campingplatz-knock.de
GPS: 53.347611, 7.036806
Abseits gelegener und kleiner Campingplatz an der Emsmündung westlich von Emden.

C 114 **Camping am Deich** (S. 196 B1)
Erbsenbindereistr. 3
26736 Upleward/Krummhörn
Tel. 04923/525, www.camping-am-deich.de
GPS: 53.420694, 7.014694
Westlich von Krummhörn gelegener Campingplatz, gleich hinter dem Deich. Der Pilsumer Leuchtturm ist rund neun Kilometer entfernt und über den Radweg am Deich erreichbar. Geöffnet von April bis Anfang November.

Mit bester Aussicht steht man in Emden.

2 OSTFRIESISCHES INSELHOPPING OHNE WOHNMOBIL

Von Borkum bis Wangerooge und Harlesiel

Klassisches Inselhopping ist an der ostfriesischen Küste nicht möglich, da die Inseln nicht mit Schiffen verbunden sind. Will man von Insel zu Insel reisen, muss man immer wieder auf das Festland zurückkehren. Aber weil sich die gemütlichen Eilande in Ausstattung und Landschaftsform ähneln, wird man sich ohnehin nicht jede Insel anschauen. Die ein oder andere jedoch sollte man betreten haben. Und das im wahrsten Sinne des Wortes, denn für einen Besuch auf Wangerooge, Spiekeroog, Langeoog, Baltrum oder Juist müssen wir das Wohnmobil auf einem der Camping- oder Wohnmobilstellplätze stehen lassen – die Inseln sind autofrei.

Bei schönem Wetter kann man sich hier das Ja-Wort geben.

In Greetsiel folgen wir der Landstraße, die am Wohnmobilstellplatz vorbeiführt. Parallel zum Störtebekerkanal und durch die Marschlandschaft hindurch gelangen wir nach einer knappen Viertelstunde Fahrt nach Norden. Oder, um es klarer auszudrücken, in die Stadt Norden. Der Hauptort Norden verfügt über keinen Wohnmobilstellplatz, weshalb wir unser Wohnmobil auf einem der öffentlichen Parkplätze in zentraler Lage rund um den Markt abstellen. In der viertgrößten Stadt Ostfrieslands sind die Sehenswürdigkeiten relativ überschaubar. Die touristischen Höhepunkte befinden sich im Ortsteil Norddeich, der etwas weiter nördlich und damit direkt an der Küste liegt. Dennoch sollte man sich für einen kleinen Rundgang durch die Stadt ein wenig Zeit nehmen.

FLANIEREN DURCH NORDEN

Der Mittelpunkt von Norden ist der baumbestandene **Blücherplatz**, gleich neben dem Marktplatz. Die Bäume sind teilweise rund 250 Jahre alt. Beide Plätze werden an ihrer Nordseite von der **Ludgerikirche** und dem dazugehörigen Friedhof begrenzt. Das Gotteshaus entstand aus einer Mischung der Romanik und Gotik zwischen dem 13. und dem 15. Jahrhundert. Es ist die größte Kirche Ostfrieslands und besonders auffällig ist der frei stehende **Glockenturm** mit seinem Glockenspiel.

An der Südseite des Marktplatzes erhebt sich, deutlich unauffälliger, die **Mennonitenkirche** gleich neben dem Rathaus. Die Kirche wurde einst im 17. Jahrhundert als Patrizierhaus errichtet. Erst über ein Jahrhundert später ging das Gebäude an die freikirchliche Mennonitengemeinde von Norden über.

In der südöstlichen Ecke des Platzes blickt man auf das Gebäudeensemble der **Dree Süsters**, also »Drei Schwestern«. Die Renaissancebauten stammen aus dem

ROUTE 2

START- UND ENDPUNKT
Greetsiel und Carolinensiel-Harlesiel

STRECKEN
überwiegend kleine Landstraßen

STRECKENLÄNGE
ca. 75 km

FAHRZEIT
mindestens 7 Tage mit Inselbesuchen, sonst 2 bis 3 Tage

BESTE JAHRESZEIT
April bis September

Die drei Schwestern zeigen sich im Stil der Renaissance.

Noch heute ist diese Flasche eine bekannte Marke.

16. Jahrhundert und präsentieren sehenswerte Giebelfassaden. Allerdings waren die drei Schwestern eine Zeit lang nur zu zweit. Das rechte Gebäude wurde in den 1960er-Jahren zunächst für einen Parkplatz abgerissen und später rekonstruiert.

Ein ebenfalls schönes Renaissancegebäude aus derselben Epoche erhebt sich in der Osterstraße, die am Markt abzweigt und in Richtung Fußgängerzone führt. In abwechselnd rot-weißen Farben fällt das **Schöningh-sche Haus**, ebenfalls ein Patrizierhaus, mit der Nummer 5 deutlich auf. Gleich dahinter biegen wir rechts auf den Neuer Weg ein. In der Fußgängerzone finden wir zahlreiche Einkehrmöglichkeiten und die klassischen Geschäfte einer Innenstadt.

Wenn wir der Fußgängerzone bis zu ihrem südlichen Ende folgen, überqueren wir auf einer Brücke das Gewässer Norder Tief. Zu unserer Linken sehen wir dort die ehemalige **Brennerei** der berühmten Spirituosenmarke Doornkaat. 1997 wurde die Produktion in Norden allerdings eingestellt und die einstige Fabrikanlage verfiel. Geblieben ist die überdimensionale Doornkaat-Flasche, die am Straßenrand an die jahrhundertelange Tradition der Kornbrennerei erinnert.

Norden
Windmühlen
Innenstadt
4 km B72
Norddeich

Alles Wissenwerte über das Heißgetränk erhält man im Teemuseum.

Ein anderes industrielles Erbe, baulich aber um einiges schöner, sind die beiden Mühlen rechts und links des Popke-Fegter-Platzes bzw. des dortigen Einkaufszentrums. Die **Deichmühle** zur Rechten ist bereits die dritte Mühle an diesem Standort. Eine Bockwindmühle stand dort schon im 13. Jahrhundert. Heute handelt es sich jedoch um eine Holländerwindmühle, die mit vier Stockwerken ungewöhnlich hoch ist. Das macht sie mit über 28 Metern zur dritthöchsten Mühle in Ostfriesland. Auch die **Gnurremühle** bzw. Frisiamühle auf der linken Seite kann nicht als klein bezeichnet werden. Sie ist heute Ausstellungsort für Maschinen und Werkzeuge, die im Bäckerhandwerk benötigt werden.

AUSGANGSPUNKT FÜR NORDERNEY

Mit der B 72 gelangen wir nordwärts in den Ortsteil **Norddeich**. Wie eingangs erwähnt, spielt sich dort das touristische Leben ab, liegt Norddeich doch direkt an der Küste. Außerdem befindet sich hier der größte Personenhafen in ganz Niedersachsen, nach den Häfen in Puttgarden und Rostock der drittgrößte Personenhafen Deutschlands.

Verkehrsstrategisch ist Norden-Norddeich auch bei der Anbindung an den Zugverkehr von Bedeutung. Es gibt zwei Bahn-

Manche Windmühlen ragen weit in die Höhe.

Imposante Ludgerikirche in Norden

Fischerhafen von Greetsiel

höfe im Ort: den Bahnhof Norddeich sowie die Bahnstation Norddeich-Mole. Beide Stationen sind gerade einmal 500 Meter voneinander entfernt und nur durch eine Straße voneinander getrennt. Die Station Norddeich-Mole ist besonders für die Urlauber wichtig, die ab hier mit Schiffen nach Norderney oder Juist übersetzen.

Mit dem Wohmobil steuern wir entweder den zentralen und sehr großen Stellplatz am Ocean Wave an (53.610667, 7.156222) oder den wesentlich gemütlicheren, etwas abseits gelegenen Stellplatz am Deich (53.601861, 7.135694) gleich gegenüber vom Campingplatz.

Immer wieder wird man daran erinnert, dass man durch ein Weltnaturerbe reist.

VON SEEHUNDEN UND WALEN

Neben dem Hafen haben besonders das Erlebnisbad Ocean Wave und die benachbarte Seehundaufzuchtstation großen Zulauf. Das **Ocean Wave** bietet klassischen Badespaß mit einem Wellenbad und einer Wasserrutsche, die an der Spitze eines Leuchtturms beginnt. Darüber hinaus gibt es Wellness und Sauna sowie eine Gastronomie.

Wellness für Seehunde gewissermaßen ist nebenan geboten. Im Jahr 1971 hat ein Fischkutter vor Greetsiel einen kleinen Heuler aufgenommen, mit dem die Geschichte der **Aufzuchtstation** begann. Nach wenigen Wochen wurde der Heuler wieder ausgewildert. Heute sind es bis zu 150 Seehunde und Kegelrobben, die als Waisen aufgezogen und später wieder in die Nordsee freigelassen werden. Neben den hauptamtlichen Mitarbeitern werden die Tiere überwiegend von freiwilligen Helfern betreut und gefüttert. Bei der Aufzucht werden die Heuler von einer Viertelmillion Besuchern pro Jahr beobachtet.

Seit einigen Jahren gehört zur Seehundaufzuchtstation auch das **Waloseum**. Dieses

Gemütlich spaziert man durch die Fußgängerzone auf Norderney.

wurde eingerichtet, als im Jahr 2003 zwei Pottwalbullen vor Norderney strandeten. Eines der Skelette ist seither dort im Ortsteil Osterloog zu besichtigen. Außerdem befinden sich im Waloseum die Quarantänestation für die Seehunde sowie eine Ausstellung über die Vogelwelt der Nordseeküste.

Mit dem Fahrrad sind es rund sechs Kilometer, die man in weniger als einer halben Stunde bequem zurücklegen kann. Für die Seehundstation und das Waloseum gibt es auch Kombitickets. Auf dem Weg zum Waloseum passiert man nicht nur den kleinen Flugplatz von Norddeich, sondern auch das **Automobil- und Spielzeugmuseum**. Es beherbergt auf einer Fläche von 2000 Quadratmetern mehr als 150 Autos und Motorräder, bei denen man sich an vergangene Zeiten erinnert.

DIE OSTFRIESISCHEN INSELN

Zurück am Hafen, blicken wir auf die Fahrpläne und stellen fest, dass man ab Norddeich gleich mehrere der Ostfriesischen Inseln erreichen kann. Diese wären im Übrigen Borkum, Juist, Norderney, Baltrum, Langeoog, Spiekeroog und Wangerooge. Gern wird in dem Zusammenhang ein Merkspruch aufgesagt: »Welcher Seemann liegt bei Nacht im Bett?« Die Anfangsbuchstaben der Worte dieses Satzes ergeben die Inselkette von Ost nach West – also in umgekehrter Reihenfolge. Außerdem wird Juist natürlich mit J und nicht mit einem I geschrieben. Vielleicht ist es dann doch leichter, sich gleich die Reihenfolge der Inseln einzuprägen. Wer will, kann sich noch die unbewohnten Inseln merken: Kachelotplate, Brauertplate, Memmert und

SPECIAL

KEGELROBBEN UND SEEHUNDE

Sowohl Seehunde als auch Kegelrobben gehören zur Familie der Hundsrobben. Die Kegelrobbe ist das größte frei lebende Raubtier in Deutschland und besitzt einen kegelförmigen Kopf. Im Gegensatz dazu ist der Kopf eines Seehundes deutlich runder. Außerdem hat der Seehund einen etwas kleineren und schmaleren Körperbau. Ihr Lebensraum befindet sich ausschließlich auf der Nordhalbkugel, wobei Seehunde sowohl im Atlantik als auch im Pazifik leben. Heuler heißen die Jungtiere, die von der Mutter aus verschiedenen Gründen verstoßen wurden.

1063
800

FREIZEIT AN DER NORDSEE-KÜSTE

Bilder Seite 42
Oben: Ob zu Fuß, …
Unten: … zu Pferde – die Nordsee ist facettenreich

Bilder Seite 43
Oben: … mit dem Surfbrett oder …
Mitte: Auf den Inseln genießt man die Dünen.
Unten: In St. Peter-Ording kann man den Strand mit dem Wohnmobil befahren.

Herrliche Dünenschaften auf Borkum

Lütje Hörn zwischen Borkum und Juist sowie Mellum ganz im Osten. Wobei letztere nach Definition des Bundesamts für Naturschutz vielmehr zu den Watten im Elbe-Weser-Dreieck zählt.

Von den bewohnten Ostfriesischen Inseln können nur Borkum und Norderney mit dem Auto bzw. dem Wohnmobil befahren werden. Dennoch gehören auch die anderen in einen Wohnmobilreiseführer über die deutsche Nordseeküste hinein, denn sämtliche Inseln können im Rahmen eines Tagesausflugs oder in manchen Fällen durch eine Wattwanderung sehr bequem besucht werden. Am Abend kehrt man dann zum Wohnmobil auf einem küstennahen Stellplatz zurück. Eine Reise direkt von Insel zu Insel ist leider nicht möglich. Beginnen wir daher mit der Beschreibung der einzelnen Inseln von West nach Ost.

BORKUM

Die größte Insel der Kette liegt ganz im Westen und näher an der niederländischen als an der deutschen Küste. Westlich des Eilands verläuft die Grenze zwischen den beiden Staaten. Gleichzeitig befindet sich auf Borkum der nordwestlichste Punkt Deutschlands, den der Rotary Club im Jahr 2004 mit einem grün-weißen Grenzpfahl markiert hat. Dieser ist natürlich nur von symbolischer Natur, denn die eigentliche Staatengrenze liegt noch ein wenig weiter westlich im offenen Meer.

Mit dem Schiff erreicht man Borkum ab **Emden**. Die Fahrt ist tidenunabhängig und findet mehrmals am Tag statt. Entweder reist man mit der klassischen Fähre der AG Ems an und genießt die zweieinhalb Stunden dauernde Überfahrt auf der Ems und der Nordsee oder man benutzt den Katamaran, der die Strecke in rund einer Stunde zurücklegt. Das Befahren der Insel Borkum mit einem Fahrzeug von mehr als zwölf Tonnen ist jedoch nur mit einer Ausnahmegenehmigung erlaubt.

Borkum kann auch vom niederländischen Ort Eemshaven aus mit dem Schiff erreicht werden. Darüber hinaus sind an ausgewählten Tagen Tagesausflüge ab Greetsiel möglich. Einmal auf der Insel angekommen, kann man sich in die Kleinbahn setzen und sich gemütlich vom Hafen in die gleichnamige Stadt bringen lassen. Diese befindet sich ganz im Westen der Insel, während sie im Osten in eine gemütliche Dünen- und Strandlandschaft übergeht. Der Bahnhof befindet sich genau im Ortskern, wo man direkt in die Fußgängerzone gelangt oder sich Mietfahrräder leihen kann, um den Rest des Eilands zu erkunden.

Im Südwesten ist das Ortszentrum von Borkum durch den **Kurpark** von der Küste getrennt, weiter nördlich gelangt man direkt zum **Badestrand** und ganz im Norden erreicht man die **Dünenlandschaft**, in der man auf zahlreichen Spazierwegen bis zum acht Kilometer entfernten östlichen Punkt der Insel gelangen kann. Borkum besitzt mehrere Leuchtfeuer bzw. Leuchttürme, was sich durch die Lage an der Emsmündung begründet.

Der **Alte Leuchtturm** stammt aus der zweiten Hälfte des 16. Jahrhunderts und ist damit zugleich das älteste Gebäude der Insel. Der markante, rechteckige Bau erinnert an einen Kirchturm, was darauf zurückzuführen ist, dass er auf den Fundamenten einer Kir-che erbaut wurde. Nachdem er durch einen Brand beschädigt wurde, wurde weiter westlich der **Neue Leuchtturm** erbaut, der mit seiner kleinen Grünanlage das Ortsbild prägt. Mit über 300 Stufen, die gegen eine

Der alte Leuchturm von Borkum

Weit und breit die schönen Strände von Borkum

Das mondäne Kurhaus von Juist

kleine Gebühr erklommen werden können, bietet er von oben einen schönen Ausblick auf die Insel und natürlich auf die Nordsee. Darüber hinaus gibt es weitere Seezeichen, zum Beispiel das Große und das Kleine Kaap oder das Westkaap am nördlichen Ende der Strandpromenade.

Bis weit in das 18. Jahrhundert wurde von Borkum aus Walfang betrieben. Erinnerungen an diese Zeit findet man unter anderem in der **Wilhelm-Bakker-Straße**, wo sich Kinnladen von Walen als Grundstückszaun aneinanderreihen. Der unter Denkmalschutz stehende Zaun umschließt das ehemalige Grundstück eines Walfängerkapitäns, der die Knochen von seinen Grönlandtouren mitbrachte.

Von den Dünen blickt man wunderbar auf das Meer.

JUIST

Die Insel Juist, mit dem Schiff über **Norddeich** erreichbar, hat die wohl ungewöhnlichste Form aller Ostfriesischen Inseln. Sie ist zwar mit einer Länge von rund 17 Kilometern die längste, kommt aber in der Breite je nach Tide auf maximal einen Kilometer. Auch in einem anderen Punkt unterscheidet sie sich von den meisten Nachbarinseln: Der Ort befindet sich in der Inselmitte. Diese Eigenschaft kann sonst nur noch Wangerooge vorweisen. Juist wird ein- bis zweimal täglich von der Reederei Frisia ab Norddeich angesteuert. Die Fahrzeiten variieren täglich und sind von den Gezeiten abhängig.

Aufgrund der Inselform erübrigt sich eine Inselbahn, denn nach Ankunft im Hafen geht man lediglich am **Leuchtturm** vorbei und befindet sich schon im gemütlichen Ortskern mit Geschäften und Einkehrmöglichkeiten. Weiter geradeaus erreicht man die Strandpromenade und den weiten Sandstrand. Hier fällt sofort das historische **Kurhaus** auf der

linken Seite auf, das Ende des 19. Jahrhunderts erbaut wurde und damals noch eine schöne Freitreppe besaß, die bis an den Strand führte. Diese ist mittlerweile jedoch komplett versandet.

Biegt man vor der Nordsee nach rechts auf die **Strandpromenade** ab, überquert man nach wenigen Augenblicken den 7. Längengrad, der die Insel von Nord nach Süd überquert. Der Heimatverein macht an verschiedenen Stellen mit Reliefs auf diese Besonderheit aufmerksam.

Der Inselort teilt sich in die Bereiche **Westdorf** und **Ostdorf**. Während sich im Westdorf die touristischen Anziehungspunkte befinden, ist das Ostdorf fast ausschließlich von Wohnbebauung geprägt. Auch der sehr überschaubare **Kurpark** befindet sich im Westdorf. Von dort aus sollte man noch weiter nach Westen gehen oder radeln. Denn man höre und staune: Man wechselt nach wenigen Kilometern von einem Ort zu einem anderen, vom Hauptort in den Nachbarort **Loog**. In der Tat existiert hier eine eigene kleine Infrastruktur mit einem Lebensmittelmarkt, Zugängen zum Strand und einem Fahrradverleih. Auch das **Küstenmuseum** befindet sich hier und zeigt in zahlreichen Räumen Interessantes über die friesische Schifffahrt, die Geschichte der Seezeichen, Informatives über die Seenotrettung und vieles mehr.

Wenn wir noch weiter nach Westen gehen, blicken wir wenig später auf den **Hammersee**. Dieser entstand durch eine Sturmflut, bei der das Wasser von der Nordseite das Gelände überschwemmte und nicht mehr abfloss. Seither ist der Salzgehalt deutlich zurückgegangen und der See kann als größter Süßwassersee auf einer Nordseeinsel bezeichnet werden.

NORDERNEY

Nach Borkum ist Norderney die zweitgrößte der Ostfriesischen Inseln und beide Inseln teilen sich eine Gemeinsamkeit: Auch Norderney kann man mit dem eigenen Fahrzeug bereisen. Die Fähre der Reederei Frisia legt in **Norddeich** ab und erreicht den Hafen südlich der Inselstadt nach gut einer Stunde. Die Fahrt verläuft dabei unabhängig vom Stand der Gezeiten. Auch auf Norderney gilt, dass sich der touristische Schwerpunkt in der Stadt befindet und diese ganz im Westen der Insel liegt. Der Ostteil geht in eine weite Dünen- und Sandlandschaft über, die nur auf ganz wenigen Wanderwegen erkundet

Zahlreiche Veranstaltungen und Konzerte unterstreichen die Angebote in den Urlaubsorten.

Norddeich
Seehundstation
Schiffsanleger
Norderney
Störtebekerstraße
16 km
Neßmersiel

Weite Strände laden zum Baden und zu langen Spaziergängen ein.

werden kann. Weite Teile stehen unter Naturschutz und dürfen zum Glück für die hier brütenden Vogelarten nicht betreten werden.

Eine Überfahrt mit dem Wohnmobil lohnt sich nur dann, wenn man beabsichtigt, längere Zeit auf einem der beiden Campingplätze zu verbringen. Auch für Tagesgäste macht es wenig Sinn, mit dem eigenen Pkw überzusetzen, denn nach Ankunft am Hafen sind es nur ein Kilometer Fußweg bis in den **Kurpark** der Stadt und eineinhalb Kilometer in das Zentrum und zur Strandpromenade.

Am **Kurplatz**, nicht zu verwechseln mit dem Kurpark, befindet sich das **Conversationshaus**. Das klassizistische Gebäude, in dem heute die Touristeninformation untergebracht ist, entstand Mitte des 19. Jahrhunderts. Damals war der Bäderbetrieb auf Norderney bereits in vollem Gange, immerhin war Norderney das erste Seebad auf einer ostfriesischen Insel. Schon Ende des 18. Jahrhunderts beantragte man die Erlaubnis zur Errichtung eines Seebades. Dem wurde stattgegeben und im Jahr 1800 kamen offiziell die ersten Kurgäste auf die Insel.

Rund einhundert Jahre später lag die Besucherzahl im hohen fünfstelligen Bereich und es kamen zehn Mal mehr Gäste, als die Insel Einwohner hatte. Unter ihnen waren auch prominente Persönlichkeiten wie zum Beispiel Kaiser Wilhelm II. Im 200. Jahr nach der Ernennung zum Seebad waren es bereits eine Viertelmillion Gäste pro Jahr, die die Insel aufsuchten. Über die Geschichte und Entwicklung zum Seebad informiert das **Bademuseum** am südwestlichen Ortsrand. Es ist in den Gebäuden eines ehemaligen Meerwasser-Freibades untergebracht.

SPECIAL

OSTFRIESENTEE

Was haben die Passionsspiele in Oberammergau, der Rheinische Karneval und das Skatspielen mit der ostfriesischen Teekultur gemeinsam? Sie sind im Bundesweiten Verzeichnis des immateriellen Kulturerbes aufgeführt. Tee ist aus Ostfriesland nicht wegzudenken, denn im Durchschnitt trinkt jeder Ostfriese fast einen Liter Tee pro Tag – deutlich mehr als im deutschen Durchschnitt und sogar mehr als der Brite mit seinem legendären 5-Uhr-Tee. Klassischerweise ist mit dem Ostfriesentee eine Mischung aus verschiedenen Schwarzteesorten gemeint. Er wird zu jedem Anlass und bei jeder Begegnung angeboten. Es dürfen dabei natürlich die Stövchen zum Warmhalten genauso wenig fehlen wie der Kandiszucker. Zum Wohl!

Die dazugehörigen Becken wurden mit Sand aufgefüllt und dienen mittlerweile als **Hochseilgarten**. In dem kleinen Wäldchen vor dem Bademuseum lädt außerdem das **Fischerhausmuseum** zu einem ähnlichen Besuch in die Vergangenheit ein. Hier finden auch Teeseminare statt.

Bemerkenswert ist, dass man ausgerechnet auf Norderney den höchsten Berg von Ostfriesland erklimmen kann. Es handelt sich um die **Walter-Großmann-Düne** in der Inselmitte, die immerhin satte 24,4 Meter hoch ist. Wer sich auf den weiten Weg nach Osten macht und bis zur Inselspitze am Strand begibt, wird auf ein teilweise versandetes **Schiffswrack** stoßen, nur einen Kilometer von der Insel Baltrum entfernt. Das Schiff sollte einst ein dort gestrandetes Schiff befreien. Dieses konnte sich jedoch selbst befreien, während das rettende Schiff stecken blieb und schließlich aufgegeben wurde. Heute rostet es in der weiten Sandlandschaft vor sich hin.

WEITERFAHRT AUF DEM FESTLAND

Zurück auf dem Festland, fahren wir auf der Landstraße durch die Marschlandschaft gen Osten und erreichen wenige Kilometer hinter Norddeich die kleine Ortschaft **Neßmersiel**. Das Dorf besteht im Wesentlichen nur aus Ferienhäusern und dem Hafen, der wiederum Ausgangspunkt für eine Fahrt auf die nächste Insel ist.

Mitten im Ortskern steht dieser Obelisk auf Norderney.

Auf den Inseln kann es auch schon mal bergig werden.

Die Schiffe der Seenotretter sind unverkennbar.

BALTRUM

Das kleinste bewohnte Eiland der Ostfriesischen Inseln liegt genau in der Mitte der Inselkette. Doch Baltrum war einst größer. Noch vor rund 400 Jahren lag der westlichste Punkt der Insel dort, wo sich heute die östliche Dünenlandschaft von Norderney befindet. Von dieser Ostwanderung ist jede der Ostfriesischen Inseln betroffen.

Während zu Beginn des letzten Jahrhunderts die Überfahrt nach Baltrum nur von Norddeich aus möglich war und geschlagene zwei Stunden dauerte, hat man die Insel heute in rund 30 Minuten erreicht. Zwar fährt das Schiff der Reederei Baltrum-Linie bis zu drei Mal am Tag, doch sind diese Fahrten tidenabhängig.

Wegen ihrer geringen Größe kann die Insel bequem zu Fuß an einem Tag komplett erkundet werden. In ihrer breitesten Ausdehnung sind es weniger als fünf Kilometer von Küste zu Küste. Der überschaubare **Hauptort** befindet sich ebenfalls im westlichen Bereich von Baltrum und bietet überwiegend Ferienhäuser und Einkehrmöglichkeiten. Gleich auf dem Weg vom Hafen zum Ort, es sind gerade einmal 300 Meter, trifft man auf das **Nationalparkhaus Baltrum**, das im Gebäude einer ehemaligen Reederei untergebracht ist. Es zeigt Dioramen, Meerwasseraquarien und zahlreiche Informationen über Flora und Fauna der Nordsee.

Nach rechts abbiegend verlässt man das **Westdorf**, passiert das angrenzende kleinere **Ostdorf** und gelangt auf die **Wanderwege** durch die Dünenlandschaft. Diese sind recht kurz gehalten, so sind es hinter dem letzten Gebäude, der Jugendbildungsstätte, nicht einmal zwei Kilometer bis zum östlichsten Punkt, an dem man auf die Nachbarinsel Langeoog blickt. Über den nördlichen breiten Strand kann man schließlich gemütlich zum Westdorf zurückwandern und sich im Ortskern mit einer Einkehr für die Wanderung belohnen, bevor es am Abend zurück zum Festland geht.

Beim Spaziergang durch den Ort sollte man unbedingt einen Blick auf die **Alte Inselkirche** werfen. Aufgrund der Ostwanderung der Insel ist sie mittlerweile die fünfte, die in den letzten Jahrhunderten erbaut wurde. Der Standort der Kirche aus dem 18. Jahrhundert befindet sich heute am Strand von Norderney. Das Gebäude der Alten Inselkirche selbst ist relativ unspektakulär und würde als typisches Backsteingebäude zwischen den anderen Häusern beinahe untergehen, denn einen klassischen Kirchturm gibt es nicht. Vielmehr befindet sich an der Kirche

ein Holzgestell, an dem eine Glocke hängt, die als Wahrzeichen der Insel gilt.

ERNEUT AN LAND

Nach Verlassen der Insel Baltrum besteigen wir wieder unser Wohnmobil und fahren weiter gen Osten. Auf dem Weg nach Dornumersiel haben wir vorher die Möglichkeit, nach rechts abzubiegen und den Hauptort **Dornum** zu besuchen. Hier wurde im Jahr 1865 eine gewisse Miene Schönberg geboren, die später in die USA auswanderte und dort sechs Kinder gebar. Das erste Kind starb bereits sehr früh, die anderen fünf Kinder wurden weltweit berühmt als die Komikertruppe Marx Brothers.

Vom Stellplatz in Dornum ist eher abzuraten, doch einen kurzen Rundgang durch den kleinen Ort sollte man nicht auslassen. Von der **St.-Bartholomäus-Kirche**, gleich neben einem größeren Parkplatz, gelangt man zu Fuß über die Kirchstraße am Markt vorbei bis zum **Schloss Dornum**. Das barocke Wasserschloss stammt aus dem 14. Jahrhundert und beherbergt heute eine Schule, weshalb es nur zu bestimmten Zeiten von innen besichtigt werden kann. Zwischen Markt und Schloss befindet sich zudem die einzige **Synagoge** Ostfrieslands, die während der Nazidiktatur nicht zerstört wurde. Heute dient sie als Gedenkstätte und informiert in einer Ausstellung über das jüdische Leben der Region. An der Gedenkstätte zweigt ein schmaler Pfad zur **Beningaburg** ab, die in etwa zur gleichen Zeit wie das Schloss errichtet wurde und ursprünglich von einem Wassergraben umgeben war.

Über die Kreisstraße fahren wir nach Westeraccum, biegen dort links ab und erreichen bald Westeraccumersiel sowie Dornumersiel und sind damit wieder an der Küste. Wer hier verweilen möchte, kann dies auf dem Wohnmobilstellplatz gleich neben dem Meerwasserfreibad in **Dornumersiel**

Manchmal laden Strandkörbe auch einfach nur zum Verweilen ein.

Erholung auf dem Wohnmobilstellplatz in Dornumersiel.

Und abends genießt man den Sonnenuntergang über dem Wattenmeer.

(53.679111, 7.478333). Dornumersiel und Westeraccumersiel gehören heute beide zu Dornum, doch in früheren Zeiten waren beide eigenständige Sielhäfen, was daran lag, dass einstmals zwischen diesen Orten die Grenze zwischen Ostfriesland und dem Harlingerland verlief.

Heute gibt es nur noch an ausgewählten Tagen die Möglichkeit, eine Schiffsreise ab Dornumersiel anzutreten. Dabei blickt man vom Stellplatz aus auf die nur viereinhalb Kilometer entfernte Insel Langeoog. Sie scheint zum Greifen nah zu sein, doch die Schiffe dorthin verkehren erst ab Bensersiel, dem nächsten Ort an der Küste. Wer lieber die Ruhe auf diesem Stellplatz genießen möchte und wenig Interesse an dem großen Campingplatz in Bensersiel hat, kann die sieben Kilometer lange Strecke dorthin auch bequem mit dem Fahrrad am Deich entlang zurücklegen.

Bensersiel ist ungleich rummeliger als Dornumersiel und bietet zahlreiche Einkehrmöglichkeiten rund um den Hafen. Das **Sieltor** wird von einer sehenswerten Fußgängerbrücke überspannt, womit man gleich zum Anleger für die Schiffe nach Langeoog gelangt. Ansonsten bietet Bensersiel gleich zwei Schwimmbäder: Westlich des Sielhafens, direkt neben dem Campingplatz, kann man das **Meerwasserwellenbad** nutzen, während östlich des Hafens die **Nordseetherme** mit mehreren Schwimmbecken lockt.

Bensersiel
Sielhafen
Ausflugsschiff nach Langeoog
Bensersieler Straße
5 km
Esens

LANGEOOG

Rund eine Stunde ist man mit dem Schiff ab **Bensersiel** unterwegs, um die Insel Langeoog zu erreichen. Die Verbindung ist tidenunabhängig und daher gibt es mehrere Abfahrten pro Tag. Betrieben werden die Schiffe von dem inseleigenen Unternehmen namens Schifffahrt der Inselgemeinde Langeoog, die im Jahr 1927 gegründet wurde. Wie auf den anderen Inseln auch, befindet sich der Fährhafen auf der Südseite des Eilands und kann bereits vom Festland aus gesehen werden. Und auch auf der lang gestreckten Insel Langeoog gilt, dass sich der gleichnamige Ort sehr weit im Westen befindet.

Nach der Ankunft auf der Insel lässt man sich ganz gemütlich mit der **Inselbahn** durch die weite Landschaft bis in das Zentrum des Ortes bringen. Am Bahnhof folgt man schließlich zu Fuß der Hauptstraße oder kann eine der bereitstehenden Kutschen nutzen. Um die Insel komplett zu Fuß zu erkunden, müsste man schon mehr Zeit und Kondition mitbringen als auf Baltrum. Immerhin beträgt die Ost-West-Ausdehnung von Langeoog knappe elf Kilometer.

Auf der gesamten Länge erstreckt sich an der Nordseite, aber auch westlich des Inselortes ein feiner Sandstrand, der in mehrere Abschnitte unterteilt ist. So gibt es einen rauchfreien Strand, einen Hundestrand, einen Abschnitt für Kitesurfer und Sportler.

Vom Campingplatz in Bensersiel zum Wattenmeer sind es nur wenige Schritte.

Das **Zentrum** des Ortes befindet sich dort, wo die beiden wichtigsten Straßen aufeinandertreffen, die Barkhausenstraße und die Hauptstraße. Mehrere Hotels, Einkehrmöglichkeiten und Geschäfte bzw. Souvenirläden machen den Bereich zu einem quirligen Ort, wo es viel zu entdecken gibt.

Am Ende der Hauptstraße sticht ein Denkmal ins Auge. Es zeigt die Sängerin **Lale Andersen**, die als Lili Marleen an einer Straßenlaterne steht, eine Hommage an ihr weltberühmtes Soldatenlied »Lili Marleen«. Lale Andersen ist zwar in Bremerhaven geboren und in Wien verstorben, doch sie wählte nach Ende des Zweiten Weltkriegs Langeoog als ihre neue Heimat. Bis zu ihrem Tod im Jahr 1972 verbrachte sie sehr viel Zeit im **Sonnenhof**, ihrem Wohnhaus auf Langeoog. Dieses finden wir in der kleinen Straße Gerksin-Spoor am nördlichen Ortsrand.

Nur wenige Meter von ihrem ehemaligen Wohnhaus, in dem heute eine Teestube untergebracht ist, sehen wir den Zugang zum **Dünenfriedhof**. Auf diesem wurde die Urne von Lale Andersen beigesetzt. Die Straßenlaterne am Ende der Hauptstraße wurde zu ihrem 100. Geburtstag im Jahr 2005 feierlich enthüllt. Gleich dahinter sehen wir übrigens das Wahrzeichen der Insel. Der auf den Dünen stehende **Wasserturm** wurde 1909 fertiggestellt und dient heute nicht mehr der Wasserversorgung, sondern wird als Aussichtsturm genutzt. Im unteren Bereich be-

Farbenfroh zeigen sich die kleinen Geschäfte auf Langeoog.

Mitten auf den Dünen steht der Wasserturm von Langeoog.

findet sich eine Ausstellung über die einstige Wasserversorgung.

Vom Wasserturm aus geht es in die Dünenlandschaft, durch die man natürlich auch zum Strand gelangt. Wer in den Dünen bleibt, wird unter anderem an der **Givtbude** vorbeikommen. Gleich in der Nähe dieses Bistros lädt das nach eigenen Angaben kleinste

Die meisten Inseln erreicht man mit Schiffen wie diesen.

Kunstmuseum der Welt zu einem Besuch ein. Es steht zwar mit diesem Titel nicht im Guinnessbuch der Rekorde, doch viel kleiner geht es wohl wirklich nicht. Immerhin kann man diesen Nachbau eines ehemaligen Badewagens nicht betreten. Die wenigen Bilder an der Wand betrachtet man lediglich durch das Fenster von außen.

Weiter durch die Dünen erreicht man, an einem Aussichtspunkt vorbei und nicht weit vom Dünenfriedhof, den Zugang zum **Pirolatal**. Von einem klassischen Tal zu sprechen, ist natürlich übertrieben, vielmehr führt ein Rad- und Wanderweg durch eine ebene Landschaft, die rechts und links von den Dünen begrenzt wird. Aussichtspunkte zur Rechten und Strandzugänge zur Linken begleiten den Weg, der schließlich zum **Schloppsee** führt. Dieser bildete sich Anfang der 1970er-Jahre, als man hier, beinahe in der Inselmitte, Sand zum Küstenschutz entnahm. Heute ist der See stellenweise bis zu zwölf Meter tief.

Hinter dem See passiert man auf dem weiteren Weg durch die Dünen die Jugendherberge und das Schullandheim, dann ist man am östlichen Ende der Insel angelangt. Von der **Schutzhütte Osterhook** aus hat man eine schöne Aussicht auf die Seehundsbänke der Insel.

ÜBER ESENS NACH NEUHARLINGERSIEL

Bevor man Bensersiel verlässt und an der Küste weiter nach Osten fährt, um Neuharlingersiel zu erreichen, kann man einen kleinen Umweg über das weiter im Landesinneren liegende **Esens** einplanen. Auf dem dortigen Schützenplatz (53.639694, 7.611028) gibt es mit einem offiziellen Wohnmobilstellplatz sogar eine recht preisgünstige Übernachtungsmöglichkeit.

Das Treiben der Stadt Esens spielt sich rund um den **Marktplatz** ab, wo das in hellen Farben strahlende **Rathaus** auffällt. Es wurde als Palais im 17. Jahrhundert erbaut und zeigt sich heute mit einer schönen Barockfassade. Nördlich des Platzes erhebt sich die jüngere **St.-Magnus-Kirche**, welche Mitte des 19. Jahrhunderts errichtet wurde. An ihrem Standort gab es in früheren Zeiten schon ältere Gotteshäuser, die unter anderem wegen Baufälligkeit abgerissen werden mussten.

Urlaub pur bieten die Strände der Nordseeinseln.

Esens
Historisches Zentrum
Nebenstraßen
11 km
Neuharlingersiel
Buddelschiffmuseum
Ausflugsschiff nach Spiekeroog
Nebenstraßen
9 km
Carolinensiel-Harlesiel

Entspannt flaniert man um den Sielhafen von Neuharlingersiel.

Auch die meisten anderen Wohn- und Geschäftshäuser in der Stadt präsentieren sich wie die Kirche und das Rathaus in der typischen Backsteinarchitektur. In den fünf Etagen des Kirchturms ist ein **Museum** untergebracht, das die Geschichte der Kirche erläutert und an den Glocken vorbeiführt, bis man nach über 100 Stufen eine herrliche Aussicht bis zu den Ostfriesischen Inseln genießen kann.

Am anderen Ende des Marktplatzes stehen auf zwei Seiten der Straßen merkwürdig anmutende **Skulpturen**. Sie stammen vom Künstler Albert Sous und sollen ein auseinandergebrochenes Schiffswrack darstellen, gleichzeitig aber auch eine Art Brunnen, der je nach Tidestand im Hafen von Bensersiel trocken liegt oder auch nicht.

Schnell wird bei einem Spaziergang durch die Stadt klar, dass Esens einen Bären als Wappentier auserkoren hat. Vor zahlreichen Geschäften und Häusern sieht man immer wieder eine Bärenplastik, die daran erinnert, dass sich Esens als **Bärenstadt** bezeichnet. Hintergrund ist eine alte Legende, in der es heißt, ein Bärenführer sei nach

Vom Strandkorb aus blickt man den Schiffen zu den Inseln hinterher.

SPECIAL

HAFENTYP SIELHAFEN

Mit einem Siel wird das eingedeichte Land entwässert. Durch die Siele entstanden tiefe Rinnen im Watt, die sich ideal dazu eigneten, einen Hafen anzulegen. Daher ist diese Hafenform heute typisch für Ostfriesland. Üblicherweise entstand auf beiden Seiten des Hafens Besiedlung, während auf der Stirnseite eine Straße verlief. Noch heute kann man diese Bauform in Carolinensiel und Neuharlingersiel gut erkennen. Schon allein die Endung im Namen deutet auf solch einen Sielhafen hin, wobei es auch Orte wie Altfunnixsiel und Neufunnixsiel gibt, die nicht an der Küste liegen. Hier hat man im Laufe der Zeit durch Eindeichung Land gewonnen. Die einstigen Häfen, in diesem Fall ebenfalls an der Harle, existieren nicht mehr.

Esens gekommen und sein Tier habe unfreiwillig Belagerer in die Flucht geschlagen.

In nordöstliche Richtung fahren wir durch das Harlingerland und treffen nach einer Viertelstunde Fahrzeit in **Neuharlingersiel** ein, wo wir den kleinen Wohnmobilstellplatz gleich neben dem Hafen aufsuchen können (53.701694, 7.708194). Von dort sieht man die Schiffe zur Insel Spiekeroog ablegen und nur wenige Meter sind es bis zum kleinen Sielhafen, um den herum sich die Touristen in den gastronomischen Betrieben niederlassen und dabei zuschauen, wie die Krabbenkutter den Ort verlassen. So machen es auch **Der alte und der junge Fischer**, eine Skulptur am Hafenkai, die mittlerweile ein beliebtes Fotomotiv und auch ein Wahrzeichen von Neuharlingersiel ist.

Südlich des Sielhafens befindet sich der historische **Sielhof**, der von einer gepflegten Parkanlage umgeben ist und Mitte des 18. Jahrhunderts entstand. Er beherbergt heute eine kleine Ausstellung sowie ein Café. Doch die wohl bekannteste Sehenswürdigkeit von Neuharlingersiel ist viel kleiner und über einen Hinterhof zwischen Sielhafen und der örtlichen Sparkasse zu erreichen. Das **Buddelschiffmuseum** zeigt Krabbenkutter,

Der Wohnmobilstellplatz in Neuharlingersiel befindet sich direkt am Wasser.

ein Atom-U-Boot, die Titanic und viele andere bekannte und unbekannte Schiffe – als Miniaturmodell in Glasflaschen. Über 100 Modelle können im Buddelschiffmuseum betrachtet werden.

SPIEKEROOG

Die Fähre von Neuharlingersiel auf die Insel Spiekeroog ist tidenabhängig und legt an günstigen Tagen in den Sommermonaten bis zu vier Mal ab. Normalerweise dauert die Überfahrt rund 50 Minuten. An ausgewählten Terminen macht das Schiff einen Schlenker an den Seehundsbänken vorbei, was die

Pittoresk geht es in Carolinensiel zu.

Mit der Concordia II reist man gemütlich auf der Harle.

Fahrzeit auf eineinhalb Stunden erhöht. Das Inseldorf ist nach Anlegen der Fähre schnell zu Fuß erreicht. Schon nach 500 Metern steht man im Zentrum und hat die Möglichkeit, das hiesige **Inselmuseum** zu besichtigen. Es ist in einem historischen Kapitänshaus aus dem 18. Jahrhundert untergebracht und befasst sich mit den Themen Schifffahrt bzw. Seenotrettung. Außerdem bietet es die Möglichkeit, sich hier trauen zu lassen.

Die wenigen Straßen des Ortes sind bald durchquert. Eines der Häuser, die man hier sieht, gehörte einstmals dem ehemaligen Bundespräsidenten Johannes Rau. Er verbrachte gern und oft seinen Sommerurlaub auf Spiekeroog. Einen Besuch wert ist das **Muschelmuseum** im Obergeschoss der Touristeninformation. Dort kann man sich von über 4000 Muschel- und Schneckengehäusen faszinieren lassen und noch so einiges über Muscheln erfahren.

Außerhalb der Ortschaft befindet man sich sofort in einer Dünenlandschaft, die – für die Ostfriesischen Inseln ungewöhnlich – teilweise bewaldet ist. Über den **Nordstrand** hinweg kann man auch hier wieder bis zum östlichen Punkt der Insel einen Strandspaziergang einlegen und auf die nur zwei Kilometer entfernte Insel Wangerooge blicken. Allerdings legt man acht Kilometer reine Wegstrecke zurück. Bei Ebbe kommt man am Schiffswrack der **Verona** vorbei, die 1883 auf der Insel strandete. Das 1865 gebaute Dampfschiff war auf dem Weg von Schottland nach Bremerhaven, als es die Insel traf. Es ist nicht sicher, dass man das Wrack bei jedem Niedrigwasser sieht, da es schon stark versandet ist.

Carolinensiel-Harlesiel
Sielhafen
Ausflugsschiff nach Wangerooge
Ziel

CAROLINENSIEL UND HARLESIEL

Wie so viele Orte an der ostfriesischen Küste ist auch Neuharlingersiel über einen Fußweg auf dem Deich mit dem nächsten Ort verbunden. Etwas weniger als zwei Stunden bräuchte man für den Spaziergang bis Harlesiel. Aber wir können auch das Wohnmobil mitnehmen, denn Harlesiel besitzt gleich zwei Wohnmobilstellplätze, die zusammenge-

Manchmal findet man Krabben auch am Strand.

Von Westen aus fährt man direkt auf die Windmühle in Carolinensiel zu.

hören und nicht weit auseinanderliegen (53.709500, 7.809028).

Harlesiel kann man im Wesentlichen in drei Bereiche aufteilen. Ganz im Norden befindet sich direkt am Wasser der aufgeschüttete Sandstrand. Südlich davon grenzt der etwas größere Campingplatz an und davon wiederum südlich, abgeteilt durch einen Deich, befindet sich der eigentliche Ort, der überwiegend aus Ferienhäusern besteht und von der Fläche her in etwa so groß ist wie der Campingplatz. Diese drei Einheiten liegen am westlichen Ufer der **Harle**, die hier in die Nordsee mündet und wo der Hafen zugleich Ausgangspunkt für Fahrten auf die Insel Wangerooge ist.

Östlich der Harle befinden sich Großparkplätze und der kleine Flugplatz für die Flugverbindung nach Wangerooge. Dort heben fast im Stundentakt die Flugzeuge

Segelschiffe findet man auch in der Kirche von Carolinensiel.

ab, die nach wenigen Minuten auf dem Flugplatz Wangerooge landen. Damit gehört die Strecke zu den kürzesten Flugverbindungen Deutschlands. Ost- und Westufer der Harle sind über eine Schleuse miteinander verbunden, die immer wieder Zuschauer anlockt, wenn die Segler von Harlesiel auf das offene Meer hinausschippern wollen.

Die Harle ist ein 23 Kilometer langer Fluss, der südwestlich von Wittmund durch das Zusammentreffen von Südertief und Nordertief beginnt. Auf dem Stück zwischen Harlesiel und Carolinensiel pendelt der kleine Raddampfer Concordia II und lädt zu einer gemütlichen Schiffsfahrt ein.

Die Strecke kann man am Ufer der Harle auch bequem zu Fuß zurücklegen. Man passiert die beliebte **Küstenräucherei** und die **Friedrichschleuse**, bevor man am Schwimmbad **Cliner Quelle** vorbeikommt und den Sielhafen von Carolinensiel erreicht. Gleich neben dem dortigen Nationalparkhaus empfängt das **Sielhafenmuseum** seine Besucher und erzählt die Geschichte des Hafens, der einige Zeit lang zugeschüttet war. Auch die Hinweistafeln entlang des Harleufers sind Bestandteil des Museumswegs, der vom Deutschen Sielhafenmuseum initiiert wurde.

Natürlich bestehen rund um den Hafen Einkehr- und Einkaufsmöglichkeiten, doch es lohnt sich, den Hafenbereich nach Westen, also in Richtung Neuharlingersiel zu verlassen. Dort erreicht man nach wenigen Gehminuten auf der Mühlenstraße die sehr gut erhaltene **Holländerwindmühle**, die auf zwei Jahrhunderte zurückblickt und heute ein Café beherbergt.

Bevor wir mit dem Schiff nach Wangerooge übersetzen, sollten wir noch einmal einen Blick auf die Hafeneinfahrt werfen, und zwar bei Niedrigwasser. Harlesiel bietet nämlich die Möglichkeit, verhältnismäßig sicher sehr weit in das Wattenmeer hineinzugehen. Gleich am Wohnmobilstellplatz beginnt ein Steinwall, der parallel zur Hafeneinfahrt in das Meer ragt. Er endet erst nach drei Kilometern und auf dem ersten Stück ist der Meeresboden sehr hart und gut begehbar.

Abends leeren sich die Strandkörbe.

Gastfreundschaft wird auf Wangerooge natürlich groß geschrieben.

Natürlich sollte man sich trotzdem vorher über die Tide informieren und nicht zu weit hinausgehen. Auch der Steinwall wird bei Hochwasser komplett überschwemmt und ist dann nicht mehr sichtbar.

WANGEROOGE

Die östlichste der Ostfriesischen Inseln ist Wangerooge. Sie ist ebenfalls tidenabhängig erreichbar und die Überfahrt dauert rund eine Dreiviertelstunde. Nach der Ankunft an der Südspitze der Insel, die allerdings Westanleger heißt, geht die Reise mit der **Inselbahn** weiter. Die rund dreieinhalb Kilometer lange Fahrt verläuft durch die Salzwiesen bis zur Inselmitte, wo sich der Hauptort befindet.

Es besteht auch die Möglichkeit, zu Fuß am Westufer entlangzuspazieren. Dort käme man mit einem großen Umweg und am markanten Westturm vorbei bis zum Ort. Einen Ostanleger gab es im vergangenen Jahrhundert übrigens auch. Er befand sich an der Ostspitze der Insel und war ebenfalls mit der Inselbahn verbunden. Reste des Anlegers und der Holzfundamente für die Bahnstrecke ragen bei Niedrigwasser aus dem Sandboden. Weniger als eineinhalb Kilometer sind es von dort bis zur unbewohnten Insel **Minsener Oog**, die zu Beginn des letzten Jahrhunderts aus mehreren Sandbänken entstand.

Dass sich die Landschaft der Inseln immer wieder verändert, ist auch auf Wangerooge zu erkennen. Seit dem 17. Jahrhundert hat das Eiland zwei Kilometer an Landfläche im Westen verloren, dafür aber rund vier Kilometer im Osten hinzugewonnen. So befand sich der **Alte Leuchtturm**, gleich neben dem Bahnhof und der St.-Nikolai-Kirche, Mitte des 19. Jahrhunderts noch an der Ostspitze der Insel. Heute steht er mitten im Ort und dient als Museum sowie als Aussichtspunkt, der nach 161 Stufen erreicht werden kann.

Der markante, rechteckige Turm, den man im Westen der Insel zu Fuß ansteuern kann, wurde 1932 erbaut und dient seither als Jugendherberge. Er ist der dritte Turm, der als **Westturm** bezeichnet wird. Die beiden Vorgängerbauten mussten aufgrund der Ostdrift der Insel aufgegeben werden. Der erste Westturm aus dem 14. Jahrhundert, der gleichzeitig Kirchturm war, stand fünf Kilometer westlich, also an der heutigen Insel Spiekeroog. Der Nachfolgebau, zu Beginn

Auf Wangerooge ist man auf schmalen Wegen über die Dünen schnell am Strand.

des 17. Jahrhunderts fertiggestellt, kann bei Ebbe heute noch erahnt werden. Das runde Fundament befindet sich an einer der Buhnen nördlich des noch existierenden Westturms.

Neben dem Westturm, der auch von Harlesiel aus gut erkennbar ist, gibt es ein weiteres Wahrzeichen der Insel. Es befindet sich am nördlichen Ende der Haupteinkaufsstraße im Ort. Die Zedeliusstraße verläuft genau auf eine Erhebung zu, auf der sich das **Café Pudding** in einem kreisrunden Gebäude befindet. Auf der anderen Seite des Cafés blickt man von oben auf den weiten Strand und die Nordsee, weshalb es ein beliebter Ort zum Einkehren ist.

Das brühmte »Café Pudding« am Deich von Wangerooge

PRAKTISCHE HINWEISE

TOURISTINFORMATIONEN

Tourismus-Service Norden-Norddeich
Dörper Weg 22, 26506 Norden-Norddeich
Tel. 04931/98 62 00, www.norddeich.de

Tourist-Information Borkum
Georg-Schütte-Platz 5, 26757 Borkum
Tel. 04922/93 30, www.borkum.de

Kurverwaltung Juist
Strandstr. 5, 26571 Juist
Tel. 04935/80 98 00, www.juist.de

Tourist-Information im Conversationshaus
Am Kurplatz 1, 26548 Norderney
Tel. 04932/89 19 00, www.norderney.de

Kurverwaltung Nordseeheilbad Baltrum
Rathaus, Westdorf 130, 26579 Baltrum
Tel. 04939/800, www.baltrum.de

Reethaus am Meer
Hafenstr. 3, 26553 Dornum-Dornumersiel
Tel. 04933/911 10, www.dornum.de

Tourismus-Service Langeoog
Rathaus, Hauptstr. 28, 26465 Langeoog
Tel. 04972/69 30, www.langeoog.de

Touristeninformation Strandportal
Am Strand 8, 26427 Esens-Bensersiel
Tel. 04971/91 70, www.bensersiel.de

Tourist-Information Esens
Herdetor 38–40, 26427 Esens
Tel. 04971/91 70, www.bensersiel.de

Kurverein Neuharlingersiel e. V.
Edo-Edzards-Str. 1, 26427 Neuharlingersiel
Tel. 04974/18 80, www.neuharlingersiel.de

Tourist-Information Haus Kogge
Noorderpad 25, 26474 Spiekeroog
Tel. 04976/919 31 01, www.spiekeroog.de

Tourist-Information Cliner Quelle
Nordseestr. 1, 26409 Carolinensiel-Harlesiel
Tel. 04464/949 30, www.carolinensiel.de

Tourist-Info Wangerooge
Bahnhofstr. 6, 26486 Wangerooge
Tel. 04469/94 88 99, www.wangerooge.de

STELLPLÄTZE

S 200 **Wohnmobilhafen Norddeich**
(S. 202 H4) Dörper Weg 18 a, 26506 Norden-Norddeich, GPS: 53.610667, 7.156222‘

Mit der Motorhaube direkt bis zur Hafeneinfahrt in Harlesiel.

Große Fläche für rund 100 Fahrzeuge, die jedoch stellenweise recht eng beieinanderstehen müssen. Entsorgungsmöglichkeit, Strom und WLAN vorhanden. Günstige Lage für den Besuch des Erlebnisbads Ocean Wave und der Seehundaufzuchtstation.

S 201 **Womopark Norddeich,** (S. 201 H4)
Deichstr. 23, 26506 Norden-Norddeich
GPS: 53.601861, 7.135694
Über 40 Stellflächen mit Strom und Frischwasser, Einkehrmöglichkeit vorhanden. Etwas mehr als zwei Kilometer zur Seehundaufzuchtstation und weniger als drei Kilometer zum Hafen.

S 202 **Wohnmobilstellplatz Dornumersiel**
(S. 202 C4) An der Fahrrinne 46
26553 Dornum-Dornumersiel
GPS: 53.679111, 7.478333
Parzellierte Stellflächen, die mittels aufrecht stehender Holzpfähle voneinander abgetrennt sind. Hier lohnt ein Blick auf die einzelnen Stämme, die liebevoll und unterschiedlich mit Küstenmotiven geschnitzt wurden. Ver- und Entsorgung sowie Stromanschlüsse vorhanden.

S 203 **Wohnmobilstellplatz Esens**
(S. 202 D4) Bahnhofstr., 27427 Esens
GPS: 53.639694, 7.611028
Großer Platz ohne Ausstattung und Charme, dafür für Spätankömmlinge eine gute Alternative zu den meist vollen Plätzen direkt an der Küste. Bensersiel lässt sich von hier mit dem Fahrrad in einer guten Viertelstunde erreichen. Bezahlt wird am Abend, wenn ein Mitarbeiter der Kurverwaltung den Platz aufsucht.

S 204 **Wohnmobilstellplatz Neuharlingersiel**
(S. 202 D3) Ostanleger, 26427 Neuharlingersiel
GPS: 53.701694, 7.708056
23 Stellflächen direkt am Wasser, aber auch am Rande eines Großparkplatzes gleich neben dem Hafen. Entsorgungsstation und Stromanschlüsse vorhanden.

S 205 **Wohnmobilstellplatz Harlesiel**
(S. 202 E3) Stellplatz am Hafen, Am Harlesiel
26409 Wittmund-Harlesiel
GPS: 53.709500, 7.809028
Großer gepflasterter Stellplatz direkt an der Hafeneinfahrt, auf der anderen Seite nur

Links: Der Wohnmobilstellplatz in Dornumersiel ...

Rechts: ... bietet schöne Skulpturen zum Thema Meer.

Vom Wattenmeer direkt ins Wohnmobil, keine Seltenheit.

Nur ein kleiner Deich trennt den Strand vom Wohnmobilstellplatz.

begrenzt durch den steinernen Wall, hinter dem der Strand beginnt. Angrenzend auch an das Meerwasserfreibad. An den Wochenenden im Sommer allerdings sehr voll und eng. Geöffnet von Mitte März bis Oktober. Bei schlechten Wetterbedingungen sollte man auf die Hinweise achten und nicht zu nah am Strand stehen. Bei anlandigem Wind kann das Meerwasser bis auf den Platz gelangen. Ver- und Entsorgung sowie Strom vorhanden, Einkehrmöglichkeit gleich nebenan im Restaurant Wattkieker. Bezahlt wird am Strandzugang oder an der Rezeption des Campingplatzes.

S 206 **Wohnmobilstellplatz Harlesiel**
(S. 203 E3) Am Campingplatz, Schwerinsgroden
26409 Wittmund-Harlesiel
GPS: 53.707889, 7.805806

Segler und Wohnmobilisten sind Genießer.

Weiterer gepflasterter Stellplatz vor dem Campingplatz, der auch von diesem betrieben wird. Geöffnet von Ende März bis Mitte September.

S 207 **Wohnmobilstellplatz Harlesiel**
(S. 203 E3) Cliner Quelle, Nordseestr. 1
26409 Carolinensiel-Harlesiel
GPS: 53.696389, 7.805417
Ausweichplatz für die Wintermonate (nur außerhalb der Saison von Anfang November bis Mitte März) auf dem Parkplatz vor dem Schwimmbad Cliner Quelle, keine Ausstattung.

CAMPINGPLÄTZE

C 208 **Nordsee-Camp Norddeich**
(S. 201 H4) Deichstr. 21,
26506 Norden-Norddeich
Tel. 04931/80 73, www.nordsee-camp.de
GPS: 53.604611, 7.139500
Campingplatz hinter dem Deich und etwas außerhalb gelegen, rund zwei Kilometer vom Hafen in Norddeich entfernt, geöffnet von April bis Anfang November.

C 209 **Campingplatz Um Ost**
(S. 201 H4) Am Golfplatz 3, 26548 Norderney
Tel. 04932/618, www.campingplatz-umost.de
GPS: 53.708667, 7.206028
Im südlichen Bereich der Inselmitte gelegener Campingplatz mit kompletter Ausstattung. Geöffnet von Mitte April bis Mitte Oktober.

C 210 **Campingplatz am Nordseestrand**
(S. 202 C4) Hafenstr. 7,
26553 Dornum-Dornumersiel
Tel. 04933/351, www.dornum.de
GPS: 53.680639, 7.482750

In den Jahren 2017 und 2018 renovierter Campingplatz mit neuem Sanitärgebäude. Direkt am Strand und neben dem Hafen Dornumersiel. Neu auch die 24 hundefreundlichen Stellflächen auf dem Platz.

C 211 **Strand- und Familiencamping Bensersiel** (S. 202 C4)
Am Strand 8, 26427 Bensersiel
Tel. 04971/917121
www.bensersiel.de/camping
GPS: 53.675306, 7.568167
Großer Campingplatz am westlichen Ortsrand von Bensersiel mit direktem Zugang zum Strand und zum Wattenmeer bzw. zur Nordsee. Mehrere große Sanitärgebäude stehen zur Verfügung.

C 212 **Nordsee-Camping Neuharlingersiel**
(S. 202 D3) Alt Addenhausen 4, 26427 Neuharlingersiel
Tel. 04974/188900, www.neuharlingersiel.de
GPS: 53.695833, 7.690444
Ganzjährig geöffneter und großer Campingplatz hinter dem Deich im Westen des Ortes.

C 213 **Nordseecamping Boyungs**
(S. 203 E3) Friedrichsgroden 2a
26409 Wittmund-Carolinensiel
Tel. 04464/1738
www.nordseecamping-boyungs.de
GPS: 53.698694, 7.804889
Kleiner, familiär geführter Campingplatz mit direktem Zugang zum Schwimmbad Cliner Quelle. Der Platz liegt genau zwischen Harlesiel und Carolinensiel.

C 214 **Campingplatz Harlesiel**
(S. 203 E3) Schwerinsgroden
26409 Carolinensiel-Harlesiel
Tel. 04464/949398, www.carolinensiel.de
GPS: 53.706833, 7.804889
Großer Campingplatz direkt am Strand und hinter dem Deich.

Auch mit den größten Dickschiffen findet man oft Platz.

An Campingplätzen mangelt es an der Küste nicht.

3 RUND UM DEN JADEBUSEN – GROSSE MEERESBUCHT DER NORDSEE

Von Harlesiel nach Butjadingen

Rund um den Jadebusen verläuft die Reise durch mehrere kleine und große Ortschaften. Im Hinterland begeben wir uns in Wittmund auf Spurensuche prominenter Persönlichkeiten, besuchen in Jever die berühmte Brauerei und haben in Wilhelms-haven die Qual der Wahl angesichts der Vielzahl an Wohnmobilstellplätzen. Das dortige Marinemuseum ist wiederum einzigartig und ebenfalls einen Besuch wert. Ab Varel nähern wir uns der Halbinsel Butjadingen, die mit weiter Landschaft einen ruhigen und erholsamen Urlaub verspricht und ebenfalls zahlreiche Wohnmobilstellplätze bereithält.

Auch am Jadebusen genießt man den Blick aus dem Strandkorb heraus.

Parallel zur Küste verlassen wir Carolinensiel und fahren weiter nach Osten, wo sich an der nordöstlichen Ecke der ostfriesischen Halbinsel die Ortschaft **Horumersiel-Schillig** befindet. Der Ortsteil Schillig ist geprägt vom großen Campingplatz und ansonsten überschaubar. Zu Recht beliebt ist er jedoch wegen seines breiten Sandstrandes, der abschnittsweise auch für Hunde freigegeben wurde. Außerdem kann man von Schillig die rund vier Kilometer entfernte Vogelschutzinsel **Minsener Oog** im Rahmen einer geführten Wattwanderung erreichen.

Von Horumersiel ist es ein Katzensprung in den nächstgelegenen Küstenort Hooksiel. Gerade einmal sechs Kilometer liegen die Ortschaften auseinander, die man mit dem Fahrrad gut erkunden kann. Aber sogar zu Fuß wäre der Weg entlang des Deiches im Rahmen einer Tageswanderung gut möglich. Doch bevor wir uns Hooksiel zuwenden, sollten wir per Fahrrad oder Wohnmobil einen Abstecher in das Landesinnere machen und uns die Städte Wittmund und Jever anschauen.

Dazu fährt man von Horumersiel aus durch **Hohenkirchen**, das als Hauptort der Gemeinde Wangerland gilt. Überschaubar sind dort die Sehenswürdigkeiten. Zu ihnen zählt der im Jahr 1934 gebaute **Wasserturm**, der mit seinem rechtwinkligen Klinkerbau 30 Meter hoch und besonders markant ist. Das kleine Zentrum des Ortes wird von der Kirche **St. Sixtus und Sinicius** aus dem 12. Jahrhundert dominiert.

HANDS OF FAME IN WITTMUND

Über kleinere Nebenstraßen fährt man an Feldern vorbei und erreicht rund 20 Minuten

später **Wittmund**, wo man das Wohnmobil auf einem der vielen Parkplätze, zum Beispiel in der Kurt-Schwitters-Straße (53.574750, 7.781472), abstellen kann. Streng genommen ist Wittmund die größte Stadt in Ostfriesland, jedoch nur, wenn es um die Fläche geht, denn das Gemeindegebiet reicht bis an die Küste heran und umfasst zum Beispiel auch Carolinensiel bzw. Harlesiel. Aurich, Emden, Leer und Norden haben hingegen mehr Einwohner. Rund um die Kirche im Hauptort Wittmund erstreckt sich die Innenstadt mit zahlreichen Einkaufsmöglichkeiten und einer Fußgängerzone, deren wichtigste Straßen ein Quadrat bilden.

Auf diesen Straßen lohnt nicht nur ein Blick in die Schaufenster, sondern auch auf den Boden. Denn dort befinden sich, in Anlehnung an den berühmten Walk of Fame

SPECIAL

DÜNENINSEL MELLUM

Die andere Insel vor Schillig steht ebenfalls unter Naturschutz und kann nur mit einer Genehmigung betreten werden: Mellum entstand zu Beginn des letzten Jahrhunderts aus einer Sandbank. Mittlerweile hat sich dort eine Vegetation entwickelt, die die Insel zu einem beliebten Brutplatz für zahlreiche Vogelarten macht. Seit Mellums Bestehen hat es hier nur einen Eingriff von Menschenhand gegeben, und zwar während des Zweiten Weltkriegs, als hier für eine Flakbatterie ein Ringdeich angelegt wurde. Auf Teilen der militärischen Überreste wurde ein Unterstand für die Vogelschutzwarte errichtet, die sich von März bis Oktober auf Mellum aufhält.

ROUTE 3

START- UND ENDPUNKT
Carolinensiel-Harlesiel und Wurster Nordseeküste

STRECKEN
überwiegend kleine Landstraßen, aber auch Bundesstraßen und ein kurzes Stück Autobahn

STRECKENLÄNGE
mit allen Abstechern ca. 150 km

FAHRZEIT
4 bis 5 Tage

BESTE JAHRESZEIT
April bis September

Holzkähne befinden sich nur noch auf dem Trockenen.

im kalifornischen Hollywood, die Hands of Fame. Prominente Schauspieler, Sänger, Politiker und Sportler wurden hier verewigt, indem man ihre Handabdrücke in Ton brannte und diese in den Boden einließ.

Dort, wo im Südwesten der Innenstadt die Kirchstraße auf die Drostenstraße trifft, hat sich inoffiziell der **Bundespräsidentenplatz** entwickelt. An sämtliche Bundespräsidenten des Landes wird hier mit einer Plakette im Boden erinnert.

Horst Köhler war nicht der einzige, der sich in Wittmund verewigt hat.

BRAUEREIBESUCH IN JEVER

Die B 210 verbindet Wittmund mit der nur sieben Kilometer entfernten und östlich gelegenen Stadt Jever. Diese ist wiederum bundesweit bekannt für die gleichnamige **Brauerei**. Sie wurde Mitte des letzten Jahrhunderts gegründet und präsentiert sich heute mit einem modernen Gebäude, das von drei Türmen mit verspiegelter Fassade dominiert wird. In diesen Türmen sind die Tanks enthalten, in denen das Bier reift. Wer will, kann die Brauerei nach Voranmeldung von innen besichtigen.

Die Türme der Brauerei erheben sich am nördlichen Rand der **Altstadt**, die von mehreren Wassergräben umschlossen wird. Ihr zentraler Punkt ist die noch relativ junge **Stadtkirche** aus der Mitte des letzten Jahrhunderts. Sie ersetzte ein Gotteshaus, das abbrannte. Überstanden hat den Brand das **Edo-Wiemken-Denkmal**. Mitte des 16. Jahrhunderts geschaffen, besteht es aus dem Grabmal des letzten Herrschers von Jever, einem sogenannten ostfriesischen Häuptling.

Am südöstlichen Ende der Altstadt befindet sich der **Schlosspark**, in dem sich das **Schloss zu Jever** erhebt. Dieses war Sitz der jeweiligen Herrscher und entstand im

Ein Hauch von Metropole versprüht die Brauerei in Jever.

14. Jahrhundert. Heute beherbergt es das **Schlossmuseum**, das über die Geschichte und Kultur des Jeverlandes informiert.

Der Schlossplatz ist zugleich Übergang von der Altstadt in das modernere Einkaufsviertel von Jever, das sich mit einer Fußgängerzone ab dem **Alten Markt** erstreckt. Das dort älteste Gebäude, das als erstes außerhalb der Wallanlagen und der Wassergräben gebaut wurde, ist der **Hof von Oldenburg**. Die Gaststätte entstand Ende des 18. Jahrhunderts und ist heute beliebter Anziehungspunkt, um das dortige **Glockenspiel** zu beobachten. Während der musikalischen Darbietung an der Außenwand werden Figuren der einstigen Jeveraner Herrscher

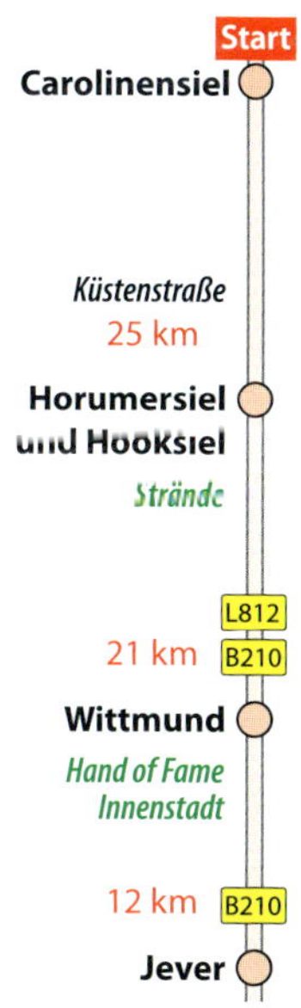

Beliebt ist das Glockenspiel in Jever.

Im lachsfarbenen Jever Schloss ist ein Museum untergebracht.

Jever
Brauerei
Schloss
Zentrum

18 km B210

Wilhelmshaven
Innenstadt
Südpromenade
Deutsches Marine-museum
Kaiser-Wilhelm-Brücke

gezeigt, so unter anderem Edo Wiemken, der in der Reihenfolge als Erster erscheint.

KÜSTENBADEORT HOOKSIEL

Hooksiel bietet nicht nur Stellplätze, sondern auch großflächige Parkplätze an.

Bevor wir nun über die B 210 in die nächstgrößere Stadt Wilhelmshaven fahren, halten wir uns auf den kleineren Landstraßen auf und erreichen wenig später die bereits angekündigte Ortschaft **Hooksiel**. Wer länger in Hooksiel verweilen möchte, steuert gleich den Wohnmobilstellplatz (53.640611, 8.040722) an und erkundet von dort aus den Ort in die eine Richtung und den Strand in die andere Richtung.

Der alte **Hafen** von Hooksiel liegt satte vier Kilometer von der Nordsee entfernt. Dazwischen befindet sich das **Hooksieler Binnentief**, das wie ein See wirkt und zahlreiche Bootsanleger beherbergt. Rund um das Binnentief erstreckt sich ein Wald, der im nördlichen Bereich von mehreren Wanderwegen und Parkplätzen durchzogen wird. Wiederum nördlich davon verlaufen parallel die **Bäderstraße**, die zum Hafen führt, und der Deich, hinter dem sich weiter Strand ausbreitet.

Abseits des Strands kann man in Hooksiel das **Muschelmuseum** besichtigen, das im ehemaligen Rathaus in der Langen Straße untergebracht ist und unzählige Muschel- und Schneckengehäuse präsentiert.

GASTLICHES WILHELMSHAVEN

Unser nächstes Ziel der Reise zählt zu den größeren Städten an der norddeutschen Küste. Wilhelmshaven besitzt natürlich nicht die Gemütlichkeit einer kleinen Ortschaft wie Carolinensiel oder gar der autofreien Inseln, doch entpuppt sich die Stadt mit

In Wilhelmshaven erhält man zahlreiche Informationen über das Weltnaturerbe und die Marine.

mehreren Stellplätzen als außerordentlich wohnmobilfreundlich. Wer nur ein wenig schlendern möchte, ohne gleich zu übernachten, sollte den Wohnmobilstellplatz am Fliegerdeich aufsuchen (53.510056, 8.127028). Von dort kommt man zu Fuß gut zu den Hauptsehenswürdigkeiten. Die anderen Stellplätze findet man wie gewohnt im Kasten am Ende der Route.

Geprägt wird das Stadtbild von der Marine, die hier ihren größten Standort hat, sowie von dem Tiefwasserhafen **JadeWeserPort**, der erst in den letzten Jahren fertiggestellt wurde und tidenunabhängig angesteuert werden kann. Containerschiffe gewinnen hier deutlich mehr Zeit, als wenn sie über die Elbe nach Hamburg fahren.

Mit Wilhelmshaven haben wir den **Jadebusen** erreicht, auf den wir direkt vom Wohnmobilstellplatz blicken. Die Meeresbucht erstreckt sich zwischen dem Bereich der Unterweser und der ostfriesischen Halbinsel. Bei Varel, am südlichen Ende der Bucht, mündet der Fluss Jade in diesen Teil der Nordsee.

Entlang des Deiches spazieren wir in Richtung **Kaiser-Wilhelm-Brücke**, eine der Sehenswürdigkeiten der Stadt. Sie wurde Anfang des letzten Jahrhunderts errichtet und ist bis heute die größte Drehbrücke Deutschlands. Bei ihrer Fertigstellung war sie sogar die größte in ganz Europa. Über die Brücke kommt man in ein Wohn- und Geschäftsviertel, durch das man in die Innenstadt mitsamt dem Bahnhof gelangt.

Etwas abseits befindet sich das **Rathaus**, das als weitere Sehenswürdigkeit der Stadt gilt und mit seinem fast 50 Meter hohen Turm wehrhaft wirkt. Der beinahe fensterlose Turm beherbergt einen Wasserspeicher, der jedoch seit einigen Jahren wegen seines

Die Kaiser-Wilhelm-Brücke ist nicht für Dickschiffe geeignet.

Auf der Promenade am Jadebusen kann man lange verweilen und flanieren.

mittlerweile schlechten Bauzustandes nicht mehr als solcher genutzt werden kann.

Großer Beliebtheit erfreut sich bei Besuchern der Stadt die **Promenade** am Südstrand, die an der Kaiser-Wilhelm-Brücke beginnt. Verschiedene Einkehrmöglichkeiten laden zum Verweilen ein und sind schon deshalb attraktiv, weil die Promenade nach Süden und gen Sonne ausgerichtet ist, was für einen deutschen Strand eher ungewöhnlich ist. Allerdings handelt es sich nicht um einen Sandstrand, sondern um einen Rasenstrand.

In der Nähe liegen mehrere bedeutende Einrichtungen. So kann man das **Deutsche Marinemuseum** besichtigen, das neben einer umfangreichen Dauerausstellung ein großes Freigelände bietet. Das größte Exponat ist der ehemalige Zerstörer **Mölders**. Das Schiff wurde auf einer US-amerikanischen Werft gebaut und 1969 in Boston in Dienst gestellt. Nach Einsätzen im Mittelmeer und unzähligen Übungsfahrten der Nato wurde das Schiff im Jahr 2003 ausgemustert.

Gleich neben dem Deutschen Marinemuseum befindet sich die Verwaltung des Nationalparks Wattenmeer. Es ist im **Wattenmeerhaus**, einem Besucherzentrum, untergebracht und informiert ausführlich über das UNESCO-Weltnaturerbe. Ein weiteres Museum, das sich mit der Küste befasst und übrigens auch eine Ausstellung über den JadeWeserPort zeigt, ist das **Küstenmuseum** am Bontekai auf der nördlichen Seite des Hafens.

Am östlichen Ende der Promenade erreicht man das **Aquarium** mit seinen 300 Tierarten und einem Urzeitmeer-Museum. Gleich daneben befindet sich der Anleger für ein Schiff, mit dem man eine **Hafenrund-**

KULTUR

WILHELMSHAVENER RATHAUS

Das Rathaus von Wilhelmshaven steht heute unter Denkmalschutz und wurde 1928–1929 im Stil des Backsteinexpressionismus erbaut. Sein wuchtiges Äußeres verlieh ihm den Namen »Burg am Meer«. Architekt war Fritz Höger, der unter anderem für den markanten Wasserturm in Wangerland-Hohenkirchen verantwortlich zeichnet und auch das berühmte Chilehaus in Hamburg entwarf, das mittlerweile zum UNESCO-Weltkulturerbe zählt. Die massiven, ebenfalls komplett aus Backstein gebauten Löwenskulpturen, die das Eingangsportal des Rathauses flankieren, wurden von Höger selbst bezahlt, da die Stadt kein Geld dafür ausgeben wollte.

Der Stellplatz am Fliegerdeich bietet beste Ausblicke.

fahrt durch Wilhelmshaven machen kann – ein schöner Abschluss für eine Reise entlang dieses Küstenabschnitts. Die **MS Harle Kurier** diente einst als Fährschiff zwischen Bensersiel und Langeoog sowie später für die Verbindung zwischen Neuharlingersiel und Spiekeroog, also Ortschaften, die wir in den letzten Tagen kennengelernt haben.

ZUM NEUENBURGER URWALD

Nach dem Aufenthalt in Wilhelmshaven sollte man auf der A 29 an der Ausfahrt 7 bei Zetel abfahren und der Straße in den gleichnamigen Ort folgen. Im Ortsteil Neuenburg befindet sich das von einer kleinen Grünanlage umgebene **Schloss Neuenburg** aus dem 15. Jahrhundert. Errichten ließ es Graf Gerhard von Oldenburg als Trutzburg gegen die Ostfriesen. Zwei Jahrhunderte später wurde es zu einem Schloss umgebaut und erhielt in der Folge zahlreiche andere Funktionen, meist wurde es als Schulgebäude genutzt.

Auf der B 437, an die das Schloss direkt angrenzt, gelangt man dann in östliche Richtung zu einem Wanderparkplatz mitten im **Neuenburger Urwald**. Der Besuch dieses Naturschutzgebiets ist etwas Besonderes. Zahlreiche Wanderwege führen durch den vorwiegend von Buchen und Eichen bestandenen Wald, dessen ältester Baum, eine Eiche, 800 Jahre zählt. Für uns Wohnmobilisten interessant, dass der Parkplatz an der Bundesstraße offiziell als Übernachtungsplatz ausgewiesen ist.

VAREL AM JADEBUSEN

Nach Osten hin überqueren wir nach kurzer Fahrt bei Varel wieder die A 29 und halten uns gleich nach der Überführung an der

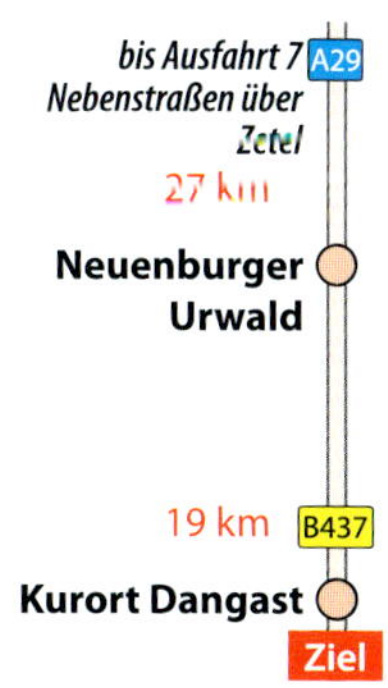

Auch das Deutsche Marinemuseum hat so einiges zu bieten.

Die angeblich kleinste Kneipe der Welt befindet sich in Dangast.

ersten Ausfahrt links, um über kleine Landstraßen nach **Dangast** zu gelangen. An der Ampelkreuzung biegen wir links ab und kommen wenig später zum Wohnmobilstellplatz (53.445583, 8.109278), der jedoch bei Regen zu einer Schlammwiese mutieren kann und daher nur bedingt empfehlenswert ist.

Neben der Tatsache, dass Dangast das südlichste Nordseebad ist, zog der Ort schon immer Künstler aller Art an. So passiert man zum Beispiel gleich nach dem Abbiegen an der Ampel das **Franz-Radziwill-Haus**, in dem heute ein Kunstmuseum untergebracht ist. Der Maler des Magischen Realismus lebte dort rund sechs Jahrzehnte, bis er 1983 verstarb. Auch Künstler wie Eckart Grenzer oder Anatol Herzfeld, ein Schüler von Joseph Beuys, machten sich in Dangast durch ihre teils umstrittene Kunst einen Namen.

Der Hauptort **Varel**, zu dem Dangast gehört, ist insbesondere im östlich gelegenen Hafenbereich sehenswert. Dort befindet sich das **Kuriositätenmuseum Spiijök**, in dem man die ausgestellten Exponate nicht allzu ernst nehmen sollte. Eine weitere Kuriosität steht auf der anderen Seite des Hafenbeckens: Das **Up'n Prüfstand** ist die wohl kleinste Kneipe der Welt, zumindest wird das behauptet. Die Angaben über die Größe schwanken dabei zwischen viereinhalb und sechs Quadratmetern. Ansonsten befinden sich rund um das Hafenbecken weitere Einkehrmöglichkeiten und nicht zu vergessen der Werksverkauf des Gebäck- und Keksherstellers **Bahlsen**, der besonders bei Kindern und Naschkatzen beliebt ist.

IN BUTJADINGEN

Östlich des Jadebusens ist die Besiedlungsdichte gleich deutlich dünner. Das bemerken wir, sobald wir die B 437 nordwärts in Richtung **Butjadingen** verlassen und auf schmaleren Landstraßen unterwegs sind. Dabei gibt es gar keinen klassischen Ort namens Butjadingen. Gemeint ist damit die Halbinsel zwischen dem Jadebusen und der Weser sowie der Zusammenschluss mehrerer Gemeinden, der wiederum den Sitz in Burhave hat.

Rund um Butjadingen ist deutlich eine Entschleunigung zu spüren. Selbstverständlich gibt es hier Schwimmbäder, Touristenbüros und Sehenswürdigkeiten. Doch es wirkt nicht rummelig, wenn man zwischen den Dörfern und Feldern durch die Landschaft reist. Das mag einerseits an der etwas abgeschiedenen Lage liegen, andererseits daran, dass klassische Sandstrände Mangelware sind. In dem eingedeichten Gebiet erholt man sich üblicherweise auf einem rasigen Badestrand, spaziert auf dem **Skulpturenpfad** zwischen Burhave und Fedderwardersiel, besucht den **Naturerlebnispfad Langwarder Groden** oder radelt auf einem der zahlreichen **Radwege** von Ort zu Ort. Ideale Ausgangspunkte hierfür sind der Wohnmobilstellplatz in Fedderwar-

AUSFLUG

UNTERWEGS MIT WEGA II

Vom Kutterhafen aus in Fedderwardersiel sind Fahrten mit dem Schiff Wega II möglich. Dabei werden unterschiedliche Themenfahrten angeboten. Eine Route führt beispielsweise zum Containerterminal in Bremerhaven, andere Besichtigungstouren zu den Leuchttürmen der Region. Das beliebteste Ziel sind natürlich die Seehunde vor der Küste des Butjadinger Landes.

dersiel oder die Campingplätze in Burhave oder Tossens, die auch Wohnmobilstellplätze anbieten.

Der Sielhafen von **Fedderwardersiel** ist deutlich kleiner als die Häfen von Carolinensiel oder Neuharlingersiel, bietet dennoch Einkehrmöglichkeiten direkt neben dem örtlichen Campingplatz und ein Nationalparkhaus sowie ein Tourismusbüro.

Freizeitspaß pur versprechen das **Erlebnisbad Aqua Mundo**, das zur Center-Parcs-Kette gehört, sowie die beliebte **Nordsee-Lagune Butjadingen** in Burhave. In einem gar nicht so kleinen See direkt an der Küste und in dem dazugehörigen Wasserspielplatz können sich Wasserratten nach Herzenslust austoben. Oder man besucht, um wieder auf **Tossens** zurückzukommen, den dortigen **Friesenstrand**, der sich als Themenstrand mit Seilbahn und Kletternetz entpuppt.

Im Osten der Halbinsel erstreckt sich am Weserufer die Stadt **Nordenham**, die einen kleinen Stadtkern hat, aber mit Sehenswürdigkeiten recht sparsam umgeht und von Industrie geprägt ist. Dennoch gibt es am dortigen **Freizeitbad**, abseits vom Ufer, einen Wohnmobilstellplatz und einen **Planetenweg**, der zu einem Spaziergang am Weserufer animiert.

Bei Nordenham kann man einen Teil der Routenbeschreibungen in diesem Buch abkürzen und den letzten Streckenabschnitt von Route 4 in Angriff nehmen. Dann würde man allerdings auf Oldenburg und Bremen verzichten. Nördlich von Nordenham pendelt die Fähre zwischen der Stadt und Bremerhaven als Teil der B 212. Die **Weserfähre** benötigt rund zwölf Minuten und verkehrt von morgens bis abends ein- bis dreimal die Stunde. Übrigens hat man gleich nach dem Ablegen Niedersachsen verlassen und befindet sich dann im Bundesland Bremen.

Südlich von Nordenham trifft man auf die B 437, die durch den **Wesertunnel** unter dem Fluss hindurchführt und auf die A 27 zwischen Bremen und Bremerhaven stößt. Nach sechs Jahren Bauzeit wurde der Wesertunnel im Jahr 2004 fertiggestellt und dem Verkehr übergeben. Zuvor pendelte hier eine Fähre zwischen Kleinensiel und Dedesdorf. An den Anlegestellen gibt es kleine Wohnmobilstellplätze.

Malerisch präsentiert sich der kleine Hafen von Dangast.

PRAKTISCHE HINWEISE

TOURISTINFORMATIONEN

Wangerland Touristik
Zum Hafen 3, 26434 Wangerland-Horumersiel
Tel. 04426/9870, www.wangerland.de

Tourist-Information Wittmund
Kurt-Schwitters-Platz 1, 26409 Wittmund
Tel. 04462/983150
www.wittmund-tourismus.de

Tourist-Information Jever
Alter Markt 18, 26441 Jever
Tel. 04461/939261, www.stadt-jever.de

Tourist-Information Hooksiel
Hohe Weg 1, 26434 Wangerland-Hooksiel
Tel. 04425/95800, www.wangerland.de

Wilhelmshaven Touristik & Freizeit GmbH
Banter Deich 2, 26382 Wilhelmshaven
Tel. 04421/92790
www.wilhelmshaven-touristik.de

Kurverwaltung Nordseebad Dangast
Edo-Wiemken-Str. 61, 26316 Varel-Dangast
Tel. 04451/91140, www.varel.de

Tourismus-Service Butjadingen
Strandallee 61, 26969 Butjadingen-Burhave
Tel. 04733/929340, www.butjadingen.de

STELLPLÄTZE

S 300 **Wohnmobilstellplatz Horumersiel-Schillig** (S. 203 F3)
Am Leuchtfeuer 1a, 26434 Wangerland-Schillig
GPS: 53.701417, 8.025778
Großer Stellplatz mit Platz für 60 bis 80 Wohnmobile, je nachdem, wie sich der einzelne Wohnmobilist ausbreitet. Angrenzend an einen Großparkplatz, nur wenige Schritte vom weitläufigen Areal bis zum Strand.

S 301 **Wohnmobilstellplatz Horumersiel**
(S. 203 F4) Zum Hafen, 26434 Wangerland
GPS: 53.682944, 8.021472
Asphaltierter Parkplatz am südlichen Ufer des Jachthafens. Mit Blick auf das Meer, jedoch enge Stellflächen.

S 302 **Wohmobilhafen an der Ostdüne**
(S. 203 F4) Straße zum Strandhaus
26434 Wangerland-Hooksiel
GPS: 53.640611, 8.040722
Weitläufiger Wohnmobilstellplatz, der zu den Mitgliedsplätzen von »Mein Platz« zählt und über 70 Stellflächen und ein Sanitärgebäude besitzt. Der Platz ist nur von April bis Mitte Oktober geöffnet.

Parkmöglichkeiten am Sielhafen.

S 303 **Wohnmobilstellplatz am Fliegerdeich**
(S. 203 G6) Fliegerdeich, 26382 Wilhelmshaven
GPS: 53.510056, 8.127028
Knapp 20 Fahrzeuge in erster Reihe mit Blick auf den Jadebusen sowie einige weitere Wohnmobile in zweiter Reihe passen hier auf den befestigten Deich zwischen Wasser und großen Anlagen, in denen Ferienwohnungen untergebracht sind. Der Platz befindet sich nur 500 Meter von der Kaiser-Wilhelm-Brücke und der Promenade am Südstrand entfernt, jedoch keine Ver- und Entsorgungsmöglichkeit. Am Ende eines Parkplatzes, sodass auch leider oftmals Pkw-Fahrer über den Platz fahren.

S 304 **Wohnmobilstellplatz Schleuseninsel**
(S. 203 G6) Schleusenstr. 37,
26382 Wilhelmshaven
www.wohnmobilstellplatz-wilhelmshaven.de
GPS: 53.515194, 8.152333
Zwischen Segelhafen, Deich und Grünanlagen befindet sich dieser Stellplatz für rund 30 Wohnmobile. Sanitäranlagen, WLAN und Brötchenservice werden angeboten.

S 305 **Wohnmobilstellplatz am Nautimo**
(S. 203 G5) Sportforum 40,
26386 Wilhelmshaven
GPS: 53.536194, 8.099611
Abseits der Küste befindet sich im Nordwesten

Hooksiel bietet Wohnmobilisten ....

... sehr viel Platz.

Zentral gelegen und dennoch viel ...

der Stadt ein weiterer Stellplatz für 26 Wohnmobile. Sehr gepflegt mit Ver- und Entsorgung direkt neben dem Schwimmzentrum Nautimo.

S 306 **Wohnmobilstellplatz Wilhelmshaven** (S. 203 G6) Banter Weg 12,
26389 Wilhelmshaven
GPS: 53.515389, 8.090833
Nur der Vollständigkeit halber, denn diese Art der Übernachtung muss man mögen. Hinter einer Autowaschanlage in einem Gewerbegebiet finden bis zu 16 Wohnmobile Platz. Strom sowie Ver- und Entsorgung sind vorhanden.

S 307 **Wohnmobilstellplatz Neuenburger Urwald** (S. 197 H2)
B 437, 26340 Zetel-Neuenburg
GPS: 53.392083, 7.964194
Einfacher Schotterparkplatz am Waldrand, umgeben von hohen Bäumen, der auch zur Übernachtung genutzt werden darf.

S 308 **Wohnmobilstellplatz Dangast** (S. 198 A1) Sielstr., 26316 Varel
GPS: 53.445583, 8.109278
Stellplatz ohne besondere Ausstattungsmerkmale direkt am kleinen Jachthafen in Ortsrandlage. Bei schlechter Wetterlage oder nach langen Regenfällen kann die Wiese stark aufgeweicht sein.

S 309 **Henken's Reisemobilhafen Fedderwardersiel** (S. 204 A5) Am Hafen 6
26969 Butjadingen-Fedderwardersiel
Tel. 04733/1552, www.reisemobil-hafen.de
GPS: 53.593778, 8.358778
Zwischen Jachthafen und Sielhafen gelegener Stellplatz für rund 80 Wohnmobile auf Schotterrasen. Ver- und Entsorgung sowie Strom vorhanden.

S 310 **Reisemobilhafen Nordseeblick** (S. 204 A5) An der Nordseelagune 1
26969 Butjadingen-Burhave, Tel. 04733/1683
GPS: 53.583361, 8.370333
Über 130 Wohnmobile finden auf Rasen Platz, der zu dem Knaus-Campingplatz gehört und sich vor der Schranke befindet. Stromanschlüsse vorhanden, Blick aufs Meer möglich.

S 311 **Stellplatz am Campingpark Knaus in Tossens** (S. 203 H5) Zum Friesenstrand 1
26969 Butjadingen-Tossens
GPS: 53.579194, 8.244000
36 Stellflächen vor der Schranke des Knaus-Campingplatzes, inklusive Stromanschluss.

S 312 **Wohnmobilstellplatz Nordenham** (S. 204 A6) Atenser Allee 49,
26954 Nordenham
GPS: 53.494778, 8.474167
20 Stellflächen zwischen einem Wohnviertel und dem Freizeitbad Störtebeker, nahe an einer Hauptstraße und nicht am Weserufer. Rund 20 Minuten Fußweg in das Stadtzentrum.

S 313 **Wohnmobilstellplatz Kleinensiel** (S. 198 C1) Dedesdorfer Str., 26935 Stadland-Kleinensiel
GPS: 53.443306, 8.484556
Kleiner Parkplatz am ehemaligen Fähranleger. Etwas eng und keine Ausstattung, aber schöne Lage direkt am Weserufer.

CAMPINGPLÄTZE

C 314 **Nordseecamping Schillig** (S. 203 F3)
Schilliger Düne, 26434 Wangerland-Schillig
Tel. 04426/987170
www.campingplatz-schillig.de
GPS: 53.699056, 8.025000
Geöffnet von Ende März bis Mitte Oktober. Großer Stellplatz mit direkter Lage an der Küste und Zugang zum Strand.

C 315 **Nordseecamping Hooksiel** (S. 203 F4)
Straat över't Diek, 26434 Wangerland-Hooksiel
Tel. 04425/958080
www.campingplatz-hooksiel.de
GPS: 53.641722, 8.034722
Geöffnet von Ende März bis Mitte Oktober. Rund 1500 Stellplätze machen diesen Campingplatz zu einem kleinen Dorf und liegen direkt zwischen Deich und Küste.

C 316 **Campingplatz Rennweide** (S. 203 G6)
Edo-Wiemken-Str. 60, 26316 Varel-Dangast
Tel. 04451/3161, www.rennweide.de
GPS: 53.450222, 8.117972
Rund 200 Stellflächen am westlichen Rand des Strandes. Geöffnet von Mitte April bis Anfang Oktober.

C 317 **Strandcampingplatz** (S. 203 G6)
Auf der Gast 40, 26316 Varel-Dangast
Tel. 04451/911422, www.dangast.de
GPS: 53.450861, 8.127500
Wie auch der Campingplatz Rennweide in direkter Lage zur Küste, jedoch auf der östlichen Seite des Strands. Von Mitte März bis Anfang Oktober geöffnet.

C 318 **Knaus Campingpark Tossens** (S. 203 G5) Zum Friesenstrand 1
26969 Butjadingen-Tossens
Tel. 04736/219, www.knauscamp.de
GPS: 53.578806, 8.243417
Zwischen Ortschaft und Küste mit vielen Stellflächen direkt am Wasser. An der nördlichen Seite direkt angrenzend an den Friesenstrand.

C 319 **Knaus Campingpark Fedderwardersiel** (S. 203 H5) Lagunenweg
26969 Butjadingen-Fedderwardersiel
Tel. 04733/1683, www.knauscamp.de
GPS: 53.592611, 8.359583
Verhältnismäßig kleiner Campingplatz mit 50 Parzellen am Rande des Jachthafens in ruhiger Küstenlage.

C 320 **Knaus Campingpark Burhave** (S. 203 G6) An der Nordseelagune 1
26969 Butjadingen-Burhave
Tel. 04733/1683, www.knauscamp.de
GPS: 53.583361, 8.370083
Direkt südlich der Nordseelagune gelegener Campingplatz mit Meerblick, geöffnet von April bis Oktober.

... Ausblick gibt es auf den Wohnmobilstellplätzen in Wilhelmshaven

4 EINBLICKE INS LANDESINNERE RUND UM BREMEN

Von Varel nach Cuxhaven

Auf dieser Route entfernen wir uns ein wenig von der Küste und lernen das Hinterland kennen. Zunächst reisen wir in den Kurort Bad Zwischenahn, um von dort Oldenburg zu besuchen und der Hansestadt Bremen einen Besuch abzustatten. Nach einem Fotostopp bei den berühmten Stadtmusikanten verläuft die Fahrt wieder nordwärts in Richtung Küste, wo bei Bremerhaven die Weser in die Nordsee mündet. Schließlich landen wir auf einem der zahlreichen Stell- oder Campingplätze in Cuxhaven. Dort sind wir nicht nur zurück an der Küste, sondern können bei einer spannenden Wattwanderung zur Insel Neuwerk hinübergehen.

Im Stadtpark von Bad Zwischenahn mit Blick auf das Zwischenahner Meer

Wer nicht über den unteren Weserverlauf abkürzen möchte und sich auch für die Großstädte in Küstennähe interessiert, besonders wenn sie im Beispiel Bremen auf der Liste der UNESCO-Welterbestätten stehen, verlässt Varel südwärts über die A 29. Bevor die Auto-bahnfahrt in Oldenburg endet, kann man über Wiefelstede nach Bad Zwischenahn fahren und auf dem dortigen Wohnmobilstellplatz am Badepark Station machen.

AM ZWISCHENAHNER MEER

Der Kurort **Bad Zwischenahn** erstreckt sich am südlichen Ufer des Sees und bietet zahlreiche Grünanlagen und Parks, zu denen auch der **Kurpark** gehört. Über Rad- und Fußwege kann man die Anlagen gut erkunden und kommt dabei auch an der Windmühle vorbei, die sich hier seit 1811 erhebt. Sie gehört zum Freilichtmuseum **Ammerländer Bauernhaus**, das weitere 16 Gebäude zeigt.

200 Jahre jünger ist die etwas abseits gelegene Mühle an der Wiefelsteder Straße. Sie wurde von einem Unternehmen errichtet, das ursprünglich nichts mit einer Mühle zu tun hatte: dem bekannten Fleisch- und Wursthersteller Rügenwalder Mühle.

Die Hauptattraktion in dem Kurort ist jedoch das **Zwischenahner Meer**. Auf dem drei Kilometer langen und zwei Kilometer breiten See verkehren Ausflugsschiffe der Weißen Flotte und zahlreiche Segelschiffe sowie Windsurfer. Am Ufer kann man den See mit dem Fahrrad oder auch zu Fuß gemütlich umrunden, während Angler ihrem Hobby frönen. Auf dem Marktplatz von Bad Zwischenahn erinnert eine **Bronzeskulptur** in Form eines Wels an den legendären Fisch, der im See leben soll und trotz seiner dreieinhalb Meter Länge nie gesehen wurde. Das schottische Seeungeheuer Nessie lässt grüßen.

Auf der Oldenburger Straße und der A 28 verlassen wir Bad Zwischenahn und erreichen die nächste größere Stadt, Oldenburg. Parken ist mit dem Wohnmobil im Zentrum von Oldenburg nicht ganz so einfach. Daher empfiehlt es sich, gleich zum Küstenkanal zu fahren, wo sich eine von drei Übernachtungsmöglichkeiten (53.129306,

ROUTE 4

START- UND ENDPUNKT
Wurster Nordseeküste und Cuxhaven

STRECKEN
überwiegend Autobahn mit Alternativmöglichkeiten

STRECKENLÄNGE
ca. 230 km

FAHRZEIT
4 bis 5 Tage

BESTE JAHRESZEIT
März bis Oktober

SPECIAL

DIE RÜGENWALDER MÜHLE

Das Familienunternehmen wurde in Rügenwalde, dem heutigen Darłowo an der polnischen Ostseeküste, gegründet. Dort gab es damals mehrere Fleischer, die sich voneinander abheben wollten. Da die Familie Müller heißt, beschloss man, eine Mühle als Markenzeichen zu nutzen – Schiffe und dergleichen waren nämlich schon vergeben. Als Flügel dienen seither Würste. Nach dem Zweiten Weltkrieg startete man einen Neuanfang im Ammerland und war zunächst in Westerstede tätig, seit 1956 dann in Bad Zwischenahn. Und genau dort wurde die voll funktionsfähige Mühle im Jahr 2012 errichtet und steht heute an einigen Tagen im Jahr zur Besichtigung offen.

Wasser gibt es auch im Landesinneren, wie hier am Zwischenahner Meer.

8.214556) befindet. Von dort ist es eine gute Viertelstunde zu Fuß in den Altstadtbereich. Es lohnt sich aber auch, die Fahrräder vom Heckträger zu nehmen, denn Oldenburg zählt zu den fahrradfreundlichsten Städten des Landes. Die flächenmäßig relativ große Innenstadt zeigt sich mit verwinkelten Straßenzügen und zahlreichen Einkaufsmöglichkeiten, außerdem laden zahlreiche Cafés und Bistros zum Verweilen ein.

STADTRUNDGANG DURCH OLDENBURG

Die Architektur ist verhältnismäßig modern, dennoch stechen einige Gebäude besonders hervor und sind mindestens einen Blick wert.

Sehenswert ist das Schloss in Oldenburg.

Dazu zählt zum Beispiel das **Oldenburgische Staatstheater** an der Straße Theaterwall, die Teil der Ringstraße rund um das Zentrum ist. Das neobarocke Bauwerk wurde Ende des 19. Jahrhunderts erbaut, nachdem das alte Theater durch einen Brand zerstört wurde. Innen bietet es über 500 Zuschauern Platz und hat ein sehr schönes Ambiente.

Am südöstlichen Rand der Innenstadt erhebt sich das **Oldenburger Schloss**, hervorgegangen aus einer alten Wasserburg. Die ältesten Elemente stammen aus dem 17. Jahrhundert. Im Schloss untergebracht ist heute das **Landesmuseum für Kunst und Kulturgeschichte**, das eine umfangreiche großherzogliche Sammlung in historischen Räumen zeigt.

Quer über den Schlossplatz gelangen wir zum Markt, wo die mächtige evangelische **St.-Lamberti-Kirche** steht. Gleich mit fünf Türmen prägt sie das Stadtbild von Oldenburg und blickt auf eine jahrhundertealte Geschichte zurück. Als Wahrzeichen der Stadt gilt der **Lappan**. Dieser ehemalige Glockenturm erhebt sich am Ende der Langen Straße und wurde in der zweiten Hälfte des 15. Jahrhunderts an die Heilig-Geist-Kirche angebaut, die rund acht Jahrzehnte älter ist. Gleich neben dem Lappan befand sich einer der fünf Stadttürme, die einstmals den Zugang zum Zentrum überwachten, von denen aber heute nichts mehr zu sehen ist.

Gerade einmal eine Dreiviertelstunde benötigen wir über die A 28 und die B 75, bis wir von Oldenburg in das Stadtzentrum von **Bremen** gelangen und dabei auch an Delmenhorst vorbeifahren. Direkt in das Stadtzentrum fahren wir natürlich nicht, sondern halten uns noch vor der Überquerung der Weser rechts, um auf die Halbinsel **Stadtwerder** zu gelangen. Dort befindet sich der Wohnmobilstellplatz Am Kuhhirten, der für einen Besuch der Bremer Altstadt ideal liegt (53.064972, 8.818833). Bei der Anfahrt auf der Werderstraße sehen wir kurz vor dem Stellplatz auf der rechten Seite schon die erste Sehenswürdigkeit der Stadt, den ehemaligen **Wasserturm**. Das markante kubusförmige Gebäude wurde in den 1870er-Jah-

Oldenburg lädt mit einer schönen Innenstadt ein.

Peter Friedrich Ludwig bewacht den Oldenburger Schlossplatz.

ren fertiggestellt und versorgte die Bremer rund 100 Jahre lang mit Wasser. Später diente der Turm als Wasserspeicher für die nahe gelegene Brauerei Beck. Seit dem Jahr 2008 wurde die »umgedrehte Kommode«, wie das Bauwerk in der Bevölkerung genannt wird, als Kunstort genutzt und zum Wahrzeichen für das neu entstandene Wohnviertel auf dem Stadtwerder.

Unter diesem goldenen Relief hindurch gelangt man in die Bremer Böttcherstraße.

STOLZE HANSESTADT BREMEN

Vom Stellplatz aus haben wir zwei Möglichkeiten, zu Fuß in das Stadtzentrum zu gelangen, beide dauern keine halbe Stunde. Entweder gehen wir über die Werderstraße zurück und überqueren die Weser über die Wilhelm-Kaisen-Brücke oder wir gehen hinter dem Stellplatz auf den Fährweg, der uns zu der kostenpflichtigen Sielwallfähre bringt. Sie legt an einem Strandabschnitt ab und bringt uns rüber zum rechten Weserufer. Während der Überfahrt können wir flussaufwärts, also nach rechts blicken und das Weserstadion von Werder Bremen sehen. Nach dem Anlegen gehen wir nach links und erreichen ebenfalls die Wilhelm-Kaisen-Brücke.

Bereits vor der Brücke erhebt sich auf der rechten Seite das berühmte und beliebte **Schnoorviertel** mit seinen zahlreichen Gassen und Läden, das man unbedingt besucht haben muss. Das Viertel wurde zum ersten Mal im 13. Jahrhundert erwähnt, als es von Schiffern und Flussfischern bewohnt war. So leitet sich der Name des Viertels auch vom

Das Bremer Schnoorviertel ist einfach nur gemütlich.

Schiffshandwerk ab, denn in dem Viertel gab es einige Seiler, die Taue, Seile und eben auch Schnüre herstellten.

Heute kaum noch vorstellbar ist die Tatsache, dass es im heutigen Bereich der Bremer Innenstadt zahlreiche Wasserläufe und Inseln gab. Ein Fluss trug den Namen **Balge** und floss genau durch das Schnoorviertel. Gelegentlich wird die Balge als der wichtigste Bremer Fluss im Mittelalter bezeichnet, da-für gibt es jedoch keine Belege. Manch einer behauptet sogar, die Weser wäre nur ein Nebenfluss der Balge gewesen. Fest steht jedoch, dass die Balge ein recht breiter Wasserlauf war, der im Laufe der Zeit durch die anwachsende Bebauung immer weiter eingeengt wurde. Zu Beginn des 17. Jahrhunderts wurde die Balge für den Schiffsverkehr gesperrt, später nur noch als Abwasserkanal genutzt und schließlich im 19. Jahrhundert zugeschüttet. Heute erinnern Bronzetafeln und Kopfsteinpflaster an den ehemaligen Lauf der Balge.

Beim Spaziergang durch das Schnoorviertel sollte man sich einfach treiben lassen. Die Hauptstraße, die durch das Viertel verläuft, heißt **Schnoor** und ist Ausgangspunkt für die weiteren abzweigenden Gänge und Gassen. Zahlreiche Einkehrmöglichkeiten laden zum Verweilen ein und in den hübschen Geschäften, Galerien und Souvenirläden kann man stundenlang stöbern. Viele Gebäude in der Schnoor stehen unter Denkmalschutz, unter anderem die Propsteikirche **St. Johann**

Bremen
Historische Innenstadt
Roland
Rathaus
Stadtmusikanten
Schnoorviertel
A27
65 km B212
Bremerhaven

SPECIAL

DIE DGZRS

Die Deutsche Gesellschaft zur Rettung Schiffbrüchiger (DGzRS), kurz Seenotretter, wurde im Mai 1865 gegründet und hat es sich zur Aufgabe gemacht, Menschenleben an der Küste und vor allen Dingen auf dem Meer zu retten. Mit ihren Schiffen ist sie an der gesamten Küste vertreten und unterhält eine Flotte von über 50 Schiffen an Nord- und Ostsee. Das größte von ihnen ist die »Hermann Marwede« mit einer Länge von 46 Metern, stationiert auf Helgoland. Die DGzRS hat ihren Sitz in Bremen und erhält keine staatlichen Zuschüsse, sondern ist fast ausschließlich auf Spendengelder angewiesen. Bekannt sind die Sammeldosen in Form eines Schiffes, die in zahlreichen Geschäften und Gastronomiebetrieben stehen.

Der Schnoor lädt zum gemütlichen Bummeln und Einkaufen ein.

aus dem 14. Jahrhundert. Sie ersetzte eine kleine Basilika des Franziskanerordens, der hier einst ein Kloster baute.

BREMENS WELTKULTURERBE

Nördlich der St.-Johann-Kirche erstreckt sich das Stadtzentrum, das man aufgrund seiner Shopping-Möglichkeiten in den Nachkriegsbauten wohl als den moderneren Teil des Zentrums bezeichnen würde. Dabei stammen die ersten Gebäude, die man nach Verlassen des Schnoorviertels sieht, aus der gleichen Epoche und gelten als das Wahrzeichen von Bremen. Der **St.-Petri-Dom** zum Beispiel blickt bis in das 11. Jahrhundert zurück und das benachbarte Rathaus steht zusammen mit dem legendären Bremer Roland auf der Welterbeliste der UNESCO. Dennoch geht es hier nicht mehr ganz so gemütlich zu wie in der Schnoor. Die Straßen sind luftiger und bieten sogar Straßenbahnen Platz, die hier durch das Zentrum rumpeln.

Im Laufe der Jahrhunderte wurde der St.-Petri-Dom immer wieder erweitert und umgebaut. So wurden zum Beispiel die beiden rund 90 Meter hohen Türme erst Ende des 19. Jahrhunderts symmetrisch gestaltet. Der Südturm, der nach einem Einsturz im 17. Jahrhundert komplett neu gebaut wurde, dient heute als Aussichtsplattform. Allerdings wird die Sicht durch ein engmaschiges Netz und ein weiteres Gitter stark ein-

Der Roland auf dem Bremer Rathausplatz ist Teil des Weltkulturerbes.

Diese vier Gesellen sind natürlich weltberühmt.

geschränkt. Wer also darauf hofft, schöne Bilder von oben machen zu können, wird nach Erklimmen der 260 Stufen ein wenig enttäuscht. Im Inneren des Kirchenschiffs hingegen gibt es zahlreiche Skulpturen und Altäre zu entdecken.

Als der Dom schon lange Zeit stand und bereits die ersten Umbauten hinter sich hatte, plante man gleich nebenan den Bau des **Rathauses**, heute das wohl bedeutendste Gebäude im Stil der Weserrenaissance. Schon zuvor gab es ein Rathaus, das im romanischen Stil erbaut wurde und rund 80 Meter weiter nordwestlich stand, ungefähr dort, wo sich heute die Geschäftszeile gegenüber der Liebfrauenkirche befindet. Auch das neue Rathaus erhielt im Laufe der Jahrhunderte zahlreiche Um- und Anbauten. Die größte Veränderung gab es zu Beginn des letzten Jahrhunderts, als es einen drei Mal so großen Anbau hinter dem eigentlichen Gebäude erhielt.

Im Untergeschoss des Rathauses befindet sich der **Ratskeller**, der zu den ältesten Weinkellern Deutschlands zählt und den ältesten Fasswein des Landes beherbergt. Er stammt aus der Mitte des 17. Jahrhunderts. Die Gaststätte des Ratskellers umfasst mehrere Räume und erstreckt sich bis weit unter den Hof der benachbarten Liebfrauenkirche. So wird der älteste Wein im Apostel- und Rosekeller gelagert und darf nur vom amtierenden Bürgermeister und dem Kellermeister verkostet werden. Weitere Weinfässer in dem Kellerraum sind zwar nicht ganz so alt,

KULTUR

BREMER STADTMUSIKANTEN

Geht man einmal halb links um das Rathaus herum, gelangt man zu Figuren, die jedes Kind kennt. Ein Esel, auf dessen Rücken ein Hund steht, auf dem sich wiederum eine Katze befindet und ganz obenauf sitzt der Hahn. Kurz gesagt, die Skulptur der Bremer Stadtmusikanten steht an der Seitenwand des Bremer Rathauses und ist ein beliebtes Fotomotiv. In dem berühmten Märchen der Gebrüder Grimm sind die vier Tiere ihren Besitzern entkommen, die sie aus Altersgründen töten wollten. Sie treffen sich zufällig und folgen dem Vorschlag des Esels, in Bremen Stadtmusikanten zu werden. Nun stehen sie hier als Skulptur des Berliner Künstlers Gerhard Marcks aus dem Jahr 1953 und wie man an den glänzenden Vorderläufen des Esels gut erkennen kann, glaubt man, dass das Berühren der Beine Glück bringe.

Die Liebfrauenkirche (Dom) am Bremer Marktplatz

beinhalten aber immerhin Weine vom Rhein aus dem 18. Jahrhundert, die allesamt noch trinkbar sind.

Die Fassade, durch die Weserrenaissance geprägt, zeigt zwischen den Fenstern symbolische Figuren, die den Kaiser und die sieben Kurfürsten des Heiligen Römischen Reichs darstellen sollen.

Imposant wirkt die Skulptur, die sich auf dem Marktplatz vor dem Rathausgebäude befindet und mit dem Rathaus zusammen zum Weltkulturerbe gehört. Der **Bremer Roland** ist fünfeinhalb Meter hoch und wurde im Jahr 1404 aufgestellt. Stolz steht Roland, der Neffe von Karl dem Großen gewesen sein soll, mit Schild und erhobenem Schwert auf dem Platz und blickt in Richtung St.-Petri-Dom.

Bremerhaven: Hafenwelten bei Nacht

Die **Liebfrauenkirche** nördlich vom Bremer Rathaus ist die älteste Kirche der Stadt und entstand im frühen 12. Jahrhundert, als an das damalige hölzerne Kirchenschiff der heutige Turm angebaut wurde. Daraufhin folgten die in der Backsteingotik erschaffenen Kirchenschiffe und der wesentlich kleinere Südturm.

Natürlich hat Bremen zahlreiche weitere Sehenswürdigkeiten, interessante Bauwerke und auch eine Vielzahl von Museen zu bieten. Doch eine Vorstellung aller Attraktionen würde den Rahmen dieses Buchs sprengen und vergessen werden darf nicht, dass das Bundesland Bremen eine weitere Stadt beherbergt – Bremerhaven. Und in Richtung Küste wollen wir uns nach unserem Besuch in der Hansestadt wieder begeben.

ENTLANG DER WESER NACH BREMERHAVEN

Dafür fahren wir nördlich von Bremen auf die A 27 und parallel zur Weser, aber mit deutlichem Abstand, gen Norden. An der Ausfahrt

Vom Segelschiff bis zum U-Boot findet man viel Maritimes im Deutschen Schifffahrtsmuseum.

Bremerhaven-Mitte gelangt man auf die B212, mit der man nicht nur in das Stadtzentrum kommt, sondern auch zum Fähranleger über die Weser nach Nordenham (siehe Route 3). Die Stadt ist durch die Geeste, die hier in die Weser mündet, zweigeteilt. Nördlich der Geestemündung erstreckt sich die Innenstadt mit Einkaufsmöglichkeiten in der Fußgängerzone und einigen der Sehenswürdigkeiten. Südlich der Mündung sind überwiegend Wohnviertel und der Hauptbahnhof von Bremerhaven zu finden. Auch die beiden großen Wohnmobilstellplätze der Stadt befinden sich südlich der Mündung im Fischereihafen und etwas näher am Ortskern an der Doppelschleuse.

Die Hauptattraktionen von Bremerhaven befinden sich zwischen dem Innenstadtbereich und der Weser direkt am Ufer. Gleich an der Nordmole, die das Ende des nördlichen Geesteufers markiert, erstreckt sich das Strandbad. In direkter Nachbarschaft befindet sich das **Deutsche Schiffahrtsmuseum**, das sich trotz Rechtschreibreform weiterhin mit zwei »f« schreibt. Rund um die Bremer Kogge aus dem 14. Jahrhundert, die zweifelsohne das Flaggschiff des Museums ist, können zahlreiche Exponate zum Thema Schifffahrt besichtigt werden. Dazu zählen zahlreiche Schiffsmodelle und Ausrüstungsgegenstände der unterschiedlichsten Schiffstypen, vom Segler bis zum Containerschiff.

Die **Bremer Kogge** wurde in den 1960er-Jahren bei Arbeiten im Hafen von Bremen entdeckt. Über 2000 Fragmente des Schiffes konnte man bergen und so das Schiff in großen Teilen wieder zusammensetzen. Dabei musste das Schiff zunächst mit einer chemischen Lösung unter Wasser konserviert werden. Erst im Jahr 2000 war die Kogge so weit konserviert, dass man sie ausstellen konnte.

Auch im Außenbereich des Museums gibt es einige Schiffe zu sehen und zu betreten. Unter anderem das **U-Boot Wilhelm Bauer**, das erst Anfang 1945 in Dienst gestellt und mit Ende des Zweiten Weltkrieges, wenige Monate später von der Besatzung selbst, versenkt wurde. In den 1950er-Jahren wurde es gehoben und wieder schwimmfähig gemacht. Anschließend diente es als Versuchs- und Erprobungsschiff, bis es 1983 zum jetzigen Museumsschiff umgerüstet wurde.

Zwischen Hafenbecken und Museumsgebäude ragt zudem der Schornstein des Schiffes **Otto Hahn** in die Höhe. Benutzt wurde der Schornstein nur dann, wenn das Schiff die Hilfsmotoren startete. Denn angetrieben wurde die Otto Hahn mit einem Nuklearantrieb. Es war das einzige sogenannte Atom-

Bremerhaven
Deutsches Schiffahrtsmuseum
Deutsches Auswanderermuseum
küstennahe Nebenstr.
30 km
Cuxhaven

Links: Spannende Ausblicke im Zoo am Meer in Bremerhaven

Rechts: Historischer Leuchtturm in Bremerhaven

schiff Deutschlands. Nach elf Jahren wurde der atomare Antrieb stillgelegt und mit dem Verkauf des Schiffes wurde es mit einem herkömmlichen Dieselmotor ausgestattet.

Folgt man der Weser weiter flussabwärts, passiert man das Shoppingcenter Mediterraneo und gelangt zum **Klimahaus 8° Ost**. Diese Ausstellungshalle entführt den Besucher auf eine Reise entlang des achten Längengrades, wobei man auf mehrere Klimazonen trifft und das Klima in Italien, Kamerun, der Antarktis und weiteren Orten entlang dieses Längengrades durchlebt.

Neben dem Klimahaus erhebt sich das wie ein Segel geformte Atlantic Hotel Sail City. Von seiner kostenpflichtigen Aussichtsplattform in der 20. Etage kann man die Wesermündung überblicken. Von oben erkennt man gut die stilisierten Fische, die auf den Willy-Brandt-Platz gemalt wurden und mit dafür sorgten, dass dieser Platz schon zweimal mit einem Architekturpreis ausgezeichnet wurde.

Gleich daneben befinden sich das zum Bremerhavener Leuchtturm gehörende **Unterfeuer** mit seinem rot-weißen Türmchen sowie der Zoo. Trotz seines Namens **Zoo am Meer** mit Lage direkt an der Wesermündung gibt es dort nicht nur meeresbezogene Tiere wie Eisbären, Pinguine oder Robben,

SPECIAL

VARIANTENREICHE LEUCHTTÜRME

Der klassische Leuchtturm präsentiert sich in rot-weißen Tönen, wie zum Beispiel die nordfriesischen Leuchttürme auf Amrum, Pellworm oder bei Hörnum auf Sylt. Aber es gibt auch andere Variationen, man denke nur an den schwarz-weißen Leuchtturm von Kampen oder den gelb-roten in Pilsum. Über 50 Leuchttürme gibt es noch an der deutschen Nordseeküste, Helgoland eingeschlossen. Der älteste von ihnen befindet sich auf der Insel Neuwerk vor Cuxhaven und stammt aus dem frühen 14. Jahrhundert. Als höchster Leuchtturm gilt der rot-weiße Turm auf der Insel Wangerooge. Mit 67 Metern Höhe ist er 60 Meter höher als der kleinste Leuchtturm ganz Deutschlands. Dieser steht auf der Warft Oland und ist der einzige Leuchtturm des Landes mit einem Reetdach. Die Türme sind ein beliebtes Fotomotiv, weil sie in ihrer Form einzigartig sind und als Sinnbild für den Urlaub an der Küste stehen. Übrigens: Der südlichste Leuchtturm Deutschlands steht in Bayern – an der Hafeneinfahrt von Lindau am Bodensee.

sondern auch weitere fast 300 Tiere, die immer von Interesse sind, wie beispielsweise Raubkatzen oder Affen.

Auf der anderen Seite des Hafenbeckens ist das **Deutsche Auswandererhaus** erwähnenswert. Als einziges Museum Deutschlands befasst es sich mit dem Thema Migration und macht deutlich, wie die Auswanderungswelle der Deutschen in die Vereinigten Staaten verlief und was das für den einzelnen Auswanderer bedeutete. Dahinter erstreckt sich, wie eingangs erwähnt, die Fußgängerzone durch das Stadtzentrum, auf der wir nach unserem Rundgang zum Wohnmobilstellplatz zurückkehren können.

LEUCHTTURM IN WREMEN

Wenn wir Bremerhaven verlassen, sind wir erneut in Niedersachsen unterwegs. An der Ausfahrt 5 der A27 lohnt es sich, über die Kreisstraße zu einem kurzen Abstecher nach **Wremen** zu fahren. Damit sind wir wieder an der deutschen Nordseeküste angelangt und lernen einen weiteren kleinen Sielhafen kennen. An seinem Ende erhebt sich der schwarz-weiße Leuchtturm, wobei das Verb »erheben« in diesem Fall etwas übertrieben ist. Nicht umsonst trägt der Leuchtturm den Namen **Kleiner Preuße**, denn er ist gerade einmal zehn Meter hoch. Er wurde im Jahr 2005 aufgestellt und ist ein Nachbau des ehemaligen Quermarkenfeuers, das 75 Jahre zuvor abgebaut wurde und gerade mal 24 Jahre in Betrieb war. Der heutige Turm kann bestiegen werden und ist beliebt bei Brautpaaren, die sich im Leuchtturm das Jawort geben möchten.

Rund einen Kilometer landeinwärts liegt das kleine Ortszentrum von Wremen, wo sich gleich hinter der Kirche ein **Muschelmuseum** mit rund 3000 Ausstellungsstücken befindet. Direkt daneben lädt das **Museum für Wattenfischerei** zu einem Besuch ein. Es veranschaulicht das einstige Leben der Fischer, befasst sich mit Fangmethoden und zeigt eine Krabbenküche, in der immer am Samstag nach Christi Himmelfahrt sogenannter Krabbentag ist, der zum Probieren animiert. Auf der anderen Seite der Straße sehen wir noch einen originalen Krabbenkutter mitten im Ort, der als Museumsschiff ebenfalls zur Ausstellung gehört.

Weiter nordwärts fahren wir nicht über die Autobahn, sondern gelangen über kleine Landstraßen nach Dorum.

Schiffsanleger in Wremen

VIELFALT UND ERHOLUNG IM NORDEN

Bilder Seite 94
Oben: Sonnenuntergangsstimmung im Norden Deutschlands.
Mitte: Vom Elbdeich blickt man den Container-schiffen hinterher.
Unten: Klein, aber fein ist der Wohnmobilstellplatz in Brokdorf.

Bilder Seite 95
Links oben: Unter dem Meeresspiegel steht man in Schleswig-Holstein.
Rechts oben: Rot leuchtet der Abendhimmel über dem Watt.
Unten: Wer mag keinen Abendspaziergang am Strand?

Tiefste Landstelle
der
B.R. Deutschland
NN

Leuchtturm Dorum-Neuwerk im norddeutschen Wattenmeer

DURCH DIE WURSTER NORDSEEKÜSTE

Dorum gehört, wie auch schon der Ort Wremen, zur Gemeinde Wurster Nordseeküste. Diese wurde im Jahr 2015 durch einen Zusammenschluss mehrerer Ortschaften gebildet. Der rund fünf Kilometer von der Küste entfernte Ort bietet gleich neben den Supermärkten das **Deichmuseum**. Es informiert über den Deichbau und den damit verbundenen Küstenschutz von einst bis heute.

Nordwestlich von Dorum erreicht man über kleine Landstraßen den dazugehörigen Ortsteil **Dorum-Neufeld**. Er ist geprägt von zahlreichen Ferienhäusern, zwei Campingplätzen, einem kleinen Wohnmobilstellplatz (53.738139, 8.518944) sowie dem Sielhafen, an den ein Freibad und das **Nationalparkhaus** grenzen. Letzteres informiert Groß und Klein über das Weltnaturerbe Wattenmeer und zeigt in mehreren Aquarien zahlreiche Lebewesen des Meeres.

SPECIAL

HEIMSTATT DER LUFTSCHIFFE

Auch in der Geschichte des Militärstandortes Nordholz treffen wir wieder auf Schiffe, genauer gesagt auf Luftschiffe. Hier entstand zu Beginn des letzten Jahrhunderts die weltweit einzige Halle, die sich drehen ließ, damit die darin befindlichen Luftschiffe bei jeder Windrichtung starten konnten. Die Zeppeline und die Halle waren nach Ende des Ersten Weltkriegs nur noch Geschichte und nach Ende des Zweiten Weltkriegs entstand der heutige Marinefliegerhorst.

Ein besonderes Highlight von Dorum-Neufeld ist der **Leuchtturm Obereversand**. In den 80er-Jahren des 19. Jahrhunderts gebaut, stand er ursprünglich näher an der Wesermündung. Zu Beginn dieses Jahrtausends hatte der Turm längst seine Funktion verloren und diente schon viele Jahre nur noch als Rettungsbake, bis er im Jahr 2003 schließlich an den heutigen Standort versetzt wurde. Über eine Seebrücke gelangt man zu dem Turm, der ein Metallgerüst als Unterkonstruktion besitzt und von Besuchern über eine neue Außentreppe erreicht werden kann.

Wenn wir unsere Reise weiter nach Norden fortsetzen, erreichen wir bei einer Fahrt über die Landstraßen **Nordholz** und damit den größten Ort der Gemeinde Wurster Nordseeküste. In Nordholz befassen wir uns ausnahmsweise nicht mit Kuttern, Seglern oder anderen Schiffen, sondern mit den Transportmitteln der Lüfte. Denn bekannt ist Nordholz für den hier stationierten **Fliegerhorst**.

Das Areal zwischen der Ortschaft und der Autobahn wird aber nicht nur militärisch genutzt, sondern verwandelt sich einmal im Jahr zu einem Festivalort. **Deichbrand**, so der Name, ist ein Festival, das im Jahr 2005 noch an einem anderen Standort veranstaltet wurde und 500 Zuschauer zählte. Nur vier Jahre später war die Besucherzahl fünfstellig und man musste an den Standort des Fliegerhorstes umziehen. Die Toten Hosen, Fettes Brot und die Sportfreunde Stiller sind nur einige der Bands und Künstler, die beim Deichbrand-Festival auf einer der Bühnen standen.

Ruhiger geht es im **Aeronauticum** zu. Das Museum am Fliegerhorst zeigt mehr als ein Dutzend Flugzeuge und Hubschrauber im Außenbereich, während in einer der Hallen unter anderem die Technik und Geschichte von Zeppelinen erläutert wird. Auch hier können sich Brautpaare das Jawort geben – in einem ausgedienten Flugzeug des Verteidigungsministeriums.

Noch gemütlicher geht es am Nordrand von Nordholz zu, wo man das Wohnmobillenkrad mit einem Golfschläger tauschen kann. Niedersachsens nördlichster Golfclub mit dem Namen **Hohe Klint** lädt Interes-

Die Kugelbake markiert den Übergang der Elbe in die Nordsee.

sierte an den Wochenenden dazu ein, den Golfsport gegen ein kleines Entgelt näher kennenzulernen.

Die Bahnen des Golfplatzes grenzen direkt an das Naturschutzgebiet **Cuxhavener Küstenheiden**. Dieses präsentiert sich mit einer prachtvollen Heidelandschaft, die Heimstatt für 200 Tier- und Pflanzenarten ist. Neben Rebhühnern, Schwarzkehlchen und Moorfröschen kann man hier zum Beispiel bei einer Wanderung zum Wilhelm-Lemke-Aussichtsturm auch Wisente, Heckrinder und Konikpferde beobachten, die das Gebiet beweiden.

AM NÖRDLICHSTEN PUNKT NIEDERSACHSENS

Durch Altenwalde hindurch gelangen wir schließlich zur nördlichsten Spitze Niedersachsens, wo sich die Stadt **Cuxhaven** erstreckt. Zwar liegt die vorgelagerte Insel Neuwerk natürlich noch ein wenig weiter nördlich, doch gehört sie politisch zum Bundesland Hamburg.

Cuxhaven bietet mehrere Park- und Übernachtungsmöglichkeiten für Wohnmobilfahrer, je nachdem, in welchem Stadtteil man sich niederlassen möchte. Ganz im Westen befindet sich beispielsweise der Ortsteil Sahlenburg mit seinem weiten Sandstrand. Nördlich davon erstreckt sich Duhnen bis zur berühmten Kugelbake, die den Übergang von der Nordsee zur Elbmündung markiert. Und am östlichen Ufer dieser Festlandspitze gelangt man in den Hauptort mit dem Stadtzentrum von Cuxhaven, der sich nicht an der Nordseeküste, sondern am Elbufer befindet.

Wir beginnen unseren Aufenthalt in der Stadt auf dem Wohnmobilstellplatz am Jachthafen (53.875083, 8.703028). Nachdem wir dort das Wohnmobil abgestellt haben, gehen wir in wenigen Minuten zu Fuß über den Seedeich in das überschaubare Stadtzentrum von Cuxhaven. Zu sehen sind mehrere interessante Bauwerke und Museen. Spannend ist zum Beispiel das **Pinguin-Museum** in der Schillerstraße, das eine private Sammlung von Pinguinfiguren zeigt und liebevoll von den »Pinguineltern« betreut wird.

Folgt man dem Schleusenpriel entlang des Landwehrkanals, gelangt man zum Kaemmererplatz, wo man einen Blick auf den alten **Wasserturm** werfen kann. Durch die dort beginnende Fußgängerzone gelangt man wenig später zum Schlossgarten, in dem sich das **Schloss Ritzebüttel** erhebt. Das aus Backstein bestehende Gebäude stammt zum Teil noch aus dem 14. Jahrhundert. Sehenswert ist im Schlosspark aber auch das kleine Schweizerhaus, das als Teehaus Mitte des 19. Jahrhunderts hinzugefügt wurde.

SEHENSWERTES CUXHAVEN

Die meisten Besucher von Cuxhaven halten sich überwiegend am Elbufer auf, wo sich

Cuxhaven
Stadtzenrum
Kugelbake
Wattwanderung zur Insel Neuwerk
Windstärke 10 - Wrack
Fischereimuseum
Ziel

Ganz liebevoll ist das Pinguinmuseum eingerichtet.

rund um den Hafen weitere Sehenswürdigkeiten befinden. Da ist zum Beispiel der **Hamburger Leuchtturm**, der zu Beginn des 19. Jahrhunderts erbaut wurde und fast 200 Jahre bis zum Jahr 2001 in Betrieb war. Gleich daneben erblicken wir das **Ehrenmal**, das an die Minensucher im Zweiten Weltkrieg erinnert, und ein merkwürdig anmutendes Gerüst mit den Buchstaben B und H. Hierbei handelt es sich um ein **Semaphor**, das den auslaufenden Schiffen Windstärke und Windrichtung auf den Inseln Borkum (B) und Helgoland (H) anzeigt. Es ist das letzte seiner Art in ganz Europa.

Gleich dahinter liegt das Feuerschiff **Elbe 1** am Kai, wenn es nicht gerade für einen besonderen festlichen Anlass unterwegs ist. Ansonsten kann das auf der Papenburger Meyer-Werft gebaute Schiff besichtigt oder für eine Eheschließung im kleinen Rahmen genutzt werden. Mehr als zehn Personen passen nicht in die eigentliche Offiziersmesse, die dann als Trauzimmer genutzt wird.

Auf der anderen Seite des Hafens sieht man, gut erkennbar an der Kuppel auf dem Dach, die **Hapag-Hallen**, die heute als Terminal für Kreuzfahrtschiffe genutzt werden. Entstanden sind sie Ende des 19. Jahrhunderts durch die gleichnamige Reederei als Anlegestelle für die damaligen Auswandererschiffe nach Nordamerika. Ein weiteres interessantes Museum, das sich mit dem maritimen Leben befasst, befindet sich am südlichen Kai des benachbarten Fischereihafens. Es trägt den Namen **Windstärke 10** und ist ein Wrack- und Fischereimuseum. Der Name verrät schon, dass es die Hochseefischerei, die Seenot und die Gefahren auf hoher See behandelt.

Das Wahrzeichen von Cuxhaven erreicht man, wenn man dem Seedeich nach Norden folgt. Vom Wohnmobilstellplatz aus ist es ein zwei Kilometer langer Spaziergang am Ufer der Elbe entlang, bis man zur weithin sichtbaren **Kugelbake** gelangt. Das 28 Meter hohe Seezeichen steht im Ortsteil Döse und wurde erstmalig zu Beginn des 18. Jahrhunderts erbaut. Die jetzige Kugelbake stammt aus der Nachkriegszeit und ist eine von vielen Nachfolgern der ursprünglichen Bake, denn Wind und Wasser setzten den Holzbauten immer zu, sodass das Seezeichen regelmäßig nach wenigen Jahrzehnten ersetzt werden musste. Die Kugelbake steht auch als Symbol für den nördlichsten Punkt Niedersachsens.

Ein Deich trennt die Kugelbake vom gleichnamigen Fort, das an diesem strategisch wichtigen Punkt in der zweiten Hälfte des 19. Jahrhunderts erbaut wurde. Es hat den Grundriss eines Pentagons und ist dabei

KULTUR

PINGUIN-MUSEUM

Im Cuxhavener Lotsenviertel kann man sich seit März 2009 auf die Spuren von Pinguinen begeben. Das privat betriebene Museum beherbergt rund 4000 Artikel mit Bezug auf die kleinen Frackträger. Diese sind Teil der größten Pinguinsammlung der Welt, die mehr als 25 000 Pinguinartikel umfasst und seit 2006 im Guinnessbuch der Rekorde eingetragen ist. Neben zahlreichen Plüschtieren, Gebrauchsgegenständen in Pinguinform und Sammelstücken besteht das Herzstück der liebevoll eingerichteten Ausstellung aus mehreren Pinguinpräparaten und dem Skelett eines Humboldtpinguins. Thematische Wechselausstellungen und verschiedene Vortragsabende zum Thema Pinguin runden den Besuch ab. Seit September 2017 wird das Museum vom Verein Pinguinfreunde e. V. betrieben. Der Eintritt ist frei. Pinguin-Museum Cuxhaven, Schillerstr. 64, 27472 Cuxhaven www.pinguin-museum-cuxhaven.de.tl

SPECIAL

KLAUS STÖRTEBEKER

In der zweiten Hälfte des 14. Jahrhunderts lebte ein Mann, der zu den berüchtigsten Piraten seiner Zeit zählte – Klaus Störtebeker. Seine Herkunft ist nicht eindeutig belegt, genauso wenig wie die zahllosen Legenden, die sich um ihn ranken. Selbst sein Todesdatum, als das lange Zeit der 20. Oktober 1401 galt, wird mittlerweile von Forschern angezweifelt. An diesem Tag soll er zusammen mit über 70 weiteren Seeräubern auf der damaligen Insellandschaft Grasbrook vor den Toren Hamburgs hingerichtet worden sein. Der Schädel, der zu Störtebeker gehören soll, befindet sich im Museum für Hamburgische Geschichte. Wer auch immer Störtebeker war und was er getan hat – sein Name lebt weiter und wird in zahlreichen Liedern verwendet, wurde für mehrere Schiffe benutzt und dient für verschiedene touristische Zwecke.

bis zu 250 Meter breit. Zum Einsatz kam es verhältnismäßig selten. So wurde in beiden Weltkriegen auf kein einziges Schiff gefeuert und das Fort diente mehr der Luftabwehr. Eine Besichtigung der einstigen militärischen Anlage ist nur im Rahmen einer Führung möglich. Ansonsten ist sie seit 2009 Spielort für das sommerliche Open-Air-Theater, das verschiedene Stücke rund um den Seeräuber Klaus Störtebeker aufführt.

Ohne direkten Blick auf das Meer kann man auch hier, gleich neben dem Fort, das Wohnmobil abstellen und übernachten. Ein guter Ausgangspunkt, um nebenan in den Kurpark zu gehen oder den kleinen Zoo von Cuxhaven-Döse zu besuchen. Bei einem Strandspaziergang erreicht man den Cuxhavener Ortsteil **Duhnen**, wo sich der Einstieg in einen lohnenswerten Wanderweg befindet. Nach fast elf Kilometern Wanderung gelangt man zur Insel Neuwerk. Alternativ kann man diese Strecke von hier aus mit dem Planwagen zurücklegen. Informationen hierzu gibt es bei der Touristeninformation von Cuxhaven. Wer noch nie eine Wattwanderung gemacht hat, sollte aus Gründen der Sicherheit an einer geführten Tour teilnehmen, die ebenfalls angeboten wird.

WATTWANDERUNG ZUR INSEL NEUWERK

Beim Wattwandern sind mehrere Faktoren zu berücksichtigen. An erster Stelle ist ein Blick auf den Tidenkalender zu werfen, um zu wissen, wann Niedrigwasser besteht, denn es gibt nur ein schmales Zeitfenster, an dem man die Wattwanderung beginnen kann. Am günstigsten startet man zwei Stunden vor dem Niedrigwasser. Informationen hierzu erhält man von der Touristeninformation.

In Cuxhaven spaziert man nicht nur an der Nordsee, sondern auch am Elbufer.

Zu Fuß oder mit der Kutsche auf die Insel Neuwerk.

Darüber hinaus ist eine Wattwanderung wetterabhängig. Bei Nebel und schlechter Sicht ist davon dringend abzuraten, denn unter diesen Umständen kann Orientierungslosigkeit eintreten. Außerdem darf der Untergrund nicht unterschätzt werden. Es handelt sich um weichen Meeresboden, der unter Umständen deutlich mehr Gehzeit abverlangt. Vergleichbar ist das mit einem Strandspaziergang durch tiefen Sand, der ebenfalls mehr Kraft und Zeit in Anspruch nimmt.

Zu guter Letzt darf die Entfernung nicht unterschätzt werden: Neuwerk ist bei idealen Bedingungen schon vom Ausgangspunkt auf dem Festland aus gut sichtbar und deutlich durch den markanten Leuchtturm erkennbar. So führt das eventuell zur Einschätzung, die Insel sei gar nicht so weit entfernt und man sei schnell dort. Doch es bleiben satte elf Kilometer durch das Wattenmeer. Etwas kürzer, nämlich nur neun Kilometer, ist die Strecke ab dem Ortsteil Sahlenburg. Beide Wege treffen im Wattenmeer zusammen und führen gemeinsam zur Insel.

Der Weg an sich ist gut erkennbar, denn er ist mit Holzbüschen markiert, die in den Schlick gesetzt wurden. Von diesem Weg sollte man auf keinen Fall abweichen. Wer außerdem mit Telefon und Warnweste unterwegs ist, geht ebenfalls auf Nummer sicher. Für den Fall der Fälle gibt es im Wattenmeer mehrere Rettungsbaken, in die man sich flüchten kann, wenn das Hochwasser steigt und man die Zeit unterschätzt hat.

Eine ideale Tour ist eine Wanderung zur Insel in Kombination mit einer Rückfahrt auf der **MS Flipper**. Die Strecke Neuwerk–Cuxhaven wird von der Reederei Cassen Eils von Anfang April bis Mitte Oktober betrieben. Da das Fahrgastschiff tidenabhängig ist, fährt es nur bei Hochwasser. So hat man nach Ankunft auf Neuwerk noch genügend Zeit, sich mit dem kleinen Eiland zu befassen. Es ist nur knapp zwei mal zwei Kilometer groß und selbst davon kann nur ein kleiner Teil betreten werden.

Wer den bewirtschafteten Teil der Insel umrunden will, legt rund vier Kilometer zurück. Dabei hat man immer den bereits erwähnten **Leuchtturm** am südlichen Ufer der Insel im Blick. Er ist das älteste weltliche Gebäude an der gesamten deutschen Küste und wurde im frühen 14. Jahrhundert errichtet. Zunächst diente er als Wehrturm und sollte die Einfahrt in die Elbe schützen, später wurde er auch Messpunkt für die Landvermessung durch Carl Friedrich Gauß. Mit dem Betreten der Insel befindet man sich offiziell auf Hamburger Gebiet und damit ist der Leuchtturm gleichzeitig das älteste Gebäude der Hansestadt, auch wenn es natürlich nicht im klassischen Stadtgebiet liegt.

Zu sehen gibt es neben dem Leuchtturm noch das **Nationalparkhaus** und den **Friedhof der Namenlosen**, der ebenfalls im 14. Jahrhundert angelegt wurde. Bestattet wurden hier einstmals gestrandete Schiffbrüchige, die nur noch tot geborgen werden konnten.

PRAKTISCHE HINWEISE

TOURISTINFORMATIONEN

Bad Zwischenahn Touristik
Unter den Eichen 18, 26160 Bad Zwischenahn
Tel. 04403/61159,
www.bad-zwischenahn-touristik.de

Touristinformation Oldenburg
Schloßplatz 16, 26122 Oldenburg
Tel. 0441/36161366
www.oldenburg-tourismus.de

Touristinformation Bremen
Langenstr. 2–4, Marktplatz, 28195 Bremen
Tel. 0421/3080010, www.bremen-tourismus.de

Tourist-Info Hafeninsel
H.-H.-Meier-Str. 6, 27568 Bremerhaven
Tel. 0471/80936100, www.bremerhaven.de

Tourist-Info Schaufenster Fischereihafen
Am Schaufenster 5, 27572 Bremerhaven
Tel. 0471/80936127, www.bremerhaven.de

Gästezentrum Wremen
Rolf-Dircksen-Weg 33
27639 Wurster Nordseeküste – Wremen
Tel. 04705/210, www.wursternordseekueste.de

Kurverwaltung Wurster Nordseeküste
Am Kutterhafen 3, 27639 Wurster
Nordseeküste – Dorum-Neufeld
Tel. 04741/9600
www.wursternordseekueste.de

Gästezentrum Nordholz
Wurster Str. 7, 27639 Wurster Nordsee-küste – Nordholz
Tel. 04741/1048
www.wursternordseekueste.de

CUX-Tourismus GmbH
alle unter www.cuxhaven.de:
Ohlroggestr. 1, 27472 Cuxhaven
(im Windstärke-10-Museum)

Cuxhavener Str. 92, 27476 Cuxhaven-Duhnen
Tel. 04721/404200

Heinrich-Grube-Weg 2, 27476 Cuxhaven-Döse
Tel. 04721/47081

Nordheimstr. 35, 27476 Cuxhaven-Sahlenburg
Tel. 04721/28028

Alter Weg 18, 27476 Cuxhaven-Altenbruch
Tel. 04722/341

STELLPLÄTZE

S 400 **Wohnmobilstellplatz Bad Zwischenahn** (S. 197 H4)
Am Badepark, 26160 Bad Zwischenahn
GPS: 53.186556, 8.000389
Großzügiger Stellplatz mit rund 50 Stellflächen am Freibad. Am Schwimmbad entlang kommt man nach wenigen Augenblicken zum Ufer des Zwischenahner Meeres. Auch das Stadtzentrum ist fußläufig gut zu erreichen. Ver- und Ent-

Moderne Entsorgungsstation auf dem Stellplatz in Bad Zwischenahn.

Der Bremerhavener Stellplatz befindet sich an der Doppelschleuse. Eine davon ist im Hintergrund geöffnet.

sorgung sowie Strom vorhanden. Der gesamte Platz und die Schranke werden mit einer Karte bedient, die es am Kassenautomaten gibt.

S 401 **Wohnmobilstellplatz Am Kuhhirten**
(S. 199 F5) Kuhhirtenweg, 28201 Bremen
Tel. 0173/985 00 92, www.stellplatz-bremen.de
GPS: 53.064972, 8.818833
Rund 70 Stellflächen inklusive Strom und Sanitärgebäude. Ver- und Entsorgung ebenfalls vorhanden. Der Platz wurde im Jahr 2015 von der Fachzeitschrift »promobil« zum Stellplatz des Jahres gekürt. Die Stellflächen befinden sich unter dichtem Baumbestand, wo der Satellitenempfang stark eingeschränkt ist. Daher werden feste Antennenanschlüsse angeboten.

S 402 **Wohnmobilstellplatz Sandstedt**
(S. 198 D2) Am Radarturm 5
27628 Hagen im Bremischen Sandstedt
GPS: 53.363278, 8.512222
Ungefähr in der Mitte zwischen Bremen und Bremerhaven liegt das kleine Dorf Sandstedt direkt an der Weser und ist über die Ausfahrt 12 (Hagen) leicht zu erreichen. Vor dem dortigen Campingplatz, unweit des Ufers und des Fähranlegers nach Brake, finden zehn Wohnmobile auf einer gepflasterten Fläche Platz. Strom, Wasser und Entsorgung sind von April bis September gegeben, in der übrigen Zeit wegen Hochwassergefahr nicht nutzbar.

S 403 **Wohnmobilstellplatz Dedesdorf**
(S. 198 D1) Fährstr. 19, 27612 Loxstedt
GPS: 53.444028, 8.499583
Kleiner Wohnmobilstellplatz am ehemaligen rechten Fähranleger der Fähre nach Kleinensiel (s. Route 3). Platz für fünf Fahrzeuge, keine Ausstattung. Blick auf das Kernkraftwerk Unterweser am schräg gegenüberliegenden Weserufer.

S 404 **Wohnmobilstellplatz am Fischereihafen** (S. 204 B6)
Hoebelstr. 1, 27572 Bremerhaven
GPS: 53.526389, 8.576611
Stellplatz für fast 50 Fahrzeuge mitten im Hafengebiet, mit entsprechender Optik und mitunter auch der dazugehörigen Geräuschkulisse. Zu Fuß benötigt man rund eine Dreiviertelstunde bis in das Stadtzentrum, mit dem Fahrrad knapp zehn Minuten. Sanitärgebäude sowie Strom, Wasser und Entsorgungsmöglichkeiten gegeben.

S 405 **Wohnmobilstellplatz an der Doppelschleuse** (S. 204 B6)
An der Neuen Schleuse 6, 27570 Bremerhaven
GPS: 53.532139, 8.576250
Ähnlich großer und ähnlich angelegter Stellplatz wie am Fischereihafen, jedoch nur 20 Minuten Fußweg in das Stadtzentrum.

S 406 **Wohnmobilstellplatz Grube in Dorum-Neufeld** (S. 204 B3) Am neuen Deich 2, 27639 Wurster Nordseeküste,
Tel. 04741/969 70
www.deichhotel-grube.de
GPS: 53.738611, 8.519444
Für 20 Wohnmobile bietet das Deichhotel Grube Platz gleich hinter dem Deich und nur wenige Schritte vom Sielhafen entfernt. Hunde erlaubt, WLAN vorhanden, Strom sowie Ver- und Entsorgung ebenfalls.

S 407 **Wohnmobilstellplatz Cuxhaven**
(S. 204 C1) Cassen-Eils-Str., 27472 Cuxhaven
GPS: 53.875083, 8.703028
Gepflasterter Platz für mehr als 100 Fahrzeuge, die allerdings sehr dicht stehen. Der Blick von den mittleren Stellplätzen auf die Elbe oder den Hafen ist meist durch die Wohnmobile in der ersten Reihe versperrt. Ver- und Entsorgung vorhanden.

S 408 **Wohnmobilstellplatz Cuxhaven-Döse**
(S. 204 C1) Messeplatz, 27476 Cuxhaven-Döse
GPS: 53.890611, 8.678222
Kleiner Stellplatz als Teil eines Parkplatzes.

Nur für kleinere Wohnmobile und nicht für Dickschiffe geeignet. Auch hier ist nur enges Stehen möglich. Kein Blick auf das Meer, aber gleich hinter dem Deich gelegen.

S 409 Wohnmobilstellplatz Cuxhaven-Duhnen (S. 204 B1)
Duhner Allee, 27476 Cuxhaven-Duhnen
GPS: 53.884056, 8.647111
Großer Parkplatz mit Stellplatz. Auch hier nur enges Stehen möglich, rund 400 Meter vom Deich entfernt.

CAMPINGPLÄTZE

C 410 Campingplatz Grube (S. 204 B3)
Kajediek 1, 27639 Wurster Nordseeküste – Dorum-Neufeld
Tel. 04741/3131, www.campingplatz-grube.de
GPS: 53.736361, 8.522111
Familiär geführter, aber großer Campingplatz am nördlichen Ortsrand, nur wenige Geh-minuten bis zum Kutterhafen, geöffnet von Anfang April bis Ende Oktober.

C 411 Campingplatz Wernerwald
(S. 204 B2) Wernerwaldstr. 6, 27476 Cuxhaven
Tel. 04721/29012
GPS: 53.858833, 8.592194
Großer Campingplatz mitten im Wald und dennoch direkt an der Küste, überwiegend jedoch Dauercamper, rund 65 Stellplätze für Touristen. Gleich nebenan befindet sich das Waldfreibad. Hunde sind nicht erlaubt.

C 412 Campingplatz Muschelgrund
(S. 204 B2) Muschelgrund 1, 27476 Cuxhaven
Tel. 04721/2090
www.campingplatz-muschelgrund.de
GPS: 53.862000, 8.595833
Campingplatz in Sahlenburg, der jedoch nur zehn Plätze für Tagestouristen bereithält.

In Bremen ist der Wohnmobilstellplatz baumreich angelegt.

C 413 Campingplatz Wattenlöper
(S. 204 B1) Cuxhavener Str. 57, 27476 Cuxhaven-Duhnen
Tel. 04721/426051, www.wattenloeper.de
GPS: 53.886333, 8.650250
Großer und modern ausgestatteter Campingplatz zwischen Duhnen und Döse nur wenige Gehminuten nach Duhnen oder zum Deich.

C 414 Camping Nordsee (S. 204 B1)
Cuxhavener Str. 17, 27476 Cuxhaven
Tel. 04721/48951
www.camping-nordsee-cuxhaven.de
GPS: 53.886194, 8.655139
Ganzjährig geöffneter Campingplatz zwischen Duhnen und Döse und in direkter Nachbarschaft zum Campingplatz Wattenlöper. An der Kurklinik vorbei, ist man dann auch schon am Deich und dem dortigen Freibad bzw. dem Strand.

Besonders beliebt ist das Stehen in der ersten Reihe auf dem Wohnmobilstellplatz in Cuxhaven.

5 AN DER ELBE LANDEINWÄRTS IN DIE HANSESTADT HAMBURG

Von Cuxhaven nach Hamburg

Dort, wo die Elbe ihr Ende in der Nordsee findet, beginnen wir mit einer Etappe, die uns im unteren Bereich des Flusses entlangreisen lässt. Kleine Ortschaften wie Otterndorf überraschen uns mit angenehmen Wohnmobilstellplätzen. Wir besu-chen Himmelpforten, wo der Weihnachtsmann leben soll, und schlendern in Stade durch die gemütliche Altstadt. Nach einem Stopp in Buxtehude starten wir zur Besichtigung der Millionenmetropole und Hansestadt Hamburg. Will man die zahlreichen Sehenswürdigkeiten, die zum Teil auf der Welterbeliste aufgeführt sind, besichtigen, sollte man sich ausgiebig Zeit nehmen.

Der Hygieia-Brunnen im Innenhof des Hamburger Rathaus.

ROUTE 5

START- UND ENDPUNKT
Cuxhaven und Hamburg

STRECKEN
überwiegend Bundesstraße

STRECKENLÄNGE
ca. 125 km

FAHRZEIT
4 bis 5 Tage

BESTE JAHRESZEIT
März bis Oktober

Cuxhaven verlassen wir über die B 73 und folgen dieser parallel zur Elbe bis zum zwölf Kilometer entfernten Städtchen Otterndorf. Der 16 Kilometer lange Fluss Medem durchquert Otterndorf und mündet wenig später in die Elbe. Dort, wo sich die Schleuser und der Seglertreff befinden, können wir Wohnmobilfahrer unser Nachtlager aufschlagen (53.822694, 8.894500). Allerdings sind wir dadurch rund zwei Kilometer vom sehenswerten Zentrum des Ortes entfernt.

OTTERNDORF UND HEMMOOR

In **Otterndorf** bilden mehrere hübsche Gebäude rund um den Kirchplatz mit der **Severikirche** einen gemütlichen Altstadtkern mit Fachwerkhäusern und Barockhäusern. Zu letzteren zählt zum Beispiel das **Kranichhaus** am Rathausplatz, das man schon durch die große Kranichskulptur auf dem Dachfirst erkennt. Die ältesten Teile des Gebäudes stammen aus dem 16. Jahrhundert. Über die Geschichte der Stadt und der Region informiert das darin untergebrachte Museum.

Sehenswert ist auch das nahe gelegene **Museum gegenstandsfreier Kunst**, das bis zu vier Wechselausstellungen moderner Kunst pro Jahr präsentiert. Kunst und Kultur werden in Otterndorf ohnehin groß geschrieben. So wird jedes Jahr der Literaturpreis »Stadtschreiber« verliehen. Die mit

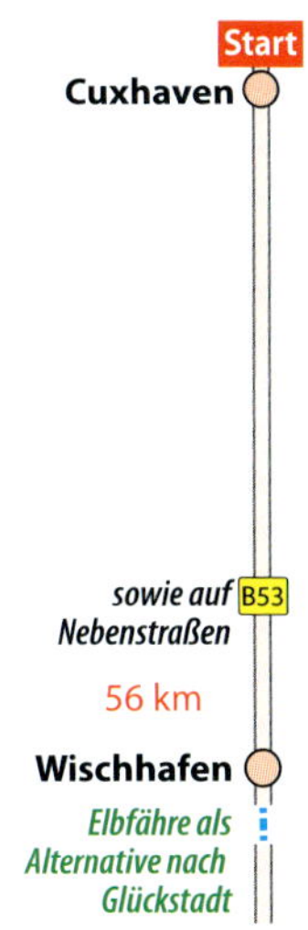

Links: Typisches Fachwerkhaus in Otterndorf

Rechts: Eisenbrücke in Hemmoor

Zwischen Wischhafen und Glückstadt kann man die Elbe mit der Fähre überqueren.

ihm ausgezeichneten Stipendiaten wohnen dann mehrere Monate im sogenannten Gartenhaus am Süderwall.

Folgen wir ab Otterndorf der B 73, gelangen wir wieder ein wenig in das Hinterland und erreichen die Ortschaft **Hemmoor**. Dort sollten wir rund 350 Meter hinter der Straßenunterführung links in die Fährstraße einbiegen. Am Ende der Fährstraße treffen wir auf den Ostedeich und den dahinter liegenden Fluss Oste. Dieser kann hier, allerdings ohne Wohnmobil, mit einer Schwebefähre überquert werden. Sie wurde zu Beginn des letzten Jahrhunderts in Betrieb genommen und ist eine von lediglich noch sieben betriebenen Schwebefähren weltweit. Die älteste befindet sich in Spanien, weitere stehen in Wales, England, Frankreich und Argentinien. Die siebte Schwebefähre werden wir auf dieser Reise noch kennenlernen, wenn wir nach Schleswig-Holstein gelangen.

Das Prinzip einer Schwebefähre ist einfach erklärt: Eine Gondel hängt an einem Brückenträger über einem Gewässer und kann so von einem Ufer zum anderen fahren. Der Träger ist üblicherweise so hoch, dass Schiffe auf dem Fluss oder Kanal ungestört unterwegs sein können.

Der Vorteil einer Schwebefähre gegenüber einer herkömmlichen Fähre liegt im geringeren Energiebedarf und in der Wetterunabhängigkeit.

SPECIAL

MIT DER FÄHRE ÜBER DIE ELBE

In Hemmoor besteht die Möglichkeit, auf die B 495 nach Wischhafen zu wechseln. Wischhafen lässt sich aber auch vorher schon über kleinere Landstraßen ab Neuhaus erreichen, wobei man die Oste überquert. Wer nicht wie wir entlang der Elbe in südöstliche Richtung nach Hamburg fahren möchte und auf den Besuch der Hansestadt Hamburg verzichten will, kann hier ein großes Teilstück abkürzen. Denn zwischen Wischhafen und Glückstadt pendelt die Elbfähre von früh-morgens bis zum späten Abend über die Elbe.
An dieser Stelle ist der Fluss kurz vor seiner Mündung in die Nordsee rund dreieinhalb Kilometer lang, weshalb die Überfahrt rund eine halbe Stunde dauert. Zu stark frequentierten Zeiten kann es zudem zu längeren Wartezeiten an den Fähranlegern kommen. Der Preis richtet sich nach der Länge des Fahrzeugs. Beschränkungen für Wohnmobile gibt es keine, immerhin werden hier auch Lkws transportiert.

DER WEIHNACHTSMANN VON HIMMELPFORTEN

Auf dem weiteren Weg nach Süden gelangen wir nach Himmelpforten, wo es eine Adresse gibt, die wir mit dem Wohnmobil nicht ansteuern können. Doch gegen Ende eines jeden Jahres hat sie regen Zulauf in Form von Briefpost, denn sie lautet: »An den Weihnachtsmann, 21709 Himmelpforten«. Im Jahr 1961 ging im damaligen Postamt der erste Brief an den Weihnachtsmann ein. Dieser und all die folgenden Briefe von Kindern aus aller Welt wurden immer beantwortet. Dafür gibt es heute ein Team von 30 ehrenamtlichen Helfern, da der Weihnachtsmann die Briefflut nicht mehr allein stemmen kann. Mittlerweile sind es nämlich rund 50 000 Wunschzettel, die in Himmelpforten jedes Jahr ankommen.

Nicht umsonst also hat sich die Ortschaft den Beinamen »Christkinddorf« verdient und darf sich ganz offiziell auch so nennen. Das Weihnachtsmannhaus, die Weihnachtsmannstube und der beliebte Christkindmarkt verschönern den Aufenthalt in Himmelpforten in der Adventszeit.

Von Himmelpforten ist es nur ein Katzensprung bis Stade, wo wir sofort den im Westen der Altstadt gelegenen Wohnmobilstellplatz am Schiffertor aufsuchen sollten (53.602750, 9.466167). Nur wenige Minuten spaziert man von dort in das behagliche Zentrum der Stadt.

GEMÜTLICHE ALTSTADT IN STADE

Erstmalig erwähnt wurde Stade Ende des 10. Jahrhunderts, als es von den Wikingern geplündert wurde. Damals hatte Stade eine große Bedeutung, denn die Siedlung beherbergte den wichtigsten natürlichen Hafen an der Unterelbe und lag in unmittelbarer Nähe wichtiger Handelswege.

Die Altstadt ist von zahlreichen **Fachwerkhäusern** geprägt, die auf das 17. Jahrhundert zurückgehen, nachdem ein verheerender Stadtbrand im Jahr 1659 weite Teile der Stadt zerstörte. Einen besonders schö-

Eine tolle Ausstellung rund um den Weihnachtsmann gibt es das ganze Jahr über.

KULTUR

SCHWEDENSPEICHER-MUSEUM

Wer sich mehr mit Stades Geschichte befassen will, besucht am besten am anderen Ende des Hafens das Museum Schwedenspeicher. Das ehemalige Garnisonshaus der Schweden entstand Ende des 17. Jahrhunderts und präsentiert sich mit einer barocken Backsteinfassade. Wo einst Getreide gelagert wurde, können heute auf mehr als 1500 Quadratmetern unter anderem eine große Ausstellung zur Hansezeit oder eine archäologische Ausstellung über die Region besichtigt werden. Schwedenspeicher, Wasser West 39, 21682 Stade www.museen-stade.de

nen Eindruck von Stade erhält man am alten Hansehafen. Am nördlichen und westlichen Ufer des Hafens, auch **Wasser West** genannt, erheben sich sogar noch Gebäude aus dem 15. Jahrhundert. Nach der Sturmflut im Jahr 1962 und der damit verbundenen Überschwemmung der nördlichen Altstadt baute man ein Wehr, weshalb der Hafen nicht mehr schiffbar ist. Dennoch ist er bis heute als Treffpunkt beliebt und bietet an seinen Kaimauern zahlreiche Einkehrmöglichkeiten.

Der alte **Holzkran** am Ende des Hafens wurde erst im Jahr 1977 gebaut, also viele Jahre nachdem der Hafen nicht mehr als solcher nutzbar war. Daher fehlt ihm auch die Mechanik im Inneren. Dennoch gibt er ein schönes Bild ab und erinnert an die Zeit bis zum Jahr 1898, als der damalige Be- und Entladungskran abgerissen wurde.

Neben dem Fischmarkt hinter dem Holzkran erhebt sich die **Stader Stadtwaage**, die einst als Zollhaus diente. Gleich dahinter folgt man den Straßen und Gassen, wie zum Beispiel der Fußgängerzone Hökerstraße, in das Zentrum der Altstadt hinein.

Im Osten wird die Altstadt vom Burggraben und dem **Stadthafen** begrenzt. Dieser wurde geschaffen, als der alte Hansehafen zu klein wurde. Heute ist er vor allen Dingen bei Privatskippern beliebt und dient als Ausgangspunkt für Fahrten mit dem dort liegenden Museumsschiff Greundiek und dem Frachtsegler Wilhelmine von Stade.

Nach einem gemütlichen Spaziergang durch die Stadt mit entsprechender Einkehr in einer der zahlreichen Lokalitäten und einer angenehm ruhigen Nacht auf dem Wohnmobilstellplatz fahren wir weiter in den nächstgelegenen Ort Buxtehude.

Sehenswert ist der Holzkran in der Altstadt von Stade.

AUFENTHALT IN BUXTEHUDE

Buxtehude lockt mit einer ansprechenden Innenstadt, in der sich Fachwerkhäuser entlang kopfsteingepflasterter Sträßchen und Gassen erheben. Hervorzuheben ist das Gebäude des Heimatmuseums, das sich am **St.-Petri-Platz** gleich gegenüber der gleichnamigen Kirche befindet. Diese wiederum stammt aus dem 13. Jahrhundert und ist mit ihrem Turm das Wahrzeichen der Hansestadt.

Immer wieder wird man beim Spaziergang durch die Innenstadt auf Hase und Igel treffen – ob nun die örtliche Apotheke so heißt oder verschiedene gastronomische Einrichtungen diesen Namen tragen. Das Märchen vom Hasen und dem Igel, das von den Brüdern Grimm nacherzählt wurde und eigentlich vom Oldendorfer Autor Wilhelm Schröder zum ersten Mal vorgestellt wurde, spielt in Buxtehude. Daher gibt es einen **Hase-und-Igel-Pfad**, der durch die Stadt verläuft und auch am Has'-und-Igel-Brunnen am Geesttor entlangführt. Somit liegt Buxtehude außerdem an der Deutschen Märchenstraße, einer touristischen Straße, die in Bremen beginnt und durch das märchenreiche Weserbergland bis Hanau verläuft.

Von den beiden Wohnmobilstellplätzen, die Buxtehude bereitstellt, starten wir zu unserer Abschlussetappe durch das Alte Land und erreichen schon bald die größte Stadt in diesem Buch – Hamburg.

HAMBURG – METROPOLE IM NORDEN

In der Hansestadt gibt es mehrere Wohnmobilstellplätze, die natürlich alle ihre Vor- und Nachteile besitzen und am Ende der Etappe beschrieben werden. Hamburg umfänglich darzustellen würde den Rahmen dieses Buchs sprengen. Ganze Bücher kann man mit den Sehenswürdigkeiten und der langen Geschichte der Stadt füllen. Schon allein die Überlegung, wo man einen Rundgang am besten startet, ist nicht ganz einfach und hängt natürlich auch davon ab, wo man das Wohnmobil abgestellt hat.

Fest steht jedoch, dass man sich überwiegend nördlich der Elbe aufhalten wird. Denn am südlichen Ufer erstrecken sich die zahlreichen Becken, Kräne und Anlagen des **Hamburger Hafens**. Der größte Seehafen Deutschlands sorgte dafür, dass Hamburg als Tor zur Welt bezeichnet wurde. Seine Geschichte beginnt im Jahr 1189 mit einem ersten Anlandeplatz, der sich auf dem Gebiet der heutigen Altstadt befand. Im Laufe der Jahrhunderte wuchs der Hafen zu seiner heutigen Größe an und wanderte dabei zum Ufer der Elbe.

Verschiedene Ausflugsschiffe legen am nördlichen Elbufer ab und laden zu Hafenrundfahrten ein, bei denen man den großen Container- und Kreuzfahrtschiffen sehr nahe kommt. Alternativ kann man eine der sieben Fährlinien nutzen, die verschiedene Punkte im Hafen miteinander verbinden und zum öffentlichen Personennahverkehr gehören.

Die wohl berühmtesten Anlegestellen sind die **Landungsbrücken** in St. Pauli. Entstanden ist dieser Verkehrsknotenpunkt Mitte des

Fachwerkhäuser erheben sich rund um das Hafenbecken.

Buxtehude
Innenstadt

auf B73
sowie alternative Möglichkeiten
38 km A7

Hamburg
St. Pauli
Hafenrundfahrt
Fischmarkt
Speicherstadt
Elbphilharmonie
Binnenalster
Rathaus
Innenstadt
uvm.
Ziel

Berühmt sind die Landungsbrücken in St. Pauli.

19. Jahrhunderts. Die Brücken bestehen aus Pontonbrücken, die am Elbufer festgemacht sind. Charakteristisches Merkmal ist das aus Tuffstein errichtete Abfertigungsgebäude aus den Anfängen des letzten Jahrhunderts. Das rund 200 Meter lange Gebäude wird im Osten vom **Pegelturm** und im Westen vom Zugang zum **Alten Elbtunnel** begrenzt.

Dieser 1911 eröffnete Tunnel ist über 400 Meter lang und besteht aus zwei Tunnelröhren, die man mittels Treppe oder Fahrstuhl erreicht. Genutzt wird diese besondere Möglichkeit, die Elbufer zu wechseln, überwiegend von Fußgängern und Radfahrern. Aber auch Pkws werden mittels Fahrstuhl in die Tiefe befördert und können dann, im Gegensatz zu Fußgängern und Radfahrern, kostenpflichtig von einem Ufer zum anderen fahren.

AUF DEM FISCHMARKT

Entlang der Hafenstraße erreicht man von den Landungsbrücken aus schon bald den legendären Hamburger Fischmarkt. Traditionell kann man hier den Marktschreiern sonntags ab fünf Uhr morgens zuschauen bzw. zuhören und die eigenen Vorräte unter anderem mit Fisch und Obst auffüllen.

Sowohl vom Fischmarkt bzw. der Fischauktionshalle als auch von den Landungsbrücken kann man zu Fuß innerhalb weniger Minuten die viel besungene **Reeperbahn** erreichen. Die Vergnügungsmeile verläuft rund 400 Meter weiter nördlich der Elbe beinahe parallel zum Elbufer und gilt als das Herzstück des Hamburger Stadtteils St. Pauli. Gesäumt von zahlreichen Nachtclubs, Restaurants und Diskotheken, lockt sie Amüsierwillige aus der ganzen Welt an. Das gilt auch für die zahlreichen abzweigenden Straßen, die ebenfalls große Namen besitzen und weit über die Stadt hinaus bekannt sind. So zum Beispiel der **Hans-Albers-Platz**, wo sich eine Skulptur befindet, die an den Namensgeber und Volksschauspieler Hans Albers erinnert.

Er war es auch, der als Hauptdarsteller in »Große Freiheit Nr. 7« mitspielte. Dieser in den letzten Kriegsjahren entstandene Film

Mit dem Fahrstuhl geht es hinab zum Alten Elbtunnel.

spielt auf die von der Reeperbahn abzweigende Straße **Große Freiheit** an und ist für seine vielen Schlagerlieder bekannt, zum Beispiel den Klassiker »Auf der Reeperbahn nachts um halb eins«.

Eine ganz andere Art von Musik schufen die legendären Pilzköpfe aus Liverpool, die Beatles. Diese hatten ihren ersten Auftritt im **Stripclub Indra**, der noch heute im Haus

Im Alten Elbtunnel sollte man mal den Fluss unterquert haben.

Nummer 64 untergebracht ist. Den Beatles zu Ehren wurde die Einmündung der Großen Freiheit in die Reeperbahn zu Beginn dieses Jahrhunderts umgestaltet und erinnert nun an eine Schallplatte, auf der die stilisierten Mitglieder der Band stehen.

Für die Sicherheit der nächtlichen Besucher auf dem Kiez, wie das Vergnügungsviertel von St. Pauli auch genannt wird, ist die **Davidwache** zuständig, die wiederum das Polizeikommissariat 15 beherbergt. Sie erlangte durch zahlreiche Filme, Fernsehserien und TV-Dokus große Berühmtheit. Von der Wache aus gelangt man in wenigen Schritten über die Davidstraße zur **Herbertstraße**. Diese ebenfalls berühmte Straße besitzt an ihren beiden Enden Sichtblenden, da in den Häusern der Straße Prostitution betrieben wird. Die Hinweisschilder an den Sichtblenden, die besagen, dass die Straße nicht von Jugendlichen unter 18 Jahren und von Frauen betreten werden dürften, sind eher als Bitte zu verstehen, da die Straße formalrechtlich öffentlicher Grund ist und daher von jedem betreten werden darf.

UNTERWEGS IN ST. PAULI

Im Norden des Stadtteils befindet sich das **Millerntor-Stadion**, in dem die Fußballer vom FC St. Pauli ihre Heimspiele austragen. Beim namensgebenden Millerntor handelte

Die sogenannten Tanzenden Türme erheben sich an der Reeperbahn.

Sicherheit geht vor, legendär natürlich die Davidwache auf St. Pauli.

es sich um das westlichste Stadttor Hamburgs, und es trennte die Hansestadt von der Vorstadt St. Pauli.

Folgt man der Reeperbahn in östliche Richtung zum Millerntorplatz, lässt man St. Pauli hinter sich. Wenig später erhebt sich auf der rechten Seite ein weiteres Wahrzeichen Hamburgs, die St.-Michaelis-Kirche, kurz **Hamburger Michel** genannt. Der über 130 Meter hohe, begehbare Turm der barocken Kirche ist weithin sichtbar und somit auch für die Schiffer auf der Elbe eine bekannte Landmarke.

Mitte des 17. Jahrhunderts entstand hier die erste St.-Michaelis-Kirche, die nach nur einem Jahrhundert von einem Blitz getroffen wurde. Bei dem darauffolgenden Brand stürzte der Kirchturm auf das Kirchenschiff. Ein Jahr später begann der Wiederaufbau, der dieses Mal eineinhalb Jahrhunderte stand, bevor auch diese Kirche niederbrannte. Das jetzige Bauwerk wurde im Jahr 1912 fertiggestellt.

Folgt man anschließend der Allee in südliche Richtung an der **Michelwiese** vorbei, gelangt man wieder zum Elbufer, wo sich sowohl das **Museumsschiff Rickmer Rickmers** befindet als auch der Zugang zur weiter östlich gelegenen Speicherstadt. Das heutige Museumsschiff wurde Ende des 19. Jahrhunderts in der Bremerhavener Rickmers-Reederei vom Stapel gelassen und diente als Transporter und als Segelschulschiff. Heute kann es nicht nur besichtigt werden, sondern bietet auch Freunden der populär gewordenen Escape Rooms verschiedene Möglichkeiten, Rätsel in abgeschlossenen Kabinen und Räumen des Schiffes zu lösen.

Nicht erst an der Rickmer Rickmers, aber dort besonders gut, blicken wir auf eines der jüngsten Wahrzeichen der Hansestadt. Fast ein Jahrzehnt dauerte die Bauzeit und damit deutlich länger als ursprünglich

Blick vom Hamburger Michel auf den Hafen.

Die Container mit der Aufschrift Hamburg Süd findet man übrigens überall in der Welt.

Die Hamburger Speicherstadt gehört zum Welt-kulturerbe der UNESCO.

geplant, doch im Januar 2017 konnte die **Elbphilharmonie** feierlich eingeweiht werden. Mit ihrer Konstruktion, die überwiegend aus einer Glasfassade besteht, zeigt sie sich als eine Welle im Hamburger Hafen und schaffte es von Beginn an, eine weitere Landmarke Hamburgs zu sein. Im Inneren des modernen Gebäudes gibt es drei Säle mit 170, 500 und 2100 Sitzplätzen, doch Teile der Philharmonie kann man auch ohne Ticket betreten. Über eine bogenförmige Rolltreppe, deren Fahrt rund drei Minuten dauert, gelangt man zur sogenannten Plaza und kann auf dieser Außenplattform einen Rundgang mit Blick auf die Hamburger Hafenanlagen genießen.

SPEICHERSTADT

Hinter der Elbphilharmonie erstrecken sich die Becken innerhalb der **Speicherstadt**. Sie entstanden ab den 1880er-Jahren und dienten den Hamburger Kaufleuten dazu, Importgüter zollfrei zu lagern. Heute haben sich hier andere Unternehmen und Museen angesiedelt und machen die Speicherstadt zu einem besuchenswerten Viertel für Touristen. Nicht zuletzt, weil das gesamte Gebäudeensemble zusammen mit dem Kontorhausviertel und dem Chilehaus seit 2015 auf der Weltkulturerbeliste der UNESCO vertreten ist.

Zu den Sehenswürdigkeiten in der Speicherstadt zählen unter anderem das **Zollmuseum**, das **Speicherstadtmuseum**, ein

SPECIAL

DIE STURMFLUT 1962

Mitte Februar 1962 kam es an der Nordseeküste zu einer Sturmflut, die durch den Orkan Vincinette ausgelöst wurde. Zahlreiche Deiche brachen an den Küsten und auch im Bereich der Elbe gab es weitgehende Überflutungen, die zu hohen Sachschäden führten. Tausende Tiere verendeten und in Hamburg starben über 300 Menschen, mehrere Tausend wurden obdachlos. Der spätere Bundeskanzler Helmut Schmidt, damals Innen-senator von Hamburg, forderte ohne ausreichende Legitimation militärische Hilfe an und wurde daraufhin bundesweit bekannt. Infolge der Flut wurde der Küstenschutz deutlich verstärkt. Im Jahr 1976 kam es zu einer weiteren Flut, die als Jahrhundertflut bezeichnet wurde und die Messwerte von 1962 überschritt. Dennoch fielen die Schäden, insbesondere der nun besser geschützten Hansestadt, geringer aus.

Gewürzmuseum und das bei Klein und Groß beliebte **Miniatur Wunderland**. 20 Millionen Besucher haben seit der Eröffnung dabei zugesehen, wie Fahrzeuge und Züge durch eine liebevoll gestaltete Miniaturkulisse fahren. Rund um den fiktiven Ort Knuffingen reisen die Züge an weltweit bekannten Sehenswürdigkeiten vorbei, durchqueren die Alpen und erreichen auch Skandinavien. Die hoch technisierte Anlage zeigt zudem einen Flughafen und simuliert jede Viertelstunde Tag und Nacht.

IN DER INNENSTADT

Zu guter Letzt lohnt sich natürlich ein Besuch der eigentlichen Innenstadt von Hamburg. Diese erreicht man nach Norden hin, wo sich zwischen Binnenalster und Speicherstadt das **Hamburger Rathaus** befindet. Es wurde Ende des 19. Jahrhunderts erbaut und präsentiert sich seither im Stil der Neorenaissance. Mit 112 Metern Höhe ist der Rathausturm ähnlich hoch wie die Elbphilharmonie und reicht fast an den Hamburger Michel heran. Sehenswert sind an der Fassade unter anderem die Figuren, die der Tiroler Bildhauer Aloys Denoth geschaffen hat. Sie stellen handwerkliche und kaufmännische Berufe dar. Außerdem findet man zwischen den Fensternischen 20 verschiedene Könige und Kaiser des Deutschen Reichs, die als Bronzefiguren auf den Rathausplatz blicken. Weitere Skulpturen befinden sich in den Fensternischen im Innenhof und zeigen Bischöfe und Grafen. Beachtenswert sind auch die Heiligenfiguren auf dem Rathausdach.

Weiter nördlich treffen wir auf den **Alstersee**, der aus der kleineren Binnenalster und der größeren Außenalster gebildet und von der 56 Kilometer langen Alster durchquert wird. Besonders der südliche Uferbereich der Binnenalster ist bei Besuchern sehr beliebt und beherbergt einige weitere sehenswerte und geschichtsträchtige Gebäude. Dazu gehören zum Beispiel das mehrfach ausgezeichnete Luxushotel **Vier Jahreszeiten** sowie der **Alsterpavillon** aus

Eindrucksvolle Gewölbedecken gibt es im Hamburger Rathaus zu sehen.

Dinnieren mit Blick auf das Rathaus der Hansestadt.

dem Jahr 1799 und das Kaufhaus **Alsterhaus**. Sie bilden die Kulisse, wenn man auf der Flaniermeile **Jungfernstieg** unterwegs ist, wo einst die unverheirateten Damen ausgeführt wurden. Im Jahr 1838 war sie die erste Straße in Deutschland, die mit einem Asphaltbelag versehen wurde. Heute legen am Jungfernstieg Ausflugsboote ab, mit denen man über den Alstersee fahren kann.

Auch außerhalb des Stadtzentrums gibt es schöne Ziele. So kann man zum Beispiel im Südwesten wunderbar in den Wäldern wandern (53.437694, 9.879250). Dabei erreicht man Hamburgs höchsten natürlichen Punkt: Der **Hasselbrack** liegt mit 116 Meter Höhe zwar niedriger als der Hamburger Michel, bietet dafür aber direkt an der Grenze zu Niedersachsen eine ruhige Lage in der Natur und einen Granitblock mit der Aufschrift, dass man den Gipfel von Hamburg erreicht habe. In der Vergangenheit stand hier sogar ein Gipfelkreuz, das jedoch durch den Findling ersetzt wurde.

ABSTECHER ZUR GEDENKSTÄTTE

Nachdenklich wird man hingegen im südöstlichen Stadtteil **Neuengamme**, wo sich unweit der Elbe die Gedenkstätte des ehemaligen Konzentrationslagers Neuengamme (53.429278, 10.227611) befindet. Über 50 000 Menschen verloren hier gewaltsam ihr Leben. Gegen Ende des Zweiten Weltkriegs wurden die überlebenden Häftlinge auf die sogenannten Todesmärsche geschickt. 9000 Häftlinge brachte man nach

Berühmte Kunst von Stephan Balkenhol.

Lübeck, davon einen sehr großen Teil auf das Schiff Cap Arcona, das von britischen Kampfflugzeugen am 3. Mai 1945 versenkt wurde. Über 7000 Häftlinge fanden hierbei den Tod. In der Gedenkstätte Neuengamme ist die Schiffsglocke der Cap Arcona ausgestellt und dieses sowie viele andere tragische Schicksale werden dokumentiert.

Blick vom Jung-fernstieg auf die Binnenalster.

PRAKTISCHE HINWEISE

TOURISTINFORMATIONEN

Tourist-Information Otterndorf
Wallstr. 12, 21762 Otterndorf
Tel. 04751/919131, www.otterndorf.de

Tourist-Info Wischhafen
Stader Str. 175, 21737 Wischhafen
Tel. 04770/831129
www.tourismus-kehdingen.de

Tourist-Information am Hafen
Hansestr. 16, 21682 Stade
Tel. 04141/409170, www.stade-tourismus.de

Servicecenter Kultur & Tourismus
Breite Str. 2, 21614 Buxtehude
Tel. 04161/5012345, www.buxtehude.de

Hamburg Information am Hauptbahnhof
Hauptausgang Kirchenallee
Tel. 040/30051701, www.hamburg-tourism.de

Tourist Information am Hafen
St. Pauli Landungsbrücken zwischen Brücke 4 und 5, Tel. 040/30051701, www.hamburg-tourism.de

STELLPLÄTZE

S 500 **Wohnmobilstellplatz Otterndorf**
(S. 204 D2) Schleuse 1b, 21762 Otterndorf
GPS: 53.822861, 8.894611
Stellplatz für 24 Wohnmobile am Seglertreff und nahe Deich bzw. Hafen. Mit dem Fahrrad ist man in knapp zehn Minuten am Rathausplatz, zu Fuß benötigt man rund eine halbe Stunde. Die Stellflächen sind recht klein und wenig für Dickschiffe geeignet.

S 501 **Wohnmobilstellplatz am Natureum**
(S. 205 E1) Neuenhof 8, 21730 Balje
GPS: 53.818972, 9.037639
Östlich von Otterndorf gelegener Stellplatz am Sperrwerk des Flusses Oste. Der Platz befindet sich gleich neben dem Natureum, einem Küstenmuseum, das sich mit der Landschaft der Elbemündung auseinandersetzt. Keine Ausstattung, dafür eine sehr ruhige Lage.

S 502 **Wohnmobilstellplatz Krummendeich**
(S. 205 F2) Osterwechtern,
21732 Krummendeich
GPS: 53.830972, 9.202111
Kleiner Stellplatz für sechs Wohnmobile am Naturfreibad. Ruhige Lage am abseits gelegenen Ort zwischen Balje und Freiburg (Elbe). Der Schotter- und Wiesenplatz bietet keinerlei Ausstattung, es besteht jedoch die Möglichkeit zu duschen.

S 503 **Wohnmobilstellplatz Freiburg (Elbe)**
(S. 205 G2) Am Bassin 25, 21729 Freiburg (Elbe)
GPS: 53.822889, 9.293111
Kostenpflichtiger Platz für ca. 30 Fahrzeuge mit Strom, jedoch auf Parkplatz des ansässigen Sportvereins. Je nach Veranstaltung kann der Platz mit Pkw zugestellt oder etwas laut sein.

S 504 **Wohnmobilstellplatz Oederquart**
(S. 205 F2) Am Sportplatz, 21734 Oederquart
GPS: 53.802639, 9.243139
Kostenfreier Stellplatz für rund sechs Fahrzeuge an einem Sportplatz. Keine Ausstattung, nur Übernachtungsmöglichkeit.

S 505 **Wohnmobilstellplatz Wischhafen**
(S. 205 G2) Glückstädter Str., 21737 Wischhafen
GPS: 53.786194, 9.340583
Günstiger Stellplatz in unmittelbarer Nähe zum Fähranleger, daher kann es schon einmal unruhig werden. Direkt am Ufer der Wischhafener Süderelbe. Keinerlei Ausstattung auf dem Schotterplatz. Ganzjährig zugänglich.

S 506 **Wohnmobilstellplatz Wischhafen**
(S. 205 G3) Unterm Deich 7, 21737 Wischhafen
GPS: 53.775139, 9.321111
Näher am Ort gelegen, sehr einfach. Einkaufsmöglichkeit und Bankautomaten in unmittelbarer Nähe.

S 507 **Wohnmobilstellplatz Wischhafen**
(S. 205 G3) Hafenstr. 10, 21737 Wischhafen
GPS: 53.773000, 9.322611
Schöne Lage am alten Hafen, ruhig und günstig. Es wird um Spenden gebeten, Strom vorhanden.

S 508 **Wohnmobilstellplatz Krautsand**
(S. 205 G3) Hinterm Elbdeich
21706 Drochtersen-Krautsand
GPS: 53.751583, 9.390389
Kostenpflichtiger und teilweise enger Stellplatz direkt zwischen Elbufer und Campingplatz. Am Ende des Tages etwas unruhig, wenn die Badeausflügler den angrenzenden Parkplatz verlassen. Gezahlt werden kann nur mit Münzen am Automaten.

Großzügige Parzellen auf dem Wohnmobilstellplatz in Stade.

S 509 Wohnmobilstellplatz Himmelpforten
(S. 205 G4) Breitenwisch 3,
21709 Himmelpforten
Tel. 04144/5421, www.gasthaus-jarck.de
GPS: 53.638139, 9.296667
Nördlich des Christkinddorfs befindet sich etwas abgelegen das Gasthaus Jarck, wo man auf dem Parkplatz kostenlos übernachten darf und bei Bedarf mit Strom und Wasser versorgt wird.

S 510 Wohnmobilstellplatz Stade
(S. 205 H5) Schiffertorsstr. 21, 21682 Stade
GPS: 53.602750, 9.466389
Großer Stellplatz für 70 Fahrzeuge, die mit Hecken voneinander abgetrennt stehen. Im Oktober 2017 erhielt der Stellplatz ein komplett neues und modernes Sanitärgebäude. Die Bezahlung erfolgt durchgehend bargeldlos. In wenigen Minuten ist man zu Fuß in der Altstadt. Ver- und Entsorgung sowie Strom vorhanden. Brötchenservice wieder ab Ostern 2018 und WLAN im Preis eingeschlossen.

S 511 Wohnmobilstellplatz Lühe
(S. 206 A5) Elbdeich, 21720 Grünendeich
GPS: 53.479889, 9.635222
Am Fähranleger von Lühe, zwischen Stade und Buxtehude. Durch die Lage vor dem Deich hat man eine wunderbare Aussicht auf die Elbe und auf die vorüberziehenden Schiffe. Jedoch sehr eng und in direkter Nachbarschaft zu einem Bikertreff. Kostenpflichtig, aber keine Ausstattung.

S 512 Wohnmobilstellplatz Stubbe's Gasthaus (S. 206 A5) Lühe 46, 21635 Jork
GPS: 53.569139, 9.633472
Kostenpflichtiger Stellplatz, rund 300 Meter von der Elbe entfernt, direkt am familiär geführten Gasthaus mit Brötchenservice und WLAN (kostenpflichtig). Keine Ver- und Entsorgungsmöglichkeit.

S 513 Wohnmobilstellplatz Buxtehude
(S. 206 B6) Parkstr., 21614 Buxtehude
GPS: 53.471750, 9.695583
Großzügiger Schotterplatz für rund 30 Fahrzeuge. Zentrale Lage am Ufer der Este. Am anderen Flussufer jedoch die Festhalle, weshalb es schon einmal laut werden kann. Einkaufsmöglichkeit und Stadtzentrum fußläufig erreichbar. Strom sowie Ver- und Entsorgungsmöglichkeiten vorhanden, ganzjährig geöffnet.

S 514 Wohnmobilstellplatz Buxtehude
(S. 206 A6) Pfingstmarktplatz 1b,
21614 Buxtehude
GPS: 53.479889, 9.635222

Auch Hamburg kann man gut mit dem Wohnmobil bereisen.

Deutlich außerhalb der Stadt gelegener Stellplatz zwischen Horneburg und Buxtehude an der B 73. Asphaltierter Großparkplatz für ca. 40 Wohnmobile. Ein Schlüssel für die Dusche ist im nahe gelegenen Imbiss gegen Gebühr erhältlich. Die öffentlichen Toiletten sind Mo–Fr 8–20 Uhr und Sa 8–19 Uhr geöffnet. In der Woche vor und nach Pfingsten ist der Platz nicht zugänglich.

S 515 **Wohnmobilstellplatz Elbepark Bunthaus** (S. 206 D6)
Moorwerder Hauptdeich 33, 21109 Hamburg
www.elbepark-bunthaus.de
GPS: 53.461361, 10.063111
Ruhiger Stellplatz direkt an der Elbe, wo sich der Fluss in Süderelbe und Norderelbe aufteilt. Außerhalb der Stadt, aber mit Bus oder S-Bahn ist man in rund einer halben Stunde am Hauptbahnhof oder an den St. Pauli Landungsbrücken. Die große Anzahl von Stellplätzen verteilt sich auf mehrere Bereiche innerhalb des Areals, die sich sowohl im Innenhof der Anlage als auch direkt am Elbufer befinden.

S 516 **Wohnmobilstellplatz Hamburg**
(S. 206 D5) Grüner Deich 8, 20097 Hamburg
Tel. 040/30 09 18 90
www.wohnmobilhafen-hamburg.de
GPS: 53.543361, 10.026000
Rund zwei Kilometer von der Speicherstadt und etwas weniger als zwei Kilometer vom Hauptbahnhof entfernt. Jedoch gewöhnungsbedürftig, da oberhalb des Platzes eine Eisenbahnbrücke verläuft, außerdem ist der Platz von Geschäftshäusern umgeben, eine schöne Aussicht oder ruhige Lage existiert daher nicht. Videoüberwacht, Strom (nur 6 A), Ver- und Entsorgung vorhanden.

S 517 **Wohnmobilstellplatz Am Strand St. Pauli** (S. 206 C5)
Hafenstr. 89, 20359 Hamburg
GPS: 53.546194, 9.961306
Nur der Vollständigkeit halber aufgeführt. Hier hat man die Möglichkeit, direkt im Zentrum mit Blick auf die Elbe und den gegenüberliegenden Hafen zu übernachten. Man steht allerdings direkt an der Hafenstraße in St. Pauli, was auch nächtliche Ruhestörungen mit sich bringen kann. Keine Ausstattung.

S 518 **Wohnmobilstellplatz Fischmarkt**
(S. 206 C5) Große Elbstr. 9, 22767 Hamburg
GPS: 53.545333, 9.952944
Auch hier steht man mitten im Geschehen, und zwar direkt neben der Fischauktionshalle. Daher kann es auch hier in der Nacht unruhig werden. Außerdem ist der Parkplatz wegen des Fischmarkts am Samstagabend zu räumen und kann erst wieder am Montagmorgen benutzt werden. Keine Ausstattung.

S 519 **Wohnmobilstellplatz Heiligengeistfeld** (S. 206 C5)
Feldstr., 20357 Hamburg
GPS: 53.557000, 9.972500
Ebenfalls nur der Vollständigkeit halber aufgeführt aber wenig empfehlenswert. Kostenintensiver Platz unter Bäumen auf dem Veranstaltungsgelände des Hamburger DOM mitten in St. Pauli. Vor, während und kurz nach der Großveranstaltung, die im Frühjahr, Sommer und Winter stattfindet, ist die Benutzung nicht möglich. Strom wird angeboten, aber die Lage ist wenig attraktiv.

CAMPINGPLÄTZE

C 520 **Campingplatz See Achtern Diek**
(S. 204 D2) Am Campingplatz 3,
21762 Otterndorf, Tel. 04751/29 33
www.campingplatz-otterndorf.de
GPS: 53.825222, 8.876333
Sehr großer und schöner Campingplatz in einer Ferienparkanlage zwischen Küstendeich und zwei kleinen Seen. Nur wenige Meter zum Meer, jedoch etwas weiter vom Ortskern entfernt.

C 521 **Campingplatz Krautsand am Elbstrand** (S. 205 G3)
Elbinsel Krautsand 58, 21706 Drochtersen
Tel. 04143/14 94
www.campingplatz-krautsand.de
GPS: 53.751250, 9.387611
Überschaubarer Campingplatz in Elbnähe, familiär geführt mit direkter Anbindung an den Elbe-Radweg.

C 522 **Knaus Campingpark Hamburg**
(S. 206 C4) Wunderbrunnen 2, 22457 Hamburg
Tel. 040/559 42 25, www.knauscamp.de
GPS: 53.650278, 9.928889
Abseits gelegener Campingplatz im Norden von Hamburg, direkt neben der A 7.

C 523 **Camping Buchholz** (S. 206 C5)
Kieler Str. 374, 22525 Hamburg
Tel. 040/540 45 32
www.camping-buchholz.de
GPS: 53.590056, 9.931111
Kleiner und enger Campingplatz mitten in einem Wohngebiet von Hamburg-Stellingen. Gute Verbindung mit dem ÖPNV oder für das Fahrrad, um in das Zentrum zu gelangen.

An der Elbe übernachtet man natürlich auch sehr gerne.

6 AN ELBE UND KANAL DURCH SCHLESWIG-HOLSTEIN

Von Hamburg nach Rendsburg

Auf dieser Etappe wird man die Nordsee nicht erleben, dafür gibt es zwei andere Gewässer, die uns im Laufe der Fahrt begleiten werden. Flussabwärts folgen wir ab Hamburg der Elbe, besuchen die Schiffsbegrüßungsanlage in Wedel, halten landeinwärts in Elmshorn und Itzehoe an und parken unser Wohnmobil zwischendurch an der tiefsten Landstelle Deutschlands. Bei Brunsbüttel lassen wir die Elbe hinter uns und treffen auf den Nord-Ostsee-Kanal. Mit einer Fahrt durch das holsteinische Binnenland gelangen wir nach Rendsburg, wo die dortige Hochbrücke mit der Schwebefähre ein Wahrzeichen der Region ist.

Wenn die Queen Mary 2 Hamburg verlässt, wird sie von zahlreichen Schiffen begleitet.

Um Hamburg zu verlassen, gibt es natürlich zahlreiche Möglichkeiten, die selbstverständlich auch davon abhängig sind, auf welchem Stell- oder Campingplatz man sein Haupt gebettet hat. Wer aus dem Zentrum kommt, fährt über die B 4 nach Altona und wechselt dort auf die B 431 in westliche Richtung. Über die A 7 verlässt man die Metropole an der Ausfahrt 28 (Hamburg-Bahrenfeld). Auch dort trifft man auf die B 431 und folgt dieser ebenfalls in Richtung Wedel bzw. Blankenese.

Wer will, kann hier noch einen Zwischenstopp einlegen und zwischen den herrschaftlichen Häusern und Villen dieses eleganten Stadtteils flanieren. Zahlreiche prominente Persönlichkeiten haben Blankenese zum Domizil gewählt und wohnen hier am nördlichen Elbufer.

Mit **Wedel** hat man das Bundesland Hamburg verlassen und befindet sich auf schleswig-holsteinischem Gebiet. Hier lohnt es sich, am Marktplatz die Bundesstraße zu verlassen und links abzubiegen, um über die Auerstraße wieder zur Elbe zu gelangen. Beim Linksabbiegen sehen wir auf der rechten Seite die **Rolandstatue**, die Mitte des 16. Jahrhunderts aufgestellt und seither mehrfach restauriert wurde, zuletzt 2012. Roland wacht in prachtvollen Farben auf seinem über zwei Meter hohen Sockel über den Marktplatz von Wedel.

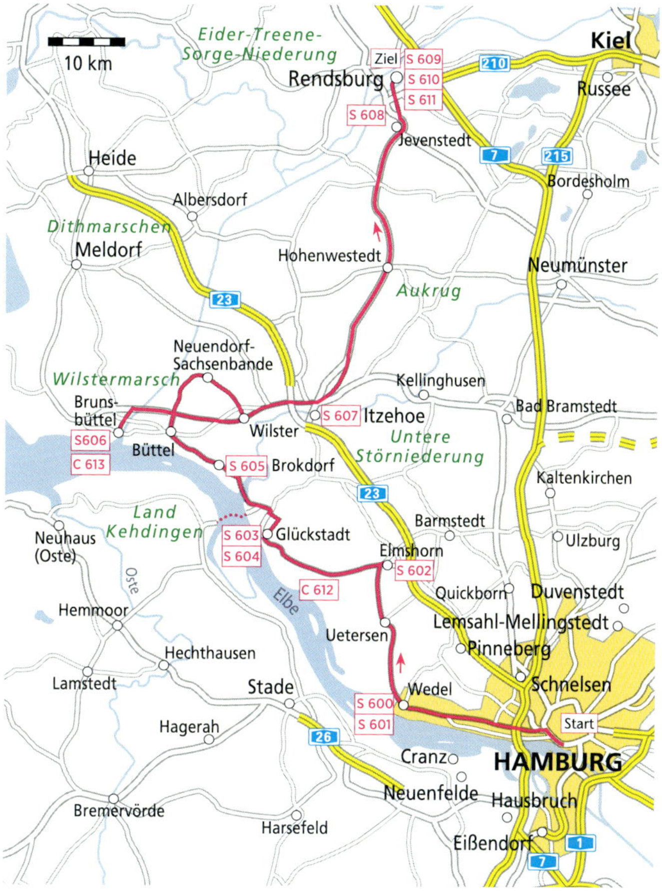

SCHIFFSBEGRÜSSUNG AN DER ELBE

Am Elbufer befindet sich das **Schulauer Fährhaus** (53.569278, 9.703250), in dem eine Schiffsbegrüßungsanlage untergebracht ist. In alter Seemannstradition werden hier durch den Begrüßungskapitän sämtliche Schiffe auf der Elbe in Empfang genommen und verabschiedet. Dabei wird den Zuschau-

ROUTE 6

START- UND ENDPUNKT
Hamburg und Rendsburg

STRECKEN
überwiegend Bundesstraßen

STRECKENLÄNGE
ca. 170 km

FAHRZEIT
3 bis 4 Tage

BESTE JAHRESZEIT
April bis September

Ausblick vom Schiff auf Blankenese.

Auch an der Elbe kann man Strand genießen.

ern Wissenswertes über das jeweilige Schiff inklusive Fahrtziel, Route und Größe erklärt. Bei Ein- und Auslaufen besonderer Schiffe wie der legendären Queen Mary 2 ist diese Prozedur ein ganz besonderes Erlebnis. Gleichzeitig kann man bei der Schiffsbegrüßungsanlage einkehren. Etwas weiter flussabwärts gelangt man zu einem der größten Jachthäfen Deutschlands. Wedels Jachthafen hat beinahe 2000 Liegeplätze.

Mit dem Wohnmobil verlassen wir das Elbufer vorläufig und begeben uns über die B 431 weiter landeinwärts. Wir durchqueren die kleine Ortschaft Holm und gelangen wenig später nach **Uetersen**. Nur ein kleiner, wenig ansprechender Stellplatz am Hafen (53.680056, 9.668361) steht uns hier zur Verfügung, doch dient er uns als Ausgangspunkt, um die Stadt ein wenig näher kennenzulernen.

Das Rosarium in Uetersen

WO ES ROSEN REGNET

Seit 1934 befindet sich im Zentrum von Uetersen das **Rosarium** mit rund 1000 Rosensorten sowie über 30 000 Rosen. Damit ist es nicht nur eines der ältesten Rosarien in Deutschland, sondern auch eines der größten im Norden des Landes. Die Pflanzen werden wunderbar um die Seen im Rosengarten präsentiert, der wiederum eine kleine Hochzeitsinsel beherbergt.

Das Thema Hochzeit darf in Uetersen nicht unerwähnt bleiben. Immerhin nennt sich die Ortschaft **Hochzeitsstadt**. Über 500 Paare geben sich hier jedes Jahr das Jawort. Das wäre angesichts der Einwohnerzahl von rund 18 000 Menschen erstaunlich, doch viele Paare kommen aus dem Umkreis. Alljährlich findet im Februar eine Hochzeitsmesse statt, mit der man sich auf den schönsten Tag im Leben vorbereiten kann.

Am Ortsrand gelegen, aber über gemütliche Fußwege gut zu erreichen, ist das **Kloster Uetersen**. Es wurde im 13. Jahrhundert gegründet und bestand aus mehreren Bauwerken, von denen heute noch einige erhalten sind. Gleich davor erhebt sich die Klosterkirche, die Mitte des 18. Jahrhunderts als Neubau entstand und den vorherigen Kirchenbau ersetzte. Sehenswert ist im Inneren das Deckenfresko des Schweizer Künstler Giovanni Battista Innocenzo Colombo. Es wird gesagt, dass ihm die vereinbarte Summe für seine Werke nicht gezahlt wurde, weshalb er die Musikinstrumente der Engel ohne Saiten malte.

Im Norden von Uetersen befindet sich eine weitläufige Parklandschaft. Sie trägt den Namen **Langes Tannen** und beherbergt in mehreren Einzelgebäuden das gleichnamige Museum mit wechselnden Ausstellungen.

IN ELMSHORN

Folgen wir der B 431 nach Norden, so erreichen wir mit Elmshorn automatisch die nächstgrößere Stadt. Elmshorn ist durch den kleinen Fluss Krückau zweigeteilt und bietet nur wenige architektonische Highlights. Vielmehr ist die Stadt von Nachkriegsbauten und Lebensmittelindustrie geprägt. Seit dem Jahr 1820 ist hier die Firma Kölln ansässig, die für die Herstellung von Haferflocken bekannt ist. Das deutlich sichtbare Firmengebäude erhebt sich am Südufer des Flusses Krückau, über den bis zum Jahr 2000 der Hafer angeliefert wurde. Gleich gegenüber am nördlichen Ufer befindet sich der einfache, aber kostenlose Wohnmobilstellplatz, der für eine kurze Besichtigung der Stadt geeignet ist.

Vom Stellplatz aus ist man in wenigen Schritten in der Fußgängerzone, die westlich und östlich der **St.-Nikolai-Kirche** abzweigt. Diese evangelische Backsteinkirche wurde in der ersten Hälfte des 18. Jahrhunderts mit der sogenannten Schifferkirche erweitert. Dabei handelt es sich um den Südanbau, der dem eigentlichen Kirchenschiff einen geräumigen Innenraum verschafft. Mit zwei Kronleuchtern aus dem 18. Jahrhundert und einer hölzernen Empore, die das Kirchenschiff einmal umläuft, gibt die Kirche von innen ein sehenswertes Bild ab.

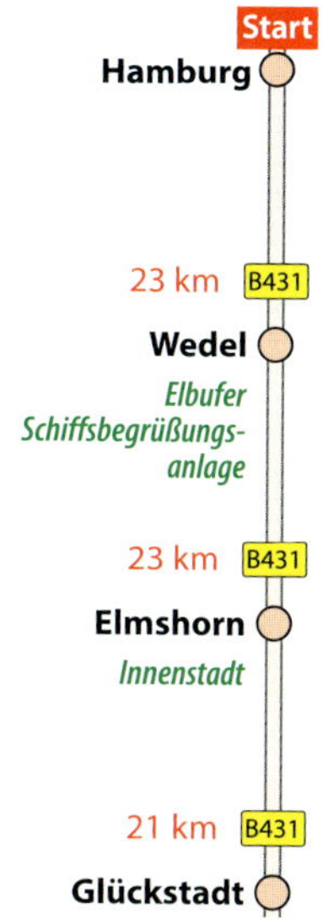

Nikolaikirche in Elmshorn, Südanbau (»Schifferkirche«)

Die Stadtkirche erhebt sich am Marktplatz von Glückstadt.

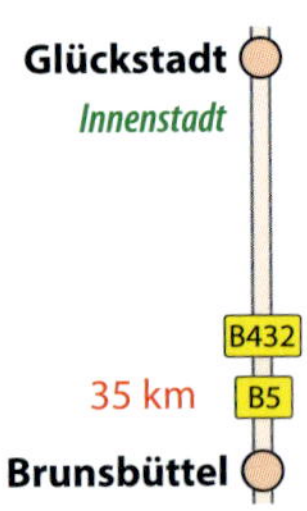

GANG DURCH GLÜCKSTADT

Wir bleiben der B 431 treu und folgen ihr zwischen Feldern und zahlreichen Windrädern hindurch, bis wir uns wieder der Elbe nähern und das dortige Glückstadt erreichen. In der vorhergehenden Route hätten wir mit der Fähre von Wischhafen nach Glückstadt gelangen können. Daher befindet sich hier die letzte Möglichkeit, die Elbe zu überqueren und wieder nach Niedersachsen zu fahren. Wer in Glückstadt übernachten möchte, steuert den einfachen Stellplatz an der Nordermole (53.785306, 9.409528) an und kann von dort den abendlichen Sonnenuntergang genießen. In das überschaubare Zentrum rund um den Marktplatz gelangt man nach rund zehn Minuten Fußweg.

Am **Marktplatz** zweigen die Straßen der Stadt sternförmig ab, was darauf zurückzuführen ist, dass Glückstadt eine Planstadt ist und auf Geheiß des dänischen Königs Christian IV. zu Beginn des 17. Jahrhunderts gegründet wurde. Gleichzeitig war es eine Festungsstadt, was sich schon wenige Jahre später während des Dreißigjährigen Krieges bewährte – das noch junge Glückstadt konnte nicht bezwungen werden. Dennoch ging der Plan, Glückstadt als Gegenpol zu Hamburg zu errichten, nicht auf. Die Lage der Stadt mit der vorgelagerten Insel war wenig hilfreich für die Schifffahrt, sodass die Stadt ab dem 18. Jahrhundert nur eine geringe Bedeutung beim Seehandel hatte.

Man findet in der Altstadt noch heute einige historische Häuser, auch wenn die Häuserzeilen immer wieder durch moderne Nachkriegsbauten unterbrochen sind. Auffällig und sehenswert sind sowohl das **Rathaus** als auch die **Glückstädter Stadtkirche**, die sich am Marktplatz gegenüberstehen. Das

KULTUR

VON FORTUNA BEWACHT

Die Glückstädter Stadtkirche ist überwiegend original erhalten und gilt als das älteste Gebäude der Stadt. Zwar stürzte ihr Turm nur wenige Jahrzehnte nach seiner Errichtung bei der sogenannten Naturkatastrophe von Holstein ein. Dieses auch »Fastnachtsflut« genannte Ereignis bestand aus einer Kombination von Sturmflut und Erdbeben und sorgte dafür, dass die Region monatelang überschwemmt und verwüstet war. Heute ist der Turm mit der Figur der Fortuna gekrönt, was angesichts des Städtenamens kein Zufall ist. Bekanntlich gilt sie in der römischen Mythologie als Glücksgöttin.

Auch in Glückstadt kann man sich schöne Schiffe anschauen ....

Renaissancegebäude des Rathauses entstand zwar in der zweiten Hälfte des 19. Jahrhunderts, wurde jedoch genauso gestaltet wie das Vorgängergebäude. Dieses stammte aus den Anfängen der Stadt und musste wegen Baufälligkeit weitgehend abgetragen werden.

An der Südwestseite ist der Marktplatz von der Straße Am Fleth begrenzt, wo sich auch der gleichnamige Wasserlauf befindet. Folgt man der Straße wenige Meter nordwärts, trifft man rechter Hand auf das **Brockdorff-Palais**. Dieses wurde 1632 als Gouverneursgebäude für Christian Graf von Pentz errichtet. Er war im Dienst des dänischen Königs Christian IV. und wurde 1634 dessen Schwiegersohn, nachdem er die Königstocher Sophie Elisabeth ehelichte.

Heute ist im Brockdorff-Palais das **Detlefsen-Museum** untergebracht. Benannt ist es nach seinem Gründer Sönnich Detlef Friedrich Detlefsen, der den Grundstock für die heute umfangreiche Sammlung legte. Das Museum informiert über die Vergangenheit Glückstadts unter dänischer Herrschaft und zeigt die Wohnkultur früherer Jahre auf.

Nördlich von Glückstadt fließt der 87 Kilometer lange Fluss Stör in die Mündung. Wir erreichen den Fluss weiterhin auf der B 431, wo wir ihn kurz vor der Mündung am **Störsperrwerk** überqueren. Das Sperrwerk entstand zu Beginn der 1970er-Jahre als Schutz bei Sturmfluten. Gleich im Anschluss durchqueren wir die weitläufige Marschlandschaft und passieren wenig später das **Kernkraftwerk Brokdorf**. Gleich hinter dem Kraftwerk fährt man in den lang gestreckten und den-

... oder durch die Fußgängerzone flanieren.

Nur wenige Schritte sind es vom Brokdorfer Stellplatz hinauf auf den Deich.

noch überschaubaren Ort Brokdorf hinein, wo sich ein empfehlenswerter Wohnmobilstellplatz (53.864528, 9.316639) am Deich befindet.

Brokdorf ist ansonsten touristisch eher unspektakulär, daher folgen wir nach einer geruhsamen Nacht am Deich weiterhin der B 431, die auf den ersten Kilometern hinter Brokdorf parallel zum Elbufer verläuft. Kurz hinter der Ortschaft St. Margarethen treffen wir auf die B 5, an der wir eine Entscheidung treffen müssen. Entweder folgen wir der Straße westwärts nach Brunsbüttel oder ostwärts nach Itzehoe, um später von dort aus nach Rendsburg zu gelangen. Es schadet auch nicht, einfach geradeaus weiterzufahren. Rund eine Viertelstunde ist man noch unterwegs, um über kleinere Landstraßen einen Extrempunkt Deutschlands zu erreichen. In der Burger Straße bei Neuendorf-Sachsenbande befindet sich nämlich die tiefste Landstelle Deutschlands (53.963444, 9.318056).

SPECIAL

ATOMSTROM AM ELBUFER

Der Baubeginn des Kernkraftwerks fällt in die 1970er-Jahre, doch fertiggestellt wurde es erst im Jahr 1986. Zahlreiche Demonstrationen und Klagen führten zwar zu mehreren Baustopps, doch verhindert werden konnte das Kraftwerk nicht. Im Oktober 1986 ging es schließlich ans Netz und war damit das erste Atomkraftwerk der Welt, das nach dem Unglück von Tschernobyl seinen Dienst aufnahm. Die Geschichte des Atomkraftwerks endet mit der Abschaltung im Jahr 2021.

DIE TIEFSTE LANDSTELLE DEUTSCHLANDS

Hatte man jahrelang geglaubt, der Tiefpunkt Deutschlands befände sich in Ostfriesland bei Krummhörn, so ist es seit 1988 amtlich: Neben der Landstraße bei Neuendorf-Sachsenbande steht man 3,54 Meter unter dem Meeresspiegel. Markiert ist diese Stelle in der Wilstermarsch mit einem Parkplatz und einer Säule, an der man verschiedene Wasserstände bei Sturmflut ablesen kann. Es flößt Respekt ein, wenn man Wasserstände sieht, die um einiges höher liegen als der eigene Standort. Selbst bei normaler Wasserhöhe wäre unser Wohnmobil komplett überflutet, nur die Satellitenschüssel würde noch aus dem Wasser ragen.

Wir kehren zurück zur B 5 und folgen dieser nach **Brunsbüttel**, wo sich ein einfacher, aber zentral gelegener Wohnmobilstellplatz (53.899111, 9.132361) befindet. Zahlreiche Möglichkeiten, den Vorratsschrank im

Wohnmobil aufzufüllen, liegen im Westen der Stadt rund um den **Von-Humboldt-Platz**. Ostwärts verläuft von dort die Koogstraße als Haupteinkaufsstraße am Rathaus vorbei bis zum Kilometer null des **Nord-Ostsee-Kanals**. Dieser Wasserstraße, kurz auch NOK genannt, werden wir im weiteren Verlauf unserer Reise noch begegnen.

Der Kanal ist rund 100 Kilometer lang und verbindet bereits seit über einem Jahrhundert die Nordsee mit der Ostsee, wobei er streng genommen hier in Brunsbüttel noch auf die Elbe trifft. Rund 30 000 Schiffe legen pro Jahr die Strecke zwischen Brunsbüttel und der Kieler Förde zurück und machen den Kanal zu einem Anziehungspunkt für Touristen, die gern dabei zuschauen, wie die Schiffe mit maximal 15 km/h verkehren.

Brunsbüttel
Zwischenstopp in Brokdorf
tiefste Landstelle Deutschlands
Beginn Nord-Ostsee-Kanal
29 km B5
Itzehoe

BEGINN DES NORD-OSTSEE-KANALS

Eine kleine, zum Teil überdachte Aussichtsplattform bietet die Gelegenheit, einen Blick auf die **Schleusenanlage** zu werfen. Gleich nebenan befinden sich die Touristeninformation von Brunsbüttel und das **Atrium** genannte Museum an der Schleuse. Es berichtet

Tiefer kann man nicht sinken. Hier ist die tiefste Landstelle Deutschlands.

Schön anzusehen ist das alte Rathaus von Itzehoe.

Itzehoe
Innenstadt

58 km B77

Rendsburg
Nord-Ostsee-Kanal
Hochbrücke
Innenstadt
Schwebefähre

Ziel

informativ über die Geschichte des Kanals und die damit verbundenen Schleusen.

Nach einem Rundgang durch Brunsbüttel hat man die Möglichkeit, ein Stück der in diesem Buch beschriebenen Routen abzukürzen. Dafür würde man der B 5 in Richtung Friedrichskoog folgen, doch wenn man Zeit hat, sollte man eine Fahrt landeinwärts nach Rendsburg nicht auslassen. Leider ist eine Fahrt dorthin entlang des Nord-Ostsee-Kanals mangels Straßen in weiten Teilen nicht möglich, daher nutzen wir die B 5 bis Itzehoe und wechseln dort auf die B 77.

Natürlich sollte man das Wohnmobil zunächst auf dem Parkplatz Malzmüllerwiesen (53.919000, 9.519083) in **Itzehoe** abstellen, um sich das Städtchen am Ufer der Stör anzuschauen. Die Stadt, in der das zweite »e« übrigens nicht gesprochen wird, wurde bereits im 12. Jahrhundert zum ersten Mal erwähnt und gilt damit als eine der ältesten Städte in Holstein.

Einstmals war die Innenstadt vom Flusslauf umgeben, doch Mitte der 1970er-Jahre hat man den Fluss an dieser Stelle zugeschüttet und ihn so an den Rand der Altstadt gedrängt. Eine Bürgerinitiative ist bemüht, einen Wasserlauf so um die Altstadt zu gestalten, dass das alte Stadtbild zumindest ein Stück weit wiederhergestellt wird. Denn im Jahr 1988 gab es einen von Städteplanern initiierten Wettbewerb, in dem die am meisten verschandelte historische Innenstadt gesucht wurde und Itzehoe musste sich damit abfinden, den wenig schmeichelhaften zweiten Platz belegt zu haben.

Trotzdem lohnt sich ein Rundgang. Das eigentliche Zentrum breitet sich um das **historische Rathaus** herum aus. Es stammt in seinen ältesten Abschnitten aus dem Ende des 17. Jahrhunderts und auch die umliegenden Wohn- und Geschäftshäuser sind einen Blick wert. Nördlich davon erreicht man den **Burgplatz**. Von der Burg aus dem 12. Jahrhundert ist nichts mehr erhalten geblieben, obwohl sie inmitten der Störschleife gut nach außen hin gesichert war. Nur wenige Schritte sind es von dort in die klassische Innenstadt.

Das heutige moderne Stadtzentrum mit Fußgängerzone und zahlreichen Einkaufsmöglichkeiten erreicht man kurz dahinter und am **Stadttheater** vorbei. Eingebettet zwischen zwei Grünanlagen flaniert man hier zu den vielen Einzelhändlern oder man kehrt in einem der gastronomischen Betriebe ein. Inmitten dieses Zentrums erhebt sich mit der **St.-Laurentii-Kirche** das größte Gotteshaus von Itzehoe. Das 300 Jahre alte Bauwerk ersetzte eine Vorgängerkirche aus dem 12. Jahrhundert, nachdem diese in einem der zahlreichen Nordischen Kriege zwischen Dänemark und Schweden zerstört wurde.

Am Rande der Altstadt befindet sich das Theater von Itzehoe.

BELIEBTE STELLPLÄTZE AM KANAL

Itzehoe verlassen wir in nördliche Richtung auf der B 77. Dabei fahren wir durch die holsteinische Landschaft, wo sich Landwirtschaft und kleine Wälder abwechseln. Wir passieren Hohenwestedt und gelangen rund eine halbe Stunde später in das kleine Dorf Legan. Hier sollten wir die Bundesstraße verlassen und nach links abbiegen. Kurze Zeit später erreichen wir nämlich wieder den Nord-Ostsee-Kanal und haben gleich mehrere Möglichkeiten, die Schiffe von verschiedenen Wohnmobilstellplätzen aus zu beobachten.

Im Einzugsbereich der Stadt Rendsburg überraschen uns gleich mehrere schöne Wohnmobilstellplätze. Wir überqueren nicht

Schiffsbegrüßungsanlage in Rendsburg

Zahlreiche Containerschiffe passieren die Rendsburger Hochbrücke.

mit der Fähre den Kanal, sondern biegen vor dem Anleger rechts ab. Schon nach kurzer Fahrt folgt rechts ein kleiner Flugplatz und gleich dahinter der Wohnmobilstellplatz Schachtholm (54.224639, 9.602028). Wer hier nicht übernachten möchte, kann weiterhin der B 77 folgen oder am Stellplatz vorbei und parallel zum Kanal geradeaus bis Rendsburg fahren.

Rendsburg ist bekannt und beliebt für die Hochbrücke, die imposant über dem Kanal verläuft. Nur 800 Meter westlich der Hochbrücke hat im Jahr 2017 ein neuer Wohnmobilstellplatz (54.290278, 9.670333) seine Pforten geöffnet. Und rund zweieinhalb Kilometer östlich der Brücke befindet sich der Stellplatz Schacht-Audorf (54.305917, 9.712306). Die Auswahl ist also groß und die Hauptattraktion von Rendsburg bereits erwähnt.

Die **Hochbrücke** wurde 1913 nach zweijähriger Bauzeit fertiggestellt und erlaubt es Zügen, den Kanal in rund 42 Meter Höhe zu überqueren. So können auch große Schiffe den Kanal weiterhin nutzen. Das Besondere an der Brücke ist die Schwebefähre, die unterhalb der Gleise angebracht ist und es so möglich macht, dass auch bis zu vier Pkws und 60 Personen von einem Ufer zum anderen wechseln können. Damit funktioniert sie nach dem gleichen Prinzip wie die bereits in Etappe 5 beschriebene Schwebefähre bei Hemmoor.

Technisch interessant ist auch die **Rendsburger Schleife**. Denn auf der Nordseite des Kanals müssen die Züge, die die Brücke

SPECIAL

SCHWEBEFÄHRE VON RENDSBURG

Tragischerweise kam es in der ersten Januarwoche 2016 zu einem schweren Unglück auf See, wie es amtlich heißt. In den frühen Morgenstunden kollidierte die Schwebefähre mit einem Frachtschiff, wobei bei der Gondel zwei der zwölf Tragseile abgerissen wurden und die Fähre dermaßen beschädigt wurde, dass sie ersetzt werden muss. Sowohl der Fährmann als auch der einzige Passagier wurden bei dem Unfall verletzt. Schuld an dem Unglück hatte laut späterem Gerichtsurteil der Fährmann, der das Ufer verließ, obwohl sich das Frachtschiff bereits in unmittelbarer Nähe befand. Mit einer neuen Schwebefähre, die ab 2020 gebaut wurde, gehört sie wieder zu den sieben Schwebefähren, die es weltweit noch gibt.

überqueren, wieder auf Bodenniveau gebracht werden. Weil hierfür bis zum nicht weit entfernten Rendsburger Bahnhof ein zu steiles Gefälle geschaffen würde, ließ man sich eine viereinhalb Kilometer lange Rampe einfallen, die mit einem weiten Bogen um ein Wohngebiet herumführt. So kreuzt die Bahnlinie sich selbst, bevor sie von der Hochbrücke den Bahnhof erreicht.

RENDSBURGS ALTER KERN

Rendsburg hat eine nette Altstadt, die sich nördlich des Kanals erstreckt, weshalb man von fast jedem Wohnmobilstellplatz aus zunächst den Kanal passieren muss. Trotz der derzeitigen Sperrung der Schwebefähre ist der Platz am **Kanalcafé** günstig gelegen. Denn nur wenige Schritte weiter westlich gelangt man zum Fußgängertunnel, der unter dem Kanal hindurchführt und auch ein kleines Erlebnis ist. Mit einer zweiminütigen Fahrt auf einer Rolltreppe oder alternativ mit einem Fahrstuhl gelangt man fast 30 Meter hinab zur hellen und knapp 130 Meter langen Tunnelröhre und kann sie zu Fuß durchqueren.

Vom großen kopfsteingepflasterten **Paradeplatz** zweigen nach Süden hin beinahe sternförmig die Straßen mit ihren royalen Namen wie König- und Königinstraße oder Prinzen- und Prinzessinstraße ab. Im Haus Nummer 5 der Königstraße ist das **Schifffahrtsarchiv** untergebracht. In dem Fachwerkhaus des 17. Jahrhunderts informiert das dazugehörige Museum auf drei Etagen über die Entwicklung der Schifffahrt.

Nördlich des Platzes erstreckt sich der **Stadtpark** mit einem See, der an zwei Stellen überquert werden kann, um gleich darauf in die **Altstadt** zu gelangen. Diese ist von drei großen Plätzen, dem Markt, dem Schiffbrückenplatz und dem Schlossplatz geprägt, zwischen denen die Einzelhändler in den Fußgängerzonen zum Shoppen einladen.

Auf dem Weg zurück zum Wohnmobilstellplatz lohnt sich zum Abschluss noch ein Abstecher zur Hochbrücke. Denn am nördlichen Kanalufer befindet sich die **Rendsburger Schiffsbegrüßungsanlage** mit den dazugehörigen Brückenterrassen. Auch hier erhält man Informationen über die passierenden Schiffe.

Vom Stellplatz aus blickt man direkt auf den Nord-Ostsee-Kanal.

PRAKTISCHE HINWEISE

TOURISTINFORMATIONEN

Wedel Marketing e. V.
Rathausplatz 3–5, 22880 Wedel
Tel. 04103/707707, www.wedel.de

Verkehrs- und Bürgerverein e. V.
Probstendamm 7, 25336 Elmshorn
Tel. 04121/268832, www.vbv-elmshorn.de

Touristinformation Glückstadt
Große Nübelstr. 31, 25348 Glückstadt
Tel. 04124/937585
www.glueckstadt-tourismus.de

Touristinformation Brunsbüttel
Gustav-Meyer-Platz 2, 25541 Brunsbüttel
Tel. 04852/391186, www.brunsbuettel.de

Stadtmanagement Itzehoe GmbH
Breite Str. 4, 25524 Itzehoe
Tel. 04821/9490120, www.itzehoe.de

Tourist-Information Nord-Ostsee-Kanal
Altes Rathaus, Altstädter Markt, 24768 Rendsburg, Tel. 04331/21120, www.rendsburg.de

STELLPLÄTZE

S 600 Wohnmobilstellplatz Wedel
(S. 206 B5) Am Freibad, 22880 Wedel
GPS: 53.578722, 9.694083
Großzügig angelegter Stellplatz für 20 Wohnmobile, jedoch nur 14 Stromanschlüsse. Ver- und Entsorgung ist gegeben. Übernachtung kostenpflichtig. Ruhige Lage am Ortsrand, jedoch abseits der Elbe, rund ein Kilometer von der Schiffsbegrüßungsanlage entfernt, gegenüber vom Schwimmbad Badebucht. Bei Veranstaltungen auf dem angrenzenden Festplatz kann es zu Sperrungen kommen.

S 601 Wohnmobilstellplatz Uetersen
(S. 206 A4) Ziegelei, 25436 Uetersen
GPS: 53.569278, 9.703250
Nur bedingt empfehlenswert in einem teils ungepflegten Industriegebiet am Hafen. Keinerlei Ausstattung, aber das Zentrum ist fußläufig erreichbar.

S 602 Wohnmobilstellplatz Elmshorn
(S. 206 A3) Wedenkamp/Nordufer,
25335 Elmshorn
GPS: 53.751750, 9.652528
Einfacher, kostenloser Stellplatz. Durch die nahe gelegene Lebensmittelfabrik kann es zu Geruchs- und Lärmbelästigung kommen.

S 603 Wohnmobilstellplatz Glückstadt
(S. 205 G2) Am Hafen 53, 25348 Glückstadt
GPS: 53.785306, 9.409528
Einfacher und kostenpflichtiger Stellplatz an der Nordmole. Keine Ausstattung, dafür direkter Blick auf die Glückstädter Nebenelbe. Eine direkte Aussicht auf die Fahrrinne und die dortigen Schiffe ist wegen der vorgelagerten Insel Rhinplatte nicht möglich.

S 604 Stellplatz Glückstadt
(S. 205 G2) Pentzstr., 25348 Glückstadt
GPS: 53.788278, 9.431111
Direkt im Zentrum nahe dem Bahnhof darf auf dem öffentlichen Parkplatz kostenlos übernachtet werden. Keine Ausstattung.

S 605 Wohnmobilstellplatz Brokdorf
(S. 205 G1) Dorfstr. 49, 25576 Brokdorf
GPS: 53.864528, 9.316639
Rund 20 Wohnmobile finden hier auf befestigtem Untergrund Platz. Die Bezahlung erfolgt mittels Briefumschlag. Ver- und Entsorgung sowie Strom und ein kleiner Sanitärbereich sind gegeben. Einen direkten Blick auf die Elbe hat man nicht, doch kann man den Ausblick bei einem gemütlichen Abendspaziergang auf dem Deich genießen.

In zwei Reihen steht man auf dem Stellplatz am NOK.

S 606 **Wohnmobilstellplatz Brunsbüttel**
(S. 205 E1) Am Freizeitbad, 25541 Brunsbüttel
GPS: 53.899111, 9.132361
Großer, kostenpflichtiger Stellplatz für rund 80 Wohnmobile direkt am Schwimmbad.

S 607 **Wohnmobilstellplatz Itzehoe**
(S. 209 E5) Malzmüllerwiesen, 25524 Itzehoe
GPS: 53.919000, 9.519083
Großer kostenfreier Parkplatz am Rande der Innenstadt, auf dem ein Teil für Wohnmobile abgetrennt ist. Strom sowie Ver- und Entsorgungsmöglichkeiten vorhanden.

S 608 **Wohnmobilstellplatz Schachtholm**
(S. 209 F1) Schachtholm 1, 24797 Hörsten
Tel. 0173/9337699, www.stellplatz-nok.de
GPS: 54.224639, 9.602028
Großzügig angelegter Stellplatz für rund 50 Fahrzeuge, die in zwei Reihen mit Blick auf den Nord-Ostsee-Kanal stehen. Die einzelnen Stellflächen auf Rasen sind ebenfalls großzügig konzipiert. Der Platz ist weit abseits von Rendsburg (ca. 8 km südwestlich), bietet dafür aber entsprechend viel Ruhe. Geöffnet nur von Mitte März bis Mitte November.

S 609 **Wohnmobilstellplatz am Kanalcafé**
(S. 209 F1) Albert-Betz-Str. 3,
24783 Osterrönfeld
GPS: 54.290278, 9.670333
Moderner Stellplatz für 33 Fahrzeuge mit direkter Lage am Nord-Ostsee-Kanal gegenüber von Rendsburg. Zufahrt durch Schranke, Ver- und Entsorgung vor-handen, ganzjährig geöffnet, gleich nebenan lädt das Kanalcafé zur Einkehr ein.

S 610 **WohnmobilPark Schacht-Audorf**
(S. 212 B6) Schachter Bach,
24790 Schacht-Audorf
www.wohnmobilpark-sad.de
GPS: 54.305917, 9.712306
41 Stellflächen in zwei Reihen in direkter Lage am Kanal. Kostenpflichtiges Sanitärgebäude vorhanden. WLAN, Ver- und Entsorgung vorhanden. Mit dem Fahrrad ist das Stadtzentrum oder die Hochbrücke gut erreichbar.

S 611 **Wohnmobil-Hafen Café Eiderblick**
(S. 212 B6) An der Untereider 9,
24768 Rendsburg
Tel. 04331/4349491, www.wohnmobil-hafen.de GPS: 54.304222, 9.656306
40 Stellflächen am Rande des Stadtparks mitten in Rendsburg, daher nicht direkt am Kanal. Ver- und Entsorgung sowie Sanitäranlagen vorhanden, ganzjährig geöffnet.

CAMPINGPLÄTZE

C 612 **Elbdeich-Camping Kollmar Elbdeich**
(S. 205 H3) Kleine Kirchreihe 22,
25377 Kollmar
Tel. 04128/1370, www.elbdeich-camping.de
GPS: 53.723833, 9.502111
Kleiner und einfacher Campingplatz gleich hinter dem Deich in Kollmar zwischen Elmshorn und Glückstadt. Dadurch kein direkter Blick auf die Elbe. Ruhige Lage, wenig Ausstattung.

C 613 **Camping am Elbdeich**
(S. 205 E1) Soesmenhusen 30,
25541 Brunsbüttel
Tel. 0174/9669700
GPS: 53.889750, 9.102333
Übersichtlicher Campingplatz, der mittlerweile etwas in die Jahre gekommen ist. Liegt am südwestlichen Ortsrand von Brunsbüttel direkt hinter dem Deich.

Einfacher Wohnmobilstellplatz in Glückstadt.

7 ZU DEN ALTEN BADEORTEN NORDFRIESLANDS

Von Rendsburg nach Husum

Mit einer Reise durch die flache Landschaft von Dithmarschen kehren wir zur Nordsee zurück. Wir erfahren Interessantes über die Eindeichung der Region und besichtigen mehrere holsteinische Städte: In Büsum besuchen wir das Hafenmuseum, überqueren in Heide den größten Marktplatz Deutschlands, während wir in St. Peter-Ording unser Wohnmobil auf den festgefahrenen Sandstrand steuern. In Friedrichstadt fahren wir mit flachen Schiffen durch die Grachten und in Husum wandeln wir auf den Spuren von Theodor Storm. Zwischendurch erholen wir uns an der Küste und in Naturschutzgebieten wie der Meldorfer Bucht und blicken vom Eidersperrwerk auf das tosende Wasser.

Die Pfahlbauten sind klassisch für den Strand von St. Peter-Ording.

Um von Rendsburg wieder an die Küste zu gelangen, bieten sich mehrere Strecken an. Wer die Tour entlang der Küste ab Brunsbüttel fortführen will, fährt über die B 77 und B 5 via Itzehoe auf der bereits bekannten Strecke zurück. Wem es nichts ausmacht, etwas weiter im Norden auf die Küste zu treffen, kann auf der B 203 direkt nach Bü-sum fahren. Doch wer ohne Eile unterwegs ist und eine Zwischenübernachtung einlegen bzw. den ruhigen Küstenabschnitt zwischen Brunsbüttel und Büsum erleben möchte, befährt die B 203, B 431 und B 5 in Kombination mit kleineren Landstraßen, die durch Albersdorf und St. Michaelisdonn verlaufen, wo es weitere Übernachtungsplätze gibt. Auch eine Übernachtung am nördlichen Ufer des Nord-Ostsee-Kanals bei Hochdonn ist möglich.

DIE KÖGE VON HOLSTEIN

Da wir so wenig wie möglich von der Küste verpassen möchten, entscheiden wir uns für letztere Variante und fahren durch die Dithmarscher Landschaft nach Friedrichskoog. Die Reise ist durch eine weite Ebene geprägt, wo der Blick über die Felder bis zum Horizont reicht. Zahlreiche Ortsnamen mit der Endung -koog verweisen darauf, dass Teile dieser Landschaft dem Meer abgerungen wurden. Bei einem **Koog** handelt es sich um ein entwässertes Gebiet der Marschlandschaft, das oftmals niedriger liegt als das angrenzende Gewässer. Daher sind Köge typischerweise eingedeicht. Kronprinzenkoog, Kaiser-Wilhelm-Koog und Friedrichskoog sind nur einige der Köge im Kreis Dithmarschen.

Dass die Landgewinnung auch zu politischen Zwecken missbraucht werden kann, zeigt ein Blick auf das düstere Kapitel Deutschlands. Der Deich beim heutigen **Dieksanderkoog** wurde zum Beispiel im Jahr 1935 fertiggestellt. Damit wollte die Naziherrschaft beweisen, dass Deutschland auf friedliche Weise Lebensraum schafft, ohne fremdes Territorium anzugreifen. Der Diktator weihte den Koog persönlich ein und war bis Kriegsende Namensgeber für den Adolf-Hitler-Koog. Gleichzeitig sollte hier eine nationalsozialistische Mustersiedlung entstehen, in der handverlesene Siedler ein neues Zuhause finden sollten. Auch die Höfe sollten natürlich der Idealvorstellung der Nazis entsprechen, genauso wie der zentrale Bau der Neulandhalle. Sie existiert heute noch und soll zu einer Gedenkstätte umgebaut werden.

SEEHUNDSTATION FRIEDRICHSKOOG

Dieksanderkoog ist heute Teil des größeren **Friedrichskoog**, das es im Bereich Tourismus

ROUTE 7

START- UND ENDPUNKT
Rendsburg und Husum

STRECKEN
überwiegend kleine Landstraßen

STRECKENLÄNGE
ca. 200 km

FAHRZEIT
3 bis 4 Tage

BESTE JAHRESZEIT
April bis September

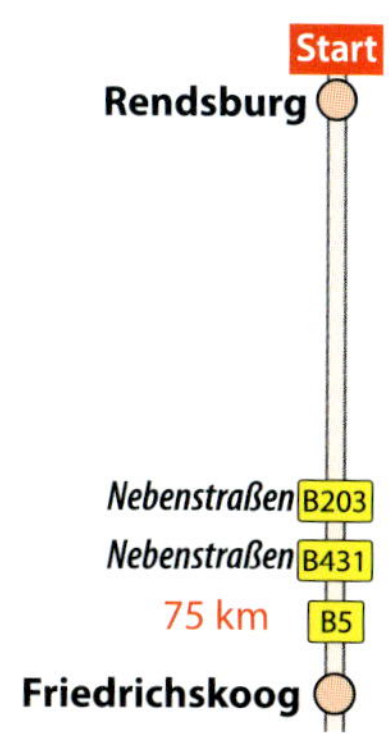

SPECIAL

MARSCHLANDSCHAFT

Eine Marschlandschaft entsteht, wenn die Salzwiesen an der Küste langsam verlanden. Daher gibt es in der Marschlandschaft keine natürlichen Erhebungen und es scheint, die Landschaft ginge übergangslos in das Meer über. Entstanden ist die deutsche Marschlandschaft nach der Eiszeit und bildet mit der gleichartigen Landschaft in den Niederlanden und in Dänemark das größte zusammenhängende Marschgebiet der Welt. Üblicherweise ist der Boden sehr fruchtbar und wird daher für den Ackerbau und die Haltung von Vieh genutzt.

In dem Wal befindet sich eine Indoorspielhalle, gut bei schlechtem Wetter.

nicht leicht hat. Denn Friedrichskoog besitzt keinen Sandstrand und seit 2015 auch keinen Hafen mehr. Das Land Schleswig-Holstein musste jährlich fast einen Millionenbetrag zur Ausbaggerung zur Verfügung stellen, damit der Hafen nicht versandete. Dabei legten im Schnitt nur noch zwei Krabbenkutter pro Tag im Hafen an.

Diese Mittel wurden nun eingespart und der Hafen damit offiziell geschlossen. Dabei befinden sich direkt am Kai zwei bedeutende Attraktionen. Eine 2500 Quadratmeter große **Indoorspielhalle** lockt die Kleinsten schon mit einer sehenswerten Architektur, denn der Spielepark wurde in Form eines Wals geschaffen. Zahlreiche Spielgeräte sorgen neben physikalischen Experimenten dafür, dass Kinder auch an Schlechtwettertagen ihr Vergnügen finden.

Es geht immer weiter nach Norden.

Auf der gegenüberliegenden Hafenseite befindet sich die einzige **Seehundstation** in Schleswig-Holstein. Sie wurde 1985 gegründet und dient genauso wie die Seehundstation in Norddeich der Aufzucht von Heulern, die in der Nordsee aufgefunden werden. Überregional bekannt ist die Seehundstation aus der Fernsehserie »Hallo Robbie!« und der Zoo-Doku »Seehund, Puma & Co.«.

Zu der Seehundstation gehört auch die **Trischenbake**, die ursprünglich als Seezeichen auf der Insel Trischen diente. Sie musste seit ihrem Bestehen im Jahr 1890 fünf Mal auf dem Eiland vor Friedrichskoog versetzt werden. 1996 wurde die Bake schließlich endgültig abgebaut und auf das Festland versetzt, wo sie seither als Aussichtsturm dient und einen schönen Überblick über die Seehundstation sowie einen weiten Ausblick über das angrenzende Wattenmeer ermöglicht.

Friedrichskoog
Seehundstation
Nebenstraßen B5
46 km B203
Büsum

Das **Wattenmeer** ist eines der weiteren Pluspunkte von Friedrichskoog. Wie eingangs erwähnt, besitzt die Ortschaft zwar keinen Sandstrand, doch sind hier malerische Wanderungen durch die raue Natur möglich, die man wegen der Vogelwelt nicht ohne Fernglas oder Teleobjektiv angehen sollte. So kann man zum Beispiel bis zum fast zweieinhalb Kilometer entfernten Leuchtfeuer spazieren. Eine ebenfalls beliebte Tour ist die Wanderung auf dem weiter nördlich gelegenen **Trischendamm**. Dieser ist ebenfalls über 2000 Meter lang und sollte in seiner ursprünglichen Planung eigentlich bis zur Insel Trischen reichen. Er beginnt in Friedrichskoog-Spitze, dem Ortsteil am Ende der Friedrichskooger Halbinsel.

Zwischen Friedrichskoog und der nächstgrößeren Stadt Büsum befindet sich die **Meldorfer Bucht**. Wir umrunden sie auf der B 5 und durchqueren den Ort Meldorf. Dabei sollte man einen Abstecher nicht auslassen. Und zwar führt uns dieser in den jüngsten Koog von Dithmarschen. Er wurde erst Ende der 1970er-Jahre eingedeicht und ist heute ein beliebtes Naherholungsgebiet. Im **Speicherkoog** kann man zahlreiche Vogelarten sehen, einige kleinere Wanderungen vornehmen oder sich im **Nationalparkhaus Wattwurm** über die beiden Naturschutzgebiete Kronenloch und **Wöhrdener Loch** informieren, aus denen der Speicherkoog im Wesentlichen besteht.

Mehrere Parkplätze und sogar ein Wohnmobilstellplatz zwischen den Wasserflächen des Koogs, dem Meldorfer Hafen und dem Küstendeich bieten bereits jetzt schon eine gute Infrastruktur. Diese soll in Zukunft noch erweitert werden, einige Pläne liegen schon in der Schublade.

BELEBTE INNENSTADT IN BÜSUM

Nach den vielen eher kleineren Orten und der weiten, teilweise einsamen Landschaft gelangen wir nordwestlich von Meldorf und am Nordrand der Meldorfer Bucht wieder zu einer etwas größeren Stadt, die auch über-

Um den Hafen von Friedrichskoog ist es mittlerweile sehr ruhig geworden.

Büsum ist bekannt für seinen weiten Rasenstrand.

regional deutlich bekannter ist. Schon allein der große Wohnmobilstellplatz (54.128972, 8.869000) lässt die touristische Dimension von **Büsum** erahnen. Und die Stadt belässt es nicht dabei, sondern bietet sogar Tagestouristen, die mit dem Wohnmobil ankommen, eine geeignete Parkmöglichkeit. So kann man sich tagsüber in Büsum aufhalten, ohne gleich auf den Stellplatz zu müssen – ein Service, der nicht in vielen Ortschaften anzutreffen ist.

Der Parkplatz für Wohnmobile, der entsprechend nur tagsüber genutzt werden darf, befindet sich gleich gegenüber vom Wohnmobilstellplatz. Von dort erreicht man nach wenigen Schritten die Hafenanlagen von Büsum und wird dazu verlockt, in einem der Fischlokale einzukehren oder am Fischerkai frisch gefangene Krabben zu probieren.

Im 19. Jahrhundert entwickelte sich der Tourismus in Büsum, was dazu führte, dass es bis heute ein beliebtes Reiseziel ist. Bekanntes Symbol der Stadt ist das weithin sichtbare und leider völlig deplatzierte Hochhaus, das 1972 fertiggestellt wurde und überwiegend Ferienwohnungen beherbergt. Doch bevor wir uns dorthin begeben, was sich aus anderen Gründen dennoch lohnt, schauen wir uns rund um den Hafen um.

Das kleinste Hafenbecken wird als **Museumshafen** vom gleichnamigen Verein genutzt. An den Liegeplätzen hat zum Beispiel die 1944 gebaute **Rickmer Bock** angelegt, die bis 1981 von der Deutschen Gesellschaft zur Rettung Schiffbrüchiger genutzt wurde. Weitere Schiffe im Museumshafen sind unter anderem das Segelschiff Margaretha und der Krabbenkutter Fahrewohl. Darüber hinaus gibt es rund um das Hafenbecken museale Exponate. Zu sehen sind zum Beispiel der **Ankerfriedhof** und der Nachbau eines Leuchtfeuers.

Am Ende des Beckens erhebt sich eine Treppe, die gern zum gemütlichen Verweilen genutzt wird, um den Blick über die Hafen-

SPECIAL

AUS EINER INSEL WIRD FESTLAND

Büsum war nicht immer so, wie wir es heute kennen bzw. befahren können. Auf Karten des 16. Jahrhunderts ist deutlich zu sehen, dass Büsum einst eine Insel war. Erst mit dem Bau des Wardamms im Jahr 1585 erhielt Büsum eine Verbindung mit dem Festland. Dadurch entstanden Sedimentablagerungen, die hilfreich bei den folgenden Eindeichungen waren. Man schuf mehrere Köge und so wurde die einstige Insel Büsum im Laufe der Jahrhunderte Teil des heutigen Festlands.

Einkehrmöglichkeiten muss man in Büsum nicht lange suchen.

anlagen zu genießen. Gleichzeitig gelangt man von dort zu den weitläufigen **Rasenstränden** mit ihren unzähligen Strandkörben in die eine Richtung und in das Zentrum von Büsum in die andere Richtung.

Letzteres lädt zum Flanieren und Bummeln ein und beherbergt zahlreiche Händler und Gastronomen, sodass man schon allein in der **Fußgängerzone** viel Zeit verbringen kann. Folgt man der Alleestraße, erreicht man gegen Ende der autofreien Straße den **Kaiser-Wilhelm-Platz** mit seiner Grünanlage und gleich dahinter, leicht erhöht, die **St.-Clemens-Kirche**. Sie wurde Mitte des

Büsum bietet viel Abwechslung rund um den Hafen.

Der Museumshafen in Büsum zeigt historische Einrichtungen.

15. Jahrhunderts gebaut, also noch zu einer Zeit, als Büsum eine Insel war, und zwar auf einer **Warft**. So werden aufgeschüttete Hügel bezeichnet, die als Schutz für Mensch und Tier vor Sturmfluten dienen. Oftmals hat man auf diesen Warften einzelne Gehöfte oder gar ganze Siedlungen errichtet.

Uns zieht es zurück zum Deich, wo sich das Schwimmbad **Piraten-Meer** befindet. Will man an die Küste, ist eine Kurtaxe fällig. Dafür kann man dann auf dem Deich spazieren gehen und natürlich auch die Füße in die Nordsee halten. Wer die rund 800 Meter bis zur bereits erwähnten Landmarke in Form eines Hochhauses zurücklegt, gelangt zur **Familienlagune Perlebucht**. Mit mehreren Grillplätzen, Picknickplätzen, WLAN und viel Wasser und Strand wurde hier eine beliebte Freizeitoase geschaffen. Hier mangelt es an nichts, wenn es um das Badevergnügen unter freiem Himmel geht.

Darüber hinaus bietet Büsum Attraktionen für Tage, an denen die Sonne sich eine Auszeit gönnt. Am Fischereihafen ist zum Beispiel das **Museum am Meer** untergebracht, das mehrere Ausstellungsbereiche besitzt und über den Tourismus, die Küstenfischerei und die Geschichte der Stadt im Allgemeinen informiert. Zurück am Wohnmobilstellplatz befindet sich dort in direkter Nachbarschaft das **Phänomania**. Physikalische Phänomene werden hier an über 200 Stationen erläutert und man darf selbst Hand anlegen und experimentieren.

Nordseekrabben frisch vom Kutter gibt es in Büsum.

SPECIAL

STÄDTERIVALITÄT

Bisweilen flackert eine Diskussion zwischen den Bewohnern von Heide und von Freudenstadt auf, denn die Freudenstädter aus dem Schwarzwald beanspruchen das Attribut »größter Marktplatz Deutschlands« ebenfalls für ihren Marktplatz. Um den Disput ein für alle Mal zu beenden, reiste im Mai 1989 eine Delegation aus dem Schwarzwald nach Holstein, wo man den Heider Marktplatz vermaß. Man einigte sich darauf, dass Heide den größten unbebauten Marktplatz besitzt und Freudenstadt den größten umbauten. Vielleicht hätte man sich auch einfach auf den größten Marktplatz Norddeutschlands bzw. Süddeutschlands verständigen können. Dann hätte man die anschließende Diskussion, warum in der südwestlichen Ecke des größten unbebauten Marktplatzes eigentlich eine Kirche steht, im Keim ersticken können. Wie dem auch sei, auf diese Weise entstand immerhin eine Städtepartnerschaft der beiden Gemeinden.

Heide
Marktplatz
Museumsinsel
25 km B5
Tönning

LANDEINWÄRTS NACH HEIDE

Büsum verlässt man üblicherweise über die B 203, die landeinwärts nach **Heide** führt. Für unsere Fahrt entlang der Nordseeküste verlassen wir die Bundesstraße aber schon nach kurzer Zeit in Richtung Wesselburen. Wer Lust auf einen Besuch in der Kreisstadt Heide hat, folgt einfach der B 203 und gelangt automatisch in den Stadtkern, wo sich der **größte Marktplatz Deutschlands** befindet.

Die **St.-Jürgen-Kirche** von Heide entstand mit ihrer sehenswerten hölzernen Innenausstattung Mitte des 16. Jahrhunderts und ersetzte die Kapelle, die kurz zuvor durch kriegerische Auseinandersetzungen abbrannte. Gewidmet ist sie dem heiligen Georg, der in Heide jedoch als »Sankt Jürgen« bezeichnet wird.

Alle zwei Jahre (gerade Jahreszahl) wird am zweiten Juliwochenende der **Heider Marktfriede** gefeiert. Mit einem umfangrei-

Häuserzeile in Tönning

Das Eidersperrwerk ist ein mächtiges Bauwerk.

chen Mittelaltermarkt wird an das Jahr 1447 erinnert, in dem auf dem Marktplatz das Dithmarscher Landrecht verkündet wurde. Damit garantierte man Sicherheit vor Räubern für die Händler, die auf dem Markt ihre Waren feilboten. Das Mittelalterspektakel endet nach vier Tagen schließlich mit einer traditionellen Bauernhochzeit, für die sich echte Brautpaare zuvor bewerben können. Das ausgewählte Paar gibt sich in der St.-Jürgen-Kirche am letzten Festtag das Jawort.

Abseits des Marktplatzes befindet sich das **Brahms-Haus**. Hier verbrachte der Komponist Johannes Brahms eine Zeit seines Lebens. Heute beherbergt es die Brahmsgesellschaft, die hier alljährlich den Brahms-Preis an verdiente Künstler oder Institutionen vergibt. Gleich daneben liegt die **Museumsinsel** mit dem Klaus-Groth-Museum. Der Lyriker wurde hier im Jahr 1819 geboren.

Tönning
Eider-Ufer
Innenstadt
Nebenstraßen an der Eider
11 km
Eidersperrwerk
Nebenstraßen
16 km
St. Peter-Ording

VERTRÄUMTES TÖNNING

Wesentlich kleiner als Heide ist die Innenstadt von **Tönning**. Diese Ortschaft erreicht man ab Heide über die B5 in weniger als einer halben Stunde. Tönning besticht durch eine sehenswerte, historische Innenstadt, die einige Giebelhäuser aus dem 17. Jahrhundert besitzt. Im Zentrum liegen der kleine kopfsteingepflasterte Marktplatz mit seinem Brunnen aus dem Jahr 1613 und die dominierende **St.-Laurentius-Kirche**. Der Backsteinbau mit markantem Barockturm wurde mehrfach teilweise zerstört und in den letzten Jahren wiederaufgebaut. Doch an der Nordseite steht noch heute eine Wand, die aus den Anfängen der Kirche im 12. Jahrhundert stammt. Südlich des Marktplatzes erstreckt sich der **Schlosspark**, von dem dazugehörigen Schloss ist schon seit dem frühen 18. Jahrhundert nichts mehr geblieben.

IMPOSANTES EIDERSPERRWERK

In südliche Richtung gelangt man zur Eider, die uns an der Mündung zur Nordsee mit einem imposanten Bauwerk erwartet. Hierfür fahren wir entweder die wenigen Kilometer über die Kreisstraßen nach Westen oder wir kommen von Süden durch Wesselburen, wenn wir ab Büsum auf den kleinen Umweg über Heide und Tönning verzichtet haben. In beiden Fällen reisen wir durch die flache Landschaft Dithmarschens und treffen auf das stattliche **Eidersperrwerk**.

Ausschlaggebend für den Bau des Sperrwerks war die verheerende Sturmflut im

Jahr 1962, die auch hier in der Region starke Zerstörungen hinterließ. 1973 war das Sperrwerk nach sechs Jahren Bauzeit fertiggestellt, seither dient es dem Küstenschutz. Fünf mächtige Tore können hier je nach Wasserstand auf und nieder gelassen werden, um entweder das Wasser der Eider im Normalbetrieb in die Nordsee zu leiten oder die Landschaft hinter dem Deich vor Sturmfluten zu schützen.

Am südlichen Ende des Sperrwerks befindet sich ein Parkplatz (54.263333, 8.846278) mit einem kleinen Café, von dem aus man einen guten Blick auf die Ostseite der Anlage hat. Gleichzeitig kann man hier mittels Treppe einen Fußweg erreichen, der über die fünf Tore entlangführt. Von oben bekommt man einen faszinierenden Eindruck von den mächtigen Wassermassen, die die Tore passieren.

Innerhalb des Eidersperrwerks verläuft die Straße durch einen Tunnel zum nördlichen Flussufer, wo sich ein weiterer Parkplatz befindet. Hier gelangt man auch zur Schleuse, mit der die Schiffe von der Eider in die Nordsee fahren können. Nur eineinhalb Kilometer weiter nördlich folgt ein weiterer Parkplatz (54.280167, 8.842528), an dem sich ein weiterer Zwischenstopp lohnt. Von dort hat man Zugang zum **Katinger Watt**, bei dem es sich einst um ein Wattgebiet und eine der größten Salzwiesen der Region handelte. Durch Landgewinnung und durch den Bau des Eidersperrwerks wandelte sich das Areal weitgehend zu einer Grünlandfläche mit Baumbestand, Seen und Wasserläufen. In den 1980er-Jahren wurde es als Naturschutzgebiet ausgewiesen und ist heute ein

In St. Peter-Ording kann man bequem auf den Strand fahren.

Wer will nicht vom Womo direkt in den Sandstrand springen?

Pfahlbauten und Surfen – dafür steht St. Peter-Ording.

St. Peter-Ording
Stadtzentrum
Autostrand
40 km B202
Friedrichstadt
Historisches Zentrum
Grachten
17 km B202
Husum

guter Ort, um rastende oder brütende Vögel, beispielweise von dem kleinen Holzturm aus, zu beobachten.

MIT DEM AUTO AUF DEN STRAND

Eine knappe Viertelstunde Fahrt später ist man bereits im beliebten **St. Peter-Ording**. Die Ortschaft ist vor allen Dingen dafür berühmt, dass man einen Teil des weiten Sandstrandes mit dem Auto und auch mit dem Wohnmobil befahren kann (GPS für die Zufahrt am Strandabschnitt Nord: 54.333667, 8.601167; Süd: 54.279000, 8.656639). Das Befahren ist von Mitte März bis Ende Oktober täglich von 7.30 bis 22.30 Uhr möglich und ist – anders als auf der später im Buch beschriebenen dänischen Insel Rømø – kostenpflichtig. Übernachtungen am Strand sind untersagt.

Ist man einmal am Strand, genießt man natürlich das Meer und die Weite des Sandstrandes. Je nachdem, wo man beginnt, sind fünf Kilometer lange Spaziergänge, allein in eine Richtung, problemlos möglich. Außerdem kann man sich in einen Strandsegler setzen oder auch surfen und kiten – Strandaktivitäten gibt es in SPO, wie St. Peter-Ording oft abgekürzt wird, zahlreiche. Natürlich kann man auch einfach nur erholsam baden und die Sonne und das Rauschen der Wellen genießen.

Auch St. Peter-Ording selbst ist besuchenswert. Von Nord nach Süd teilt es sich in die Ortsteile St. Peter-Bad, St. Peter-Dorf und St. Peter-Böhl auf. **St. Peter-Bad** ist von zahlreichen Gastronomiebetrieben und von der langen, hölzernen Seebrücke geprägt, auf der man zu Fuß über die Salzwiesenlandschaft und durch die Dünen bis zur einen Kilometer entfernten Badestelle gelangt. Dem schmucklosen, weil nicht begrünten Deich kann man mit einiger Entfernung zum Strand nach Süden folgen und auf ihm zum Hauptort wandern.

Rund um den kleinen **Marktplatz** findet man die Touristeninformation und die **Stöpe** aus dem Jahr 1905. Dabei handelt es sich um einen typischen Deichdurchlass, der bei drohender Gefahr einer Sturmflut geschlossen werden kann. Dadurch ist die Stöpe eigentlich eine Schwachstelle in einem Deich und wird nur bei Deichen der zweiten Reihe eingefügt. In Deichen, die direkt an der Seelinie

SPECIAL

PFAHLBAUTEN ALS WAHRZEICHEN

Auffällig sind am Strand die vielen Pfahlbauten – Strandhütten auf Stelzen, die längst zum Wahrzeichen der Ortschaft geworden sind. Der erste Pfahlbau entstand 1911 und diente der Einkehr nach dem Badevergnügen. Die heutigen Pfahlbauten haben kaum einen anderen Zweck und fungieren als Restaurant, wo man auf der Terrasse in gut sieben Meter Höhe genüsslich speisen kann.

Friedrichstadt besticht durch kleine Kanäle.

stehen, gibt es keine Stöpen. Diese hier, die den Westmarker Deich aus dem 17. Jahrhundert durchbricht, ist ein sehr schönes und anschauliches Beispiel, da das **Stöpenhaus** gut erkennbar ist. In dem kleinen Holzschuppen werden die Sandsäcke und Holzbalken aufbewahrt, mit denen die Stöpe im Notfall verschlossen wird. Diese Einsätze werden regelmäßig von der Feuerwehr geübt.

Gleich dahinter befinden sich die Kirche und das Museum **Landschaft Eiderstedt**. In einem malerischen Reetdachhaus aus der Mitte des 18. Jahrhunderts zeigt die darin untergebrachte Ausstellung die Geschichte der Region, der dänischen Zugehörigkeit, die Tourismusentwicklung und Wissenswertes über den Deichbau.

HOLLÄNDERSTADT FRIEDRICHSTADT

Bevor wir nach Verlassen von St. Peter-Ording den direkten Weg zum Etappenziel Husum nehmen, sollten wir eine weitere kleine, aber sehenswerte Stadt besichtigen. Dafür folgen wir der B 202, passieren Tönning und erreichen auf der B 202 Friedrichstadt, wo wir ganz automatisch zum dortigen modernen und großen Wohnmobilstellplatz (54.372056, 9.087611) gelangen.

Friedrichstadt kann auf eine ähnliche Geschichte wie Glückstadt zurückblicken. Wurde die Stadt an der Elbe vom dänischen König Christian IV. gegründet, so zeichnet

Aber auch die Häuser am Marktplatz sind sehenswert.

KLASSIKER DER TIERWELT AN DER KÜSTE

Bilder Seite 148
Oben: Die Vielfalt der Tierwelt zeigt sich in Kühen, ...
Unten: ... Schafherden ...

Bilder Seite 149
Oben: Küstensee-schwalben inlusive Fisch ...
Mitte: Muscheln und ...
Unten: Silbermöwen.

Rechts: Mit dem Ausflugsschiff durch die Kanäle von Friedrichstadt.

für Friedrichstadt sein Neffe, Friedrich III. verantwortlich. Beide standen in Konkurrenz zueinander und Herzog Friedrich wollte ebenfalls eine lebendige Stadt mit florierendem Handelshafen erbauen. Remonstranten, also Zugehörige einer protestantischen Religionsgemeinschaft aus den Niederlanden, die damals in ihrem Land verfolgt wurden, erhielten das Angebot, sich hier niederzulassen. 1621 wurde das erste Haus gebaut und bis in das 18. Jahrhundert dominierten die Niederländer das Ortsbild und die Sprache in der Stadt. Noch heute werden in der einzigen Remonstrantenkirche im deutschsprachigen Gebiet Gottesdienste in niederländischer Sprache abgehalten.

Da Friedrichstadt keine gewachsene, sondern eine geplante Stadt vom Reißbrett ist, sind die wenigen Straßenzüge überwiegend rechtwinklig angelegt. Auch hier ist der Einfluss der Niederländer deutlich erkennbar, denn die Stadt, die zwischen den beiden Flüssen Treene und Eider liegt, beherbergt Siele und Grachten und erinnert daher ein wenig an Amsterdam.

Wenn wir die Zufahrt zum Wohnmobilstellplatz verlassen und die Bundesstraße überqueren, stehen wir sogleich vor dem **Fürstenburggraben**, der südlichen Gracht. Er

Idylle in der Holländerstadt.

verbindet den Ostersielzug mit dem Westersielzug, wobei diese beiden Gewässer wiederum die Treene mit der südlich gelegenen Eider verbinden. Viel Wasser also, das auch mit kleinen Schiffen befahren werden kann.

Überquert man den Fürstenburggraben, gelangt man in das gemütliche Städtchen und wandelt zwischen den schachbrettförmigen Straßen bis zum zentral gelegenen **Marktplatz**. Dort verläuft mit dem **Mittelburggraben** eine weitere Gracht von Ost nach West. Unterwegs ist der hohe Turm der erwähnten Remonstrantenkirche deutlich zu erkennen.

Darüber hinaus gibt es zahlreiche weltliche Bauten, die sehenswert sind und ein harmonisches Bild abgeben. Dazu zählen zum Beispiel das Doppelgiebelhaus in der Prinzenstraße, aber vor allen Dingen die Bürgerhäuser an der Westseite des Marktplatzes, die mit ihren Giebeln ein tolles Ensemble bilden.

Um Friedrichstadt auch aus einer anderen Perspektive kennenzulernen, empfiehlt

Auch der Wohnmobilstellplatz von Friedrichstadt zeigt sich großzügig.

Husum präsentiert sich mit stolzen Gebäuden …

sich eine Grachtenfahrt auf einem der fünf Schiffe. Sie befahren alle Grachten sowie ein Stück der Treene, außerdem lernt man die Häfen von Friedrichstadt kennen.

Nach einer ruhigen Nacht auf dem modernen Stellplatz südlich der Altstadt steuern wir das deutlich größere **Husum** an, über die B 202 und die B 4 leicht zu erreichen. Ein optisch wenig einladender Stellplatz, jedoch mit guter Lage als Ausgangspunkt für eine Stadtbesichtigung, befindet sich westlich der Innenstadt und nur wenige Gehminu-

Husum
Innenstadt
Schifffahrtsmuseum
Schloss vor Husum
Ziel

Zu sehen gibt es entweder Museumsschiffe oder …

... und einem belebten Hafen.

ten vom Zentrum entfernt (54.474722, 9.042361). Auf dem Hinterhofstellplatz lassen wir unser Wohnmobil zurück und machen uns auf, die Stadt zu erkunden.

HEIMATSTADT VON THEODOR STORM

Nach Überquerung der Deichstraße sind wir schon gleich in der Hafenstraße, die als nördlicher Kai des Binnenhafens mit zahlreichen Einkehrmöglichkeiten lockt. Zwischen Schollen, Krabben und Pizza finden wir aber auch das **Nationalparkhaus**, das interessante Informationen über das Wattenmeer bietet sowie eine entsprechende Ausstellung über die Vogelwelt im Nationalpark Wattenmeer. Kurz darauf passieren wir das soziokulturelle Zentrum namens **Husumer Speicher**. Heute sind in dem Gebäude Veranstaltungsräume untergebracht, doch errichtet wurde es Ende des 19. Jahrhunderts, um darin Getreide zu lagern.

Auf der gegenüberliegenden Seite des Hafenbeckens erkennen wir deutlich das **Rathaus** von Husum. Gleich dahinter lädt das **Schifffahrtsmuseum Nordfriesland** zu einem Besuch ein. Von außen wirkt es recht unscheinbar, doch im Inneren besticht es durch eine informative und liebevoll angelegte Ausstellung. Höhepunkt der Sammlung ist das **Wrack von Ülvesbüll**. Es handelt sich um einen Frachtsegler, der zu Beginn des 17. Jahrhunderts gebaut wurde. Das kleine

Schiffe, die noch in Betrieb sind und im Hafen liegen.

Über diese schmale Fußgängerbrücke spaziert man über den Husumer Hafen.

Schiff hatte nur zwei Mann Besatzung und war mit einer Ladung voll Saatkorn auf dem Weg von Holland nach Nordfriesland, als es während eines Sturms Anker und Besatzung verlor. Es trieb an die Küste, wo es versank und in den 1990er-Jahren geborgen wurde.

AUF STORMS SPUREN

Mit Husum eng verknüpft ist natürlich das Leben und Wirken von Theodor Storm. Der bekannte Schriftsteller wurde im Jahr 1817 in Husum geboren und war als Rechtsanwalt und Landvogt in der Stadt tätig. Schon in jungen Jahren verfasste er erste Prosatexte, doch große Berühmtheit erlangte sein Gedicht »Die Stadt«, in dem Storm seinen Heimatort als »graue Stadt am Meer« bezeichnet. Auch »Der Schimmelreiter« gehört zu den Werken, die man im Zusammenhang mit seinem Namen als Erstes erwähnen wird. Entstanden ist diese Novelle im Jahr 1888, nur wenige Monate vor seinem Tod.

In Husum kann man vielerorts auf den Spuren des berühmten Sohnes der Stadt wandeln. Nördlich des Hafenbeckens erstreckt sich das eigentliche Stadtzentrum mit den Fußgängerzonen rund um **Marienkirche** und **Marktplatz**. Dort wartet zum Beispiel in der Straße Wasserreihe, gleich eine hinter

der Hafenstraße, das **Theodor-Storm-Haus**. In dem Gebäude lebte der Schriftsteller 14 Jahre lang, nachdem er es 1866 gekauft hatte. Gleich um die Ecke steht das Haus Nummer 3 in der Straße Hohle Gasse. Dieses wurde von Storms Urgroßvater im 18. Jahrhundert erbaut und beherbergte später die väterliche Anwaltspraxis, in der auch er für kurze Zeit tätig war. Storm zog in das Haus Neustadt 56, das seinem Vater gehörte. Dort schuf er unter anderem das bereits erwähnte Gedicht. Bei der Straße handelt es sich um die nördliche Verlängerung der Hohlen Gasse.

Östlich der Marienkirche verbrachte Storm einige Zeit im Haus Süderstraße 12. Im Jahr 1865 verstarb dort seine Frau – drei Wochen nach der Geburt des siebten Kindes. **Storms Geburtshaus** befand sich an der Nordseite des Marktplatzes. Eine Tafel über dem Eingang von Markt 9 erinnert daran, doch hat das Aussehen des heutigen Gebäudes keinerlei Gemeinsamkeiten mit dem Haus des Jahres 1817. Nicht zuletzt ist der **St.-Jürgen-Friedhof** östlich der Innenstadt zu erwähnen. Dort befindet sich in einer Familiengruft Theodor Storms Grab.

Darüber hinaus gibt es in Husum sehenswerte Bauwerke, die Theodor Storm in seinen Novellen und Gedichten erwähnte. Dazu zählt natürlich das von einem großen Park umgebene Schloss, das der Richtigkeit halber **Schloss vor Husum** heißt. Als das Schloss in der zweiten Hälfte des 16. Jahrhunderts gebaut wurde, befand es sich vor den Toren der Stadt. Das dreiflügelige Gebäude mit seinen zwei Etagen und einem Turm mit barocker Haube ist heute Schauplatz diverser Theateraufführungen und Konzerte. Der Schlosspark wiederum ist bekannt für seine **Krokusblüte**, bei der im Frühjahr rund fünf Millionen Krokusse einen lilafarbenen Teppich auf die Grünanlage zaubern.

Theodor Storm ist aus Husum nicht wegzudenken.

PRAKTISCHE HINWEISE

TOURISTINFORMATIONEN

Tourismus-Service Friedrichskoog
Koogstr. 141, 25718 Friedrichskoog-Spitze
Tel. 04854/90 49 40, www.friedrichskoog.de

Touristinformation Meldorf
Nordermarkt 10, 25704 Meldorf
Tel. 04832/978 00, www.meldorf-urlaub.de

Touristinformation Büsum
Südstrand 11, 25761 Büsum
in der Lesehalle des Gästezentrums
Tel. 04834/90 90, www.buesum.de

Touristinformation Heide
Markt 28, 25746 Heide
Tel. 0481/212 21 60, www.heide-nordsee.de

Tourist- und Freizeitbetriebe Tönning
Am Markt 2, 25832 Tönning
Tel. 04861/614 20, www.toenning.de

Tourismus-Zentrale St. Peter-Ording
Badallee 1 (Ortsteil Dorf), Maleens Knoll 2 (Ortsteil Bad) und Böhler Landstr. 153 (Ortsteil Böhl), 25826 St. Peter-Ording
Tel. 04863/999 0, www.st-peter-ording.de

Tourismusverein Friedrichstadt und Umgebung e. V.
Am Markt 9, 25840 Friedrichstadt
Tel. 04881/939 30, www.friedrichstadt.de

Tourismus und Stadtmarketing Husum GmbH
Großstr. 27 (Historisches Rathaus)
25816 Husum
Tel. 04841/898 70, www.husum-tourismus.de

STELLPLÄTZE

S 700 **Wohnmobilstellplatz Albersdorf**
(S. 208 C2) Weg zur Badeanstalt,
25767 Albersdorf
GPS: 54.151472, 9.280667
Sehr einfacher und dafür viel zu teurer Stellplatz direkt neben dem Schwimmbad. Nur von Mai bis Anfang September.

S 701 **Wohnmobilstellplatz Friedrichskoog-Spitze** (S. 208 A3)
Nordseestr. 998, 25715 Friedrichskoog
GPS: 54.032611, 8.847750
Drei befestigte Parkstreifen am Ortsrand. 500 Meter vom Meer entfernt, über einen Fußweg ist der Deich gut zu erreichen. Ver- und Entsorgung vorhanden.

S 702 **Wohnmobilstellplatz Speicherkoog-Meldorf**
(S. 208 A3) Deichstr., 25704 Meldorf
GPS: 54.094500, 8.950194
Einfacher, kostenpflichtiger Stellplatz direkt zwischen Deich und einem Surfsee am Naturschutzgebiet Wöhrdener Loch.

S 703 **Wohnmobilstellplatz Büsum**
(S. 208 A2) Dr.-Martin-Bahr-Str. 5,
25761 Büsum
www.wohnmobiluebernachtungsplatz.de
GPS: 54.128972, 8.869000
Sehr großer Stellplatz für rund 100 Fahrzeuge mit zentraler Lage. Strom, WLAN sowie Ver- und Entsorgung vorhanden. Ganzjährig geöffnet.

S 704 **Wohnmobilstellplatz Heide**
(S. 208 C2) Landvogt-Johannsen-Str. 59,
25746 Heide
GPS: 54.202278, 9.112639
Netter, kleiner Stellplatz für 16 Wohnmobile, die im Kreis stehen. Direkt neben dem Schwimmbad Dithmarscher Wasserwelt. Rund zwei Kilometer vom Marktplatz entfernt, was ungefähr einer halben Stunde Fußmarsch entspricht. Strom, Ver- und Entsorgung vorhanden.

S 705 **Wohnmobilhafen Eiderblick**
(S. 211 E6) Am Freizeitpark 1a, 25832 Tönning
Tel. 04861/617 148
www.campingplatz-toenning.de
GPS: 54.308944, 8.937111
Schön gelegener Stellplatz direkt an der Eider. Gehört zum nahe gelegenen Campingplatz, Ver- und Entsorgung sowie Sanitär vorhanden. Fahrzeuglänge aber maximal sieben Meter.

Stellplatz am Nord-Ostsee-Kanal.

Beliebte Wohnmobilstellplätze haben einen Blick auf Wasser.

S 706 Wohnmobilplatz Kapitänshaus
(S. 211 E6) Am Freizeitpark 1a, 25832 Tönning
Tel. 04861/617148
www.campingplatz-toenning.de
GPS: 54.310972, 8.941167
Auch dieser Stellplatz gehört zum Campingplatz, befindet sich aber knapp 300 Meter weiter flussaufwärts. Ebenfalls direkte Lage am Eiderdeich und gleiche Ausstattung wie der Stellplatz Eiderblick.

S 707 Reisemobilhafen St. Peter-Ording
(S. 210 C6) Ketelskoog 4, 2
5826 St. Peter-Ording
www.reisemobilhafen-spo.de
GPS: 54.309083, 8.635083
74 Stellflächen in Ortsrandlage, rund 250 Meter vom Marktplatz entfernt, kein Meerblick. Ver- und Entsorgung sowie Sanitär vorhanden, geschlossen von November bis Mitte Dezember.

S 708 Friedrichstädter Wohnmobilstellplatz
(S. 211 F5) Halbmond 5, 25840 Friedrichstadt
Tel. 04881/937048
www.wohnmobilstellplatz-friedrichstadt.de
GPS: 54.371972, 9.087611
Sehr moderner Stellplatz mit 45 großen Stellflächen auf Schotter, neben den Fahrzeugen kleine Grünfläche. Die Entsorgungsstation ist überdacht, gleich dahinter befindet sich der Sanitärbereich. Sämtliche Einrichtungen werden mit der platzeigenen Karte, die man an der Schranke erhält, geöffnet bzw. genutzt. Ganzjährig geöffnet.

S 709 Wohnmobilstellplatz Rantrum
(S. 211 F5) Steinberg, 25873 Rantrum
GPS: 54.433611, 9.127861
Kleiner Stellplatz direkt neben einem Jugendtreff und einem Schwimmbad. Ungefähr auf halber Strecke zwischen Friedrichstadt und Husum. Ganzjährig geöffnet.

S 710 Loofs Wohnmobilhafen
(S. 211 F4) Porrenkoogsweg, 25813 Husum
Tel. 04841/2034, www.fischhausloof.de
GPS: 54.474722, 9.042361
Rund 30 Stellflächen, zum Teil recht eng, hinter einem Firmengelände. Optisch nicht sehr ansprechend, aber in das Zentrum von Husum sind es nur wenige Gehminuten. Ver- und Entsorgung vorhanden. Ganzjährig geöffnet.

CAMPINGPLÄTZE

C 711 Camping Klein Westerland
(S. 208 D3) Zur Holstenau 1, 25712 Hochdonn
www.campingplatz-klein-westerland.de
GPS: 54.029139, 9.298722
Direkte Lage neben dem Nord-Ostsee-Kanal und in unmittelbarer Nachbarschaft zum Fluss Holstenau nördlich von Hochdonn. Mit kleiner Badebucht, vorherige Reservierung erwünscht. Anreise nur von 14.30 bis 22 Uhr. April bis Oktober.

C 712 Camping Hohenkamp
(S. 208 C4) Hopen 55, 25639 St. Michaelisdonn
Tel. 04855/8435
www.hohenkamp-camping.de
GPS: 53.977306, 9.146306
Kleiner, gepflegter Campingplatz mit Stellflächen auf Wiese neben einem kleinen Flugplatz.

C 713 Camping Nordsee
(S. 207 H2) Dithmarscher Str. 41, 25761 Büsum
Tel. 04834/9621170, www.camping-nordsee.de
GPS: 54.138694, 8.843583
Großer Campingplatz im Westen der Stadt, nur wenige Schritte von der Familienlagune Perlebucht entfernt. 48 Stellflächen sind extra für Wohnmobiltouristen ausgewiesen. Ende März bis Mitte Oktober.

C 714 Campingplatz Zur Perle
(S. 207 H2) Dithmarscher Str. 43, 25761 Büsum
Tel. 04834/9621180

Geräumige Parzellen auf dem Stellplatz in Friedrichstadt.

www.campingplatz-zur-perle.de
GPS: 54.140000, 8.842778
Direkt neben dem Stellplatz Nordsee gelegen, mit ähnlicher Ausstattung. Ebenfalls strandnah und in unmittelbarer Nähe zur Familienlagune. April bis Oktober.

C 715 Camping An der Waterkant
(S. 207 H2) Neuenkoog 8/9,
25761 Westerdeichstrich
Tel. 04834/8269, www.camping-waterkant.de GPS: 54.152028, 8.825083
Rund drei Kilometer nördlich von Büsum und damit abseits des Trubels in ruhigerer Lage. Nur durch den Deich von der Küste getrennt. Überwiegend Dauercamper, aber auch Platz für Wohnmobiltouristen auf der Durchreise.

C 716 Camping In Lee (S. 207 H2)
Stinteck 37, 25761 Westerdeichstrich
Tel. 04834/8197, www.campingplatz-in-lee.de
GPS: 54.158028, 8.833667
Großer Campingplatz nördlich von Büsum, rund 800 Meter vom Deich entfernt. Geöffnet von April bis Mitte Oktober.

C 717 Campingplatz Nordseeburg
(S. 207 H2) Stadtweg 2, 2
5761 Westerdeichstrich, Tel. 04834/8128
www.campingplatz-nordseeburg.jimdo.com
GPS: 54.156056, 8.828694
Kleiner Wiesencamping in Deichnähe, von April bis Oktober.

Günstig gelegen ist der Stellplatz in Büsum.

C 718 Campingplatz Baasner (S. 207 H2)
Neuenkoog 4, 25761 Westerdeichstrich
Tel. 04834/984608
www.campingplatz-baasner.de
GPS: 54.154972, 8.826139
Vielleicht der kleinste Campingplatz Deutschlands mit nur fünf Stellflächen, dafür sind diese sehr großzügig gehalten. Freundlicher Empfang und keine 200 Meter zum Deich. März bis Mitte Oktober.

C 719 Campingplatz Am alten Seedeich
(S. 207 H2) Westerkoog 19,
25761 Hedwigenkoog
Tel. 04834/962623, www.alterseedeich.de
GPS: 54.177778, 8.818806
Überschaubarer Campingplatz in ruhiger Lage, rund 500 Meter vom Deich entfernt.

C 720 Campingplatz Wesselburenerkoog
(S. 207 H1) Dammstr. 1,
25764 Wesselburenerkoog, Tel. 04833/1441
www.camping-wesselburenerkoog.de
GPS: 54.247472, 8.841528
Keine zwei Kilometer südlich vom Eidersperrwerk, das zu Fuß oder mit dem Rad gut zu erreichen ist. Ansonsten befindet sich der Campingplatz direkt hinter dem Deich und hat ein Preisniveau wie so mancher Wohnmobilstellplatz. Geöffnet von April bis September.

C 721 Comfort-Camp Eider (S. 211 E6)
Am Freizeitpark 1a, 25832 Tönning
Tel. 04861/617148
www.campingplatz-toenning.de
GPS: 54.311028, 8.937083
Zu diesem Campingplatz, der sich südlich der Tönninger Altstadt zwischen Bäumen und einem Industriegebäude versteckt, gehören auch die beiden oben genannten Wohnmobilstellplätze Eiderblick und Kapitänshaus. Großer Platz mit großzügigen Stellflächen und mit Sauna.

C 722 Rosen-Camp Kniese (S. 210 C6)
Böhler Landstr. 185, 25826 St. Peter-Ording
Tel. 04863/3676, www.rosencamp-kniese.de
GPS: 54.284556, 8.663611
Dieser und die zwei folgenden Campingplätze bilden eine Campingmeile im Süden von St. Peter-Ording. Alle drei liegen nebeneinander und direkt hinter den Dünen bzw. dem Deich am Strandabschnitt Böhl. April bis Mitte Oktober.

C 723 Camping Silbermöwe (S. 210 C6)
Böhler Landstr. 179, 25826 St. Peter-Ording

Entsorgungsstation auf dem Wohnmobilstellplatz in Büsum.

Tel. 04863/55 56, www.silbermoewe.de
GPS: 54.285222, 8.661778
Mitte März bis Ende Oktober, direkt neben Rosen-Camp Kniese.

C 724 **Camping Rönkendorf** (S. 210 C6)
Böhler Landstr. 171, 25836 St. Peter-Ording
Tel. 04863/5195, www.roenkendorf.de
GPS: 54.285750, 8.660944
Der nördlichste der drei Plätze, im Norden von einem kleinen Wäldchen abgetrennt, sonst sehr einfache Ausstattung.

C 725 **Campingpark Olsdorf** (S. 210 C6)
Bövergeest 56, 25826 St. Peter-Ording
Tel. 04863/47 63 17, www.camping-olsdorf.de
GPS: 54.306917, 8.648444
Am Nordostrand der Ortschaft gelegener Campingplatz mit Wohnmobilstellplätzen. Einkaufsmöglichkeiten gleich auf der anderen Straßenseite. Rund eineinhalb Kilometer bis zum Strandzugang.

C 726 **Campingplatz Bichl** (S. 210 C6)
Utholmer Str. 1, 25826 St. Peter-Ording
Tel. 04863/960 10
www.appartements-klugmann.de
GPS: 54.336583, 8.604417
Moderner und großer Campingplatz nördlich von St. Peter-Ording. Der Zugang zum nördlichen Strandabschnitt und zum FKK-Bereich befindet sich gleich gegenüber auf der anderen Straßenseite.

C 727 **Camping meerGrün** (S. 210 D6)
Ferienpark Martendorf
Martendorf 4, 25881 Tating
Tel. 04862/201 98 51
www.meergruen-lodge.de
GPS: 54.323833, 8.696583
Feriendorf mit modernem Campingbereich an der B 202 in der Mitte zwischen St. Peter-Ording und Garding.

C 728 **Eider & Treene Campingplatz** (S. 211 F5) Tönninger Str. 1a, 25840 Friedrichstadt
Tel. 04881/400, www.treenecamp.de
GPS: 54.372222, 9.091944
Campingplatz mit Rasen-Stellplätzen in unmittelbarer Nachbarschaft zum Eiderufer, hinter einer Tankstelle und nur durch den Ostersielzug vom Wohnmobilstellplatz getrennt. Ganzjährig geöffnet.

C 729 **Husumer Campingplatz am Dockkoog** (S. 211 F4)
Dockkoogstr. 17, 25813 Husum
Tel. 04841/619 11, www.husum-camping.de
GPS: 54.479250, 9.010972
Der Campingplatz befindet sich rund zweieinhalb Kilometer vom Stadtzentrum entfernt und liegt außerhalb von Husum. Dafür sind es nur wenige Schritte bis zum Meer mit Blick auf die Halbinsel Nordstrand.

Nicht zum Übernachten, aber zum Parken geeignet, ist der Strand von St. Peter-Ording.

8 MIT DEM SCHIFF NORDFRIESLANDS INSELN ENTDECKEN

Von Husum nach Sylt

Die letzte Route führt uns immer wieder westwärts, wo Halbinseln, Halligen und Inseln auf uns warten. Hier wird besonders deutlich, wie sich ein Küstenabschnitt verändern kann. Was früher noch zum Festland gehörte, ist jetzt von Wasser umgeben und wo früher die Wellen übereinanderschlugen, fahren wir heute zu den schönsten Stellen an der deutschen Nordseeküste. In dieser Etappe radeln wir durch die Salzwiesenlandschaft zur Hamburger Hallig, wandern zu den Halligen im nordfriesischen Wattenmeer und fahren mit Fähren und Ausflugsschiffen zu den Inseln Nordfrieslands. Auf Sylt erreichen wir schließlich den nördlichsten Punkt Deutschlands.

Kunst im öffentlichen Raum gibt es auf Sylt.

Nördlich von Husum beginnt für uns die letzte Etappe in diesem Nordsee-Reiseführer. Gleichzeitig ist dies der Beginn einer weiteren Inseltour. Anders als die Ostfriesischen Inseln, die alle der Reihe nach vor der Küste liegen und in ihrer von West nach Ost lang gestreckten Form eine grundsätzliche Ähnlichkeit aufweisen, liegen die Nordfriesischen Inseln wie hingesprenkelt vor der schleswig-holsteinischen Küste. Von Nord nach Süd handelt es sich um Sylt, Föhr, Amrum und Pellworm.

Darüber hinaus gibt es mehrere **Halligen**, die sich zwischen den einzelnen Inseln befinden, und einige **Nordfriesische Außensände**. Je nach Sichtweise wird allerdings der Außensand Norderoogsand als Insel gewertet, da sich zu Beginn des letzten Jahrhunderts einige Dünen entwickelten, die mittlerweile bis zu vier Meter hoch sind. Und in der Mitte des kleinen Eilands konnte sich bereits eine Salzwiese etablieren.

NACH NORDSTRAND

Zu guter Letzt gibt es noch das Gebiet, das wir auf unserer letzten Strecke zuerst besuchen werden. **Nordstrand** war einst eine Insel, ist aber mittlerweile nur noch eine Halbinsel. Die Inseln in Nordfriesland, allen voran Nordstrand, sind ein schönes Beispiel dafür, wie sich ein Küstenverlauf innerhalb weniger Jahrhunderte verändern kann.

Vor gut 1000 Jahren war dieser Bereich Teil des Festlandes und wurde als Strand bezeichnet. Strand zeichnete sich dadurch aus, dass es als Halbinsel in das Meer ragte. Doch dann kam der 16. Januar 1362 mit der sogenannten Zweiten Marcellusflut und der damit verbundenen verheerenden Zerstörung. Mit der Flut entstand eine halbkreisförmige Insel, auf der die damalige Ortschaft Rungholt nicht mehr existierte. Die beiden Enden der Insel waren die heutigen Inseln Nordstrand und Pellworm.

Im 17. Jahrhundert folgte schließlich die Burchardiflut, die dem Küstenabschnitt weitgehend das heutige Aussehen gab. Hinzu kamen natürlich noch die von Menschenhand erfolgten Eingriffe mit dem Eindeichen und der Erstellung von Kögen. In diesem Zusammenhang wurde aus der Insel Nordstrand wieder die heutige Halbinsel.

Nordstrand erreicht man heute über einen Damm, auf dem die Pohnshalligko-

ROUTE 8

START- UND ENDPUNKT
Husum und Insel Rømø

STRECKEN
überwiegend kleine Landstraßen, aber auch Bundesstraßen

STRECKENLÄNGE
ca. 140 km

FAHRZEIT
ca. 7 Tage mit Inselbesichtigung, für alle Halligen ist mehr einzuplanen

BESTE JAHRESZEIT
April bis Oktober

SPECIAL

EINZIGARTIGE HALLIGEN

Als Hallig bezeichnet man kleine Inseln in der Marschlandschaft vor der schleswig-holsteinischen und eine letzte vor der dänischen Küste, die bei Sturmfluten fast zur Gänze unter Wasser gesetzt werden. Von den zehn Halligen auf deutscher Seite sind sieben bewohnt. Dabei befinden sich die Häuser auf sogenannten Warften, kleinen aufgeschütteten Hügeln, die auch bei Überflutung noch aus dem Wasser schauen und so einen Schutz für die Bewohner bilden. Für die Pflanzenwelt bedeutet das, dass hier nur Salzpflanzen gedeihen können.

Mit dem Wohnmobil kann man gebührenpflichtig die Hamburger Hallig erreichen.

ogstraße verläuft. Am westlichen Ende des Damms wird man an einem kleinen Parkplatz mit Schild und Information auf Nordstrand willkommen geheißen. Mit nur einem Kilometer Luftlinie Entfernung kann man hier schon ganz leicht den Wohnmobilstellplatz Womoland Nordstrand erreichen.

Ansonsten ist Nordstrand überwiegend von idyllischen Pensionen und Ferienhäusern geprägt, die sich versprenkelt zwischen den Weiten der Landschaft befinden. Klassische Badestrände sucht man vergebens, dafür findet man Ruhe und Erholung auf den grasigen Deichen, die typischerweise von Schafen bevölkert sind. Außerdem kann man in der Marschlandschaft einen tollen Einblick in die hiesige Vogelwelt bekommen.

Am Horizont zeichnen sich die Silhouetten der Halligen ab.

ÜBERFAHRT NACH PELLWORM

Wer der Hauptstraße bis zum westlichen Ende von Nordstrand folgt, erreicht den dortigen **Hafen** mit seinem Großparkplatz und der Anlegestelle für die hiesigen Schiffe. Die Schiffe der Reederei Adler-Schiffe legen hier ab und fahren zum Beispiel nach Sylt, Amrum und auf die Hallig Hooge.

Mit der Neuen Pellwormer Dampfschiffahrtsgesellschaft geht es hingegen auf die Nachbarinsel **Pellworm**. Die ruhige Überfahrt dauert etwas mehr als eine halbe Stunde. Mehrfach täglich pendelt die Pellworm I zwischen den beiden Inseln und passiert dabei auf der Südseite, in Richtung Pellworm backbord bzw. links, die Hallig **Südfall**. Heute ist die Hallig rund 500 mal 1000 Meter breit, im 17. Jahrhundert lagen ihre Ausmaße noch bei rund vier Kilometern. Zu Beginn des letzten Jahrhunderts wurden Spuren von Besiedlung im Watt rund um Südfall gefunden. Zu erkennen waren unter anderem Brunnenanlagen, Wege, Gräben und auch Schleusenanlagen. Daher wird vermutet, dass sich die untergegangene Ortschaft Rungholt dort befand. Mit dem Schiff, zu Fuß oder per Kutsche lässt sich Südfall im Sommer je nach Tide erreichen.

Eine Übersetzung ist hier wohl nicht erforderlich.

Gegen Ende der Überfahrt nach Pellworm kann es je nach Wetterlage ein wenig unruhig werden. Denn hier überquert die Fähre den Wattstrom **Norderhever**, der mit seiner Kraft in den letzten 400 Jahren eine mehrere Meter tiefe Rinne in das Wattenmeer gegraben hat. Noch im letzten Jahrhundert konnte man die Norderhever zwischen Pellworm und Nordstrand bei Ebbe durchqueren, heute ist das nicht mehr möglich. Die Strömung ist hier nicht zu unterschätzen.

PELLWORM

Optisch ähnelt Pellworm Nordstrand. Umgeben wird die Insel von einem rund 25 Kilometer langen Deich, dem man bei entsprechender Ausdauer folgen könnte, um die Insel zu umrunden. Etwas weiter landeinwärts verläuft die Hauptstraße als Ringstraße über Pellworm. Von ihr kann man immer wieder eine der Stichstraßen benutzen, um an die Küste zu gelangen.

Ganz im Osten befindet sich der Hauptort **Tammensiel**, den man kurz nach Anlegen der Fähre als Erstes erreicht und der lediglich 100 Einwohner zählt. Feriengäste werden natürlich von der rauen Natur angelockt, doch es gibt auch einige Sehenswürdigkeiten wie den 1907 fertiggestellten rot-weißen **Leuchtturm**. Sieben Jahrzehnte wurde er von einem Leuchtturmwärter bedient, bis

SPECIAL

TIDE – DER WECHSEL DER GEZEITEN

Schon früh ahnte man, dass der Mond die Ursache für Ebbe und Flut ist und beinahe jeder Wissenschaftler und Astronom der letzten 1000 Jahre hat sich mit dem Thema der Gezeiten auseinandergesetzt. Das Ergebnis waren zahlreiche Theorien, die nicht immer mit unserem Trabanten zu tun hatten. Heute wissen wir, wie die Gezeiten entstehen, und können sie auch erklären. Dennoch stehen wir oftmals vor dem Wattenmeer und staunen darüber, dass das Wasser, das vor wenigen Stunden noch an das Ufer plätscherte, komplett verschwunden ist. Innerhalb von rund 12,5 Stunden ist ein kompletter Zyklus beendet. Dieser besteht aus Hochwasser, dem Zeitpunkt, an dem das Wasser am höchsten steht, gefolgt von der Ebbe. Mit dieser bezeichnet man den Zeitraum des Ablaufens des Wassers. Mit dem Niedrigwasser ist die Ebbe beendet und es setzt nun die Flut ein. In jedem Küstenort gibt es einen entsprechenden Tidenkalender, aus dem die Zeitpunkte für Hochwasser (HW) und Niedrigwasser (NW) hervorgehen.

Unendliche Weiten mit zahllosen Schafen.

auch dieser Turm ferngesteuert wurde. Mit 41 Metern Höhe bietet er einen tollen Rundumblick über Pellworm und das Wattenmeer.

Während sich der Leuchtturm im Süden der Insel erhebt, befindet sich im Westen von Pellworm mit der **Alten Kirche** das Wahrzeichen des Eilands. Das romanische Gotteshaus wurde vermutlich zu Beginn des 13. Jahrhunderts errichtet und erhielt erst einige Jahrhunderte später einen Turm. Dieser stürzte jedoch wegen des zu weichen Marschbodens im Jahre 1611 ein. Noch heute ragt ein Teil der Turmruine in die Höhe. Gleich daneben schließt sich die einschiffige Kirchenhalle an, die aus Backstein errichtet wurde und sich im Inneren mit einer Holzbalkendecke präsentiert.

Außerdem gibt es auf Pellworm drei kleinere Museen. Eines befasst sich mit der Geschichte der Insel, ein weiteres zeigt die Arbeit der Fischer und Seeleute und wer sich für die tragische Geschichte des Ortes Rungholt interessiert, ist im **Rungholtmuseum** richtig. Dort wird anhand von Funden im Wattenmeer das einstige Leben in und der Untergang von Rungholt erläutert.

ZURÜCK IN NORDSTRAND

Wir kehren von unserem Inselausflug nach Nordstrand zurück. Wer will, kann im dortigen **Nationalparkhaus** am Kurzentrum Norderhafen Weiteres über das Wattenmeer und über die Entstehungsgeschichte von Nordstrand erfahren.

Nördlich von Nordstrand befindet sich die Hallig **Nordstrandischmoor**. Auch diese Hallig ist ein Überbleibsel der einstigen Insel Strand. Auf ihr befinden sich vier Warften inklusive Kirche und Schule. Zu erreichen ist sie entweder bei Ebbe zu Fuß oder bei Flut mit einem Ausflugsschiff ab Nordstrand.

Wer auf der Hallig übernachten möchte, wird von seinen Gastgebern im Regelfall mit der **Lorenbahn** abgeholt. Die Bahnstrecke dieser Kleinbahn wurde im Jahr 1934 eröffnet und diente ursprünglich dazu, Baumaterial auf die Hallig zu befördern. Damals verlief die Bahnstrecke noch von der Hallig bis Cecilienkoog auf dem Festland. Doch mit der Eindeichung des vorgelagerten Beltringharder Koogs und dem damit fertiggestellten Lüttmoordamm war ein Teil der Bahnstrecke

nicht mehr notwendig. Heute ist sie mit dreieinhalb Kilometern nur noch halb so lang und wird von den Bewohnern der Hallig genutzt, um zum Festland zu gelangen oder eben um Übernachtungsgäste zu befördern.

Den Ausgangspunkt für die Lorenbahn in **Lüttmoorsiel** (54.561111, 8.872528) erreicht man über die B 5, westlich von Struckum. Unterwegs sollte man auf dem Lüttmoordamm anhalten, wo eine **Vogelbeobachtungshütte** herrliche und ruhige Momente ermöglicht, um die Vogelwelt im Beltringharder Koog zu erleben. Eine weitere Vogelbeobachtungshütte gibt es nur wenige Meter neben dem Deichimbiss in Lüttmoorsiel.

Von Nordstrand aus kann man mit dem Fahrrad am Deich entlang ebenfalls zur Lorenbahn radeln. Vom Campingplatz aus sind es ungefähr fünfeinhalb Kilometer Radstrecke.

RADTOUR AUF DIE HAMBURGER HALLIG

Anstatt auf dem Festland zur B 5 zu fahren, sollte man lieber auf den kleineren, aber gut ausgebauten Landstraßen küstennah nach Norden fahren. In der Marschlandschaft folgt ein Koog dem nächsten und wir erreichen bald den **Sönke-Nissen-Koog**, der in den 1920er-Jahren durch Eindeichung entstanden ist. Hier hält man sich links und fährt zum Amsinck-Haus (54.615444, 8.870611). Nicht nur, dass es dort einen kleinen Wohnmobilstellplatz direkt am Deich gibt, man kann dort auch mit verschiedenen Mitteln die Hamburger Hallig erreichen.

Das **Amsinck-Haus** ist ein Informations- und auch Servicegebäude, das mit einer

Am Ansinck-Haus erhält man zahlreiche Informationen.

Dieses Schild ist selbsterklärend.

Schönes Reetdachhaus auf der Hamburger Hallig.

kleinen Ausstellung über die Gemeinden und Köge in der Region informiert. Außerdem werden von hier aus Führungen durch die Salzwiesen und zur Hamburger Hallig organisiert. Zu guter Letzt kann man sich zwischen April und Oktober für einen geringen Betrag ein Fahrrad mieten, um die Hallig zu erreichen.

Die **Hamburger Hallig** ist ein beliebtes Ausflugsziel und bietet neben wunderbaren Ausblicken auf die Salzwiesen und frischer Meeresluft zahlreiche Begegnungen mit Schafen und der Vogelwelt. Sie ist durch einen vier Kilometer langen Damm mit dem Festland verbunden und kann entweder zu Fuß, mit dem Rad oder in der Zeit von April bis Oktober mit dem Pkw erreicht werden. Auch kleine Wohnmobile mit einem Gewicht weniger als 3,5 Tonnen können bis zur Hallig fahren. Der Weg ist schnurgerade und verläuft an den Salzwiesen vorbei zunächst bis zum **Schafberg**. Auf dieser Warft befindet sich das Haus des Naturschutzbundes NABU, in dem der dortige Naturschutzwart Auskünfte über die Landschaft gibt.

Wer zu Fuß unterwegs ist, sollte gleich dahinter den Hauptweg verlassen und dem parallel verlaufenden Pfad folgen. Auf einigen 100 Metern informiert nämlich der spannende **Naturlehrpfad** über die Salzwiesen und ihre tierischen Bewohner. Drei Kilometer hinter dem Deich und eineinhalb Kilometer nach dem Schafberg beschreibt der Weg zur Hamburger Hallig eine Rechtskurve und man hat schließlich den kleinen Parkplatz und die Warft der Hallig erreicht, wo es eine Einkehrmöglichkeit gibt, die gutbürgerliche regionale Küche bietet.

SPECIAL

WIE DIE HALLIG ZU IHREM NAMEN KAM

Die Geschichte der Hamburger Hallig reicht bis in das frühe 17. Jahrhundert zurück, als zwei Hamburger Brüder und Kaufleute auf der alten Insel Strand den nach ihnen benannten Amsinck-Koog eindeichten. Das Haus, das sie auf einer Warft errichten ließen, trug fortan den Namen Hamburger Haus. Allerdings war ihnen kein Glück beschert. Schon wenige Jahre später kam die verheerende Flut, die die Insel Strand zerstörte, und nur zwei Jahre später starb der erste der beiden Kaufleute. Sein Bruder lebte zwar noch zwei Jahrzehnte auf der Hallig, verstarb jedoch völlig vereinsamt. Ein weiteres trauriges Schicksal ereilte drei Jahrhunderte später einen Pächter der Hallig. Dieser wollte gerade seine Schafe am Schafberg retten, als er selbst ertrank.

DIE HALLIGEN VOR DER KÜSTE

Auf dem weiteren Weg nach Norden folgen mit Gröde, Hooge, Oland und Langeneß weitere Halligen, wovon letztere die größte ist. Abgesehen von den Ausflugsschiffen ab Pellworm, erreicht man diese mit den Schiffen ab **Schlüttsiel** (54.681111, 8.757250), einem kleinen Hafen zwischen Reußenköge und **Dagebüll**. Noch bis zum Ende der 1950er-Jahre war der kleine Ort Bongsiel Ausgangspunkt für Fahrten zu den Halligen. Heute liegt Bongsiel weiter im Landesinneren und wurde durch den Hafen Schlüttsiel ersetzt, der keine klassische Ortschaft ist, sondern aus einem Großparkplatz mit Hafenkai besteht. Von hier aus kann man auch die Insel Amrum erreichen.

Doch beginnen wir die Erkundungstour mit der Hallig **Gröde**. Rund viereinhalb Kilometer südwestlich von Schlüttsiel befindet sich diese Hallig, die sich als die kleinste Gemeinde Deutschlands bezeichnen darf. Sie beherbergt zwei Warften, die oftmals im Jahr bei entsprechendem Wasserstand das Einzige sind, was von der Hallig zu sehen ist.

Auf der kleinen **Kirchwarft** stehen eine nicht mehr genutzte Schule sowie die St.-Margarethen-Kirche aus dem 18. Jahrhundert. Mit einer geschnitzten Tafel im Inneren der kleinen Kirche wird an die Vorgängerbauten erinnert, vermutlich sechs an der Zahl, die im Laufe der Jahrhunderte verschiedenen Sturmfluten zum Opfer fielen. Die größere **Knudtswarft** beherbergt immerhin vier Wohnhäuser.

Östlich der Hallig Gröde befindet sich die wesentlich kleinere Hallig **Habel**, die zum Gemeindegebiet von Gröde gehört und nur 650 mal 100 Meter misst. Sie ist damit die kleinste aller Halligen und nicht bewohnt. Lediglich im Sommer ist die dortige Vogelschutzstation besetzt, ein Betreten der Hallig Habel ist ansonsten nicht erlaubt.

Südwestlich der Hallig Gröde und nördlich der Insel Pellworm befindet sich die Hallig **Hooge**. Sie ist nach Langeneß die zweitgrößte Hallig Nordfrieslands und kann

Reußenköge
Hamburger Hallig
Hallig Gröde
Hallig Hooge
Langeneß
Küstenstraße
23 km
Dagebüll

Wer die Hallig zu Fuß begeht, ist stets in Begleitung.

Aufgeräumtes Zentrum in kleinen Dagebüll.

immerhin acht bewohnte Warften vorweisen. Außerdem befinden sich einige Ferienwohnungen auf der Hallig, sodass man hier in den Genuss eines längeren Urlaubs kommen kann.

Theoretisch kann man sogar sein Auto mitbringen, da die Hallig mit einer Fähre erreichbar ist und zwischen den Warften eine feste Straßenverbindung besteht. Das ist aber weder empfehlens- noch lohnenswert. Immerhin ist hier die Rede von einem Straßennetz mit weniger als zehn Kilometer Länge. Daher erkundet man Hooge besser zu Fuß oder mit dem Fahrrad, wofür man noch nicht einmal sein eigenes Rad mitbringen muss. Denn nach der knapp einstündigen Schiffsüberfahrt sind es nur 300 Meter bis zur ersten Ansiedlung, der **Backenswarft**, wo man sich ein Fahrrad ausleihen kann. Alternativ kann man eine Pferdekutsche besteigen und in den typisch gelben Planwagen eine fünf Kilometer lange Rundreise zur Hanswarft, zur Kirchwarft und wieder zurück genießen.

Rund ein Kilometer ist es von der Backenswarft zur **Hanswarft**, der größten Warft auf Hooge. Sie besteht aus mehreren Wohnhäusern, Gaststätten, dem Feuerwehr- und Gemeindehaus und den Hauptsehenswürdigkeiten der Hallig. Dazu zählt vor allen Dingen der **Königspesel**, eine Friesenstube, die im 18. Jahrhundert gebaut wurde und in der der dänische König Friedrich VI. nächtigte.

Nur wenige Meter weiter steht das **Hooger Wattenmeerhaus**, wo der Naturschutzverein »Schutzstation Wattenmeer« ein Informationszentrum untergebracht hat. Nach Westen hin folgen die weiteren Warften, in denen es Übernachtungsquartiere oder, wie in der Warft Mitteltritt, auch einen Hofladen gibt.

GRÖSSTE HALLIG LANGENEß

Nördlich der Hallig Hooge breitet sich die größte Hallig aus: **Langeneß**. Um sie zu erreichen, bleibt man an Bord der Fähre und reist eine weitere halbe Stunde bis zu ihrem Fähranleger an der Südwestspitze. Als Tagesausflügler hat man rund drei Stunden Zeit, die fast neun Kilometer lange Hallig kennenzulernen. Auch hierfür empfiehlt es sich, ein Fahrrad zu mieten, wobei es nur eine Straße gibt, die quer über das Eiland verläuft und von der Stichstraßen zu den Warften abzweigen.

Am Ende der Straße trifft man wieder auf eine Lorenbahn. In den 1920er-Jahren erbaut, verbindet sie seither das Festland

Manche Inseln kann man auch mit dem Wohnmobil bereisen.

mit der Hallig. Dabei durchquert sie nicht nur das Wattenmeer, sondern berührt auch die Nachbarhallig **Oland**. Nach einer Strecke von rund neun Kilometern endet die Trasse der Lorenbahn in Dagebüll.

Sowohl Oland als auch Langeneß können im Rahmen einer **Wattwanderung** erreicht werden. Darüber hinaus fährt das kleine im Jahr 1966 gebaute Passagierschiff Rungholt von Schlüttsiel nach Oland, während die Hallig Langeneß auch von Amrum aus erreicht werden kann. Es gibt also zahlreiche Möglichkeiten, die größte Hallig zu bereisen, teilweise auch in Kombination.

So werden zum Beispiel Wattwandererlebnisse angeboten, bei denen man in Schlüttsiel startet, nach rund zwei Stunden Oland betritt und nach weiteren eineinhalb Stunden nach Langeneß gelangt. Von dort fährt man mit dem Schiff zurück zum Festland. Eine andere Möglichkeit wäre, von Dagebüll aus nach Amrum zu fahren. Dort kann man einen rund zweieinhalbstündigen Aufenthalt genießen, bevor es weiter per Schiff nach Langeneß geht. Ab Langeneß wandert man schließlich mit Zwischenaufenthalt auf der Hallig Oland zurück nach Dagebüll.

Solche Touren sind natürlich nur an einzelnen Tagen und zu bestimmten Zeiten möglich. Auskunft hierüber geben die örtlichen Touristeninformationen oder die Wattführerin, die diese Touren anbietet: unter www.wattwandererlebnis.de.

INSELTOUR IN NORDFRIESLAND

Auf unserer Weiterreise lassen wir die Halligen nun zurück und lernen die letzten drei Inseln in Nordfriesland kennen. Dafür folgen wir der Küstenstraße von Schlüttsiel bis Dagebüll, wo die Fähren nach Föhr und Amrum ablegen.

Der heute eher lang gestreckte Ort **Dagebüll** war einst selbst eine Hallig, bis sie zu Beginn des 18. Jahrhunderts eingedeicht wurde und seither zum Festland gehört. Mit dem großen Hafen, einem ebenso großen Inselparkplatz, der Ankunftsstelle für die Lorenbahn und einem Bahnhof gilt die Ortschaft als wichtiger **Verkehrsknotenpunkt** auf dem Weg zu den beiden genannten Inseln. Klassische Sehenswürdigkeiten sind eher spärlich gesät, den Ortsteil **Hafen** mit Einkehrmöglichkeiten hat man schnell durchquert. Am Anleger 3 erhebt sich ein **Aussichtsturm**, von dem aus man einen weiten Blick über das Meer hat und die ablegenden Fähren beobachten kann.

Dagebüll
Fährhafen nach Amrum und Föhr Halligen
Nebenstraßen
13 km
Niebüll

Manche Halligen erreicht man als Übernachtungsgast per Kleinbahn.

FÖHR

Föhr ist die nächstgelegene Insel. Ihre östlichste Spitze, **Näshörn** genannt, befindet sich gerade einmal sechs Kilometer vom Dagebüller Hafen entfernt. Die Fährschiffe legen jedoch etwas weiter südlich im Hafen der Inselhauptstadt Wyk an. Die Mitnahme von Wohnmobilen ist auf der rund 50-minütigen Überfahrt möglich, jedoch wird besonders in der Hauptsaison eine Reservierung empfohlen. Allerdings fährt das Schiff das ganze Jahr hindurch bis zu 14-mal täglich. Selbst im Winterfahrplan sind bis zu zwölf Abfahrten pro Tag vorgesehen.

So viel Andrang ist kein Wunder, denn **Föhr** ist zwar nach Rügen, Usedom, Fehmarn und Sylt nur die fünftgrößte Insel Deutschlands, doch ist sie die größte Insel des Landes, die keine Landverbindung besitzt und nur auf dem Seeweg erreichbar ist. Auch das war einmal anders, denn eine Insel ist Föhr erst seit der Zweiten Marcellusflut im Januar 1362.

Trotz der hohen Anzahl von Besuchern und Urlaubern sowie der Einwohnerzahl von fast 10 000 Menschen konnte sich Föhr eine idyllische Atmosphäre bewahren. Das größte Treiben findet im Südosten, im Hauptort **Wyk**, statt. Die Stadt bietet alles, was sich der Urlauber wünscht: lange Badestrände, zahlreiche gastronomische Betriebe, Einkaufsmöglichkeiten und größere Einrichtungen wie ein Krankenhaus, ein Schwimmbad und sogar einen kleinen Flugplatz. Sehr schön ist die Aussicht an der Strandpromenade, von wo aus man am Horizont die einzelnen Warften der oben beschriebenen Halligen sehen kann.

Außerhalb von Wyk gibt es ein gutes Dutzend weiterer Dörfer, die sich aber allesamt im südlichen Teil der Insel befinden. Der Nordteil ist ausschließlich von Landwirtschaft und einzelnen Höfen geprägt. Auch Badestrand ist dort nicht vorhanden.

Föhr wartet mit stattlichen fünf **Windmühlen** auf, die nördlichste steht in Oldsum. Zwei Windmühlen befinden sich im Stadtgebiet von Wyk. 1879 wurde die »Venti Amica« genannte und in Privatbesitz befindliche Mühle in der heutigen Mühlenstraße gebaut. Nur 300 Meter weiter stößt man auf die deutlich kleinere Bockwindmühle aus dem 15. Jahrhundert. Sie stand einst auf der Hallig Langeneß und wurde schließlich auf das Grundstück des **Dr.-Carl-Häberlin-Frie-**

senmuseums versetzt. Das über 100 Jahre alte Naturkundemuseum betritt man durch ein Tor, das von Kieferknochen eines Blauwals gebildet wird. Sowohl der Walfang als auch Archäologie und Volkskunde sind die Schwerpunkte des Museums.

Im Nordwesten grenzt Wyk an das kleinere Dorf **Wrixum**. Die dortige Mühle gilt als das Wahrzeichen der Ortschaft und wurde als Holländerwindmühle im 19. Jahrhundert errichtetSie wurde zwar im Jahr 1960 stillgelegt, doch ihre Mühlentechnik ist noch erhalten.

Reetdachhaus auf Föhr

Strandansicht der Insel Föhr

Strandhütten aus Treibgut und Strandgut am Kniepsand von Amrum

AMRUM

Die zweite Insel, die von Dagebüll aus erreichbar ist, liegt weiter im Westen. Um nach **Amrum** zu gelangen, benötigt die Fähre rund 90 Minuten, nimmt sie den Weg über Föhr, sind es 120 Minuten. Wer Zeit hat, kann von Föhr aus nach Amrum wandern – Watt vorausgesetzt.

Reetdachhäuser sind im hohen Norden klassisch.

Anders als Föhr bildet Amrum eine mehr von Nord nach Süd lang gestreckte Insel. Auf der Westseite besitzt sie einen breiten Sandstrand, der als **Kniepsand** bezeichnet wird. Streng genommen wird der Kniepsand aus geologischer Sicht nicht der Insel zugerechnet, da es sich um eine sehr langsam wandernde Sandbank handelt. Für die nächsten Jahrhunderte wird erwartet, dass sich der Kniepsand langsam um die Nordspitze Amrums hinwegbewegen wird. Ob bei diesen Prognosen der Klimawandel und der damit steigende Meeresspiegel berücksichtigt wurde, ist unklar.

Auch Amrum lässt sich mit dem Auto bzw. Wohnmobil befahren. Die einzige nennenswerte Straße verbindet von Süd nach Nord die Orte Wittdün, Süddorf, Nebel und Norddorf. Als fünfte Ortschaft wird noch das Dorf Steenodde gezählt, das an der Ostküste liegt. Die Reihenfolge der vier genannten Orte ergibt sich aus der Reisemöglichkeit auf Amrum, da die Fähren in Wittdün anlegen.

Für Tagesbesucher lohnt es sich, die kleine Insel mit dem Fahrrad zu erkunden. Fahrradvermietungen findet man gleich am Fähranleger. Ungewöhnlich ist der große Baumbestand, der dazu führt, dass es richtiggehende **Wälder** auf Amrum gibt. Doch

Mächtige Befestigungen an der Promenade von Sylt.

als Hauptattraktion gilt zweifellos die faszinierende **Dünenlandschaft**, mit der die Insel zu stundenlangen Spaziergängen einlädt. Amrums Wahrzeichen ist der rot-weiße **Leuchtturm** zwischen Wittdün und Süddorf. Mit fast 200 Stufen kann er bestiegen werden, um die weite Aussicht über die Insellandschaft zu genießen.

Wie auch auf Föhr stehen auf Amrum **Windmühlen**. Die erste befindet sich in Süddorf und ist in Privatbesitz. Weiter nördlich in Nebel treffen wir am höchstgelegenen Punkt der Insel auf eine Windmühle, die sich als die älteste in Schleswig-Holstein bezeichnen darf. In ihr kann man sich trauen lassen. Die Mühle wurde 1771 erbaut und beherbergt heute ein kleines informatives Museum. Dieses erzählt nicht nur über die Windmühle, sondern ist zugleich das **Heimatmuseum** der Insel und thematisiert zum Beispiel die Inselbahn, die in der ersten Hälfte des letzten Jahrhunderts quer über das Eiland fuhr.

Ebenfalls einen Besuch wert ist der Friedhof in Nebel, auf dem sich die **Sprechenden Grabsteine** befinden. Die über 150 aus Sandstein bestehenden Grabsteine wurden zwischen der Mitte des 17. bis zur Hälfte des 19. Jahrhunderts aufgestellt. Sie tragen in vielen Fällen lange Inschriften, die Aufschluss über das Leben des jeweils Verstorbenen geben. In den letzten Jahren wurden die Steine gereinigt, sortiert und teilweise mit QR-Codes versehen, sodass man mit dem eigenen Smartphone die Geschichten besser nachlesen kann. Außerdem findet man auf der gesamten Insel Hügelgräber aus der Bronzezeit und der Epoche der Wikinger.

SYLT

Vom Hafen in Wittdün kann man mit einem Ausflugsschiff auf die Halligen Hooge und Langeneß fahren oder im Sommer auch nach Sylt. Wollen wir mit dem Wohnmobil auf die »Insel der Reichen und Schönen«, ist die Anreise nicht mehr ganz so einfach wie noch vor wenigen Jahren. Denn größeren Wohnmobilen ist der Transport mit dem Autozug über den Hindenburgdamm nach Sylt verwehrt und es bleibt dann nur der Umweg über die dänische Insel Rømø. Von dort gibt es eine Fährverbindung nach Sylt. Angesichts der Schönheit der dänischen Nachbarinsel ist dieser Abstecher aber keine Tragödie.

Sylt dürfte die bekannteste deutsche Nordseeinsel sein. Allein ihr Umriss wird von vielen auf Anhieb erkannt, sieht man ihn doch auf dem Heck zahlreicher Pkws, deren Be-

Sylt bietet viel zu Fuß. Entweder in der Fußgängerzone oder …

sitzer ihren vergangenen Sylt-Urlaub zum Ausdruck bringen möchten. Denn für Sylt gilt noch heute das Klischee des Sehens und Gesehenwerdens. Allerdings kann das Gesehenwerden schon mal schiefgehen, immerhin ist Sylt in Nord-Süd-Ausdehnung rund 35 Kilometer lang. Dafür ist die Insel an den meisten Stellen nur bis zu 700 Meter breit. Ebenso lang wie die Insel ist auch der Strand, der sich im Westen der Insel befindet und ohne Unterbrechung von Nord nach Süd reicht.

Hauptort ist das zentral gelegene Städtchen **Westerland** mit umfangreichem touristischen Angebot. Der Spaziergang auf der Strandpromenade ist ein Muss. Man lässt den Blick über Strand und Meer schweifen oder nimmt an der Musikmuschel Platz und lauscht den Konzerten, die hier veranstaltet werden. Im Hintergrund erheben sich die Betonklötze der 1960er-Jahre, in denen heute Hotels untergebracht sind. Gleich dahinter geht es durch die Fußgängerzonen an endlo-

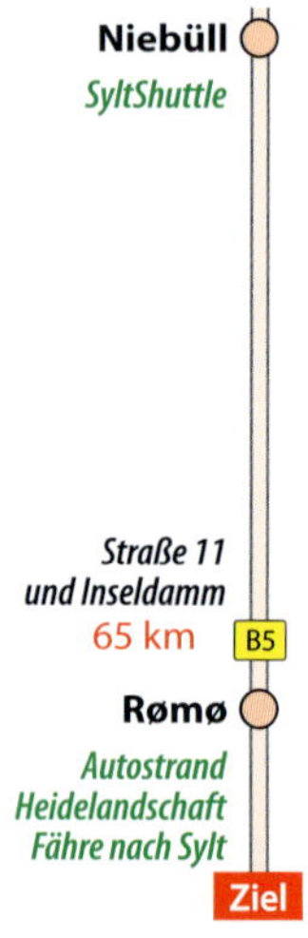

SPECIAL

TRANSPORTBESCHRÄNKUNGEN

Der sogenannte Sylt Shuttle, der über den 1927 eröffneten Hindenburgdamm nach Sylt verkehrt, startet in Niebüll und ist eigentlich auch in der Lage, Wohnmobile aufzuladen. Doch kam es in der Vergangenheit vor, dass sich während der Fahrt Dachfenster vom Wohnmobil lösten, die seither irgendwo auf der Nordsee treiben. Um die Sicherheit zu gewährleisten, beschloss die Deutsche Bahn, nur noch Wohnmobile mit einer Länge bis zu 6 m, einer Höhe bis zu 2,70 m und einer Breite bis zu 2,20 m zu befördern. Das Gesamtgewicht darf darüber hinaus drei Tonnen nicht übersteigen, so die Angaben der Deutschen Bahn. Wohnwagen sind von dem Transportausschluss nicht betroffen, vorausgesetzt, sie besitzen Fixierpunkte, um den Wohnwagen mit Gurten zu befestigen. Wie lange und ob diese Regelung bestehen bleibt, ist offen. Daher empfiehlt sich vor einer Reise nach Sylt die Kontaktaufnahme mit der Deutschen Bahn.

... an der Strandpromenade.

Bei der Anreise nach Sylt sollte man auf Rømø einen Zwischenstopp einlegen.

Der weite Strand von Rømø kann ebenfalls befahren werden.

sen Shops und Einkehrmöglichkeiten durch das Zentrum bis zum Bahnhof, wo die Züge über den Hindenburgdamm ankommen.

Ganz im Süden der Insel befindet sich die Ortschaft Hörnum, von wo aus man einen guten Blick auf Amrum und Föhr hat. Weiter nördlich liegen die beiden Ortschaften **Wenningstedt** und **Kampen**, durch einen Campingplatz und einen Golfplatz voneinander getrennt. Bekanntestes Merkmal von Kampen ist die bis zu 30 Meter hohe Steilküste **Rotes Kliff**. Die Klippe zeigt sich durch einen eisenhaltigen Boden in der Tat rötlich und verstärkt wird der Effekt im Abendlicht, wenn die Sonne tief steht und einen prächtigen Sonnenuntergang liefert.

Die nördlichste Gemeinde der Insel und damit auch ganz Deutschlands ist **List**. Zu der kleinen Ortschaft gehört ein Hafen und auch der bogenförmige Strandabschnitt, der den Namen **Ellenbogen** trägt. Er markiert den nördlichsten Punkt Deutschlands und liegt bereits rund 15 Kilometer nördlicher als die deutsch-dänische Grenze. List ist der Ort, den man mit der Fähre ab Rømø erreicht.

Die dänische Insel bietet aber auch weite Heideflächen.

WEITERFAHRT NACH DÄNEMARK

Um mit dem Wohnmobil über **Rømø** nach Sylt zu gelangen, folgt man auf der deutschen Festlandseite der B5, die auf dänischer Seite als Straße 11 weiterläuft. In Skærbæk biegt man links ab und überquert wenig später den Straßendamm bis zur Insel. Wie schon angekündigt sollte man aber nicht gleich den direkten Weg zum südlichen Hafenort Havneby nehmen, sondern sich auch für die dänische Insel Zeit nehmen. Sie bietet zahlreiche Wanderwege in prächtiger Heidelandschaft, einen wahrhaft riesigen Strandabschnitt, der von Pkws und Wohnmobilen kostenfrei befahren werden kann, und einen Wohnmobilstellplatz, der großzügig und modern angelegt wurde.

PRAKTISCHE HINWEISE

TOURISTINFORMATIONEN

Kur- und Tourismusservice Pellworm
Uthlandestr. 2, 25849 Pellworm
Tel. 04844/189 40, www.pellworm.de

Tourist-Information im Reedereigebäude Wyk
Am Fähranleger 1, 25938 Wyk auf Föhr
Tel. 04681/300, www.foehr.de

Tourist-Information Utersum
Klaf 2, 25938 Utersum
Tel. 04681/300, www.foehr.de

Amrum Touristik
Inselstr. 14, 25946 Wittdün
Tel. 04682/943 00, www.amrum.de

Amrum Touristik
Meeskwai 1a, 25946 Nebel
Tel. 04682/943 00, www.amrum.de

Tourist-Information Dagebüll
Nordseestr. 14, 25899 Dagebüll
Tel. 04667/950 00
www.gemeinde-dagebuell.de

Sylt Marketing GmbH
Stephanstr. 6, 25980 Westerland
Tel. 04651/820 20, www.sylt.de

STELLPLÄTZE

S 800 **WomoLand Nordstrand** (S. 211 E4)
Norderquerweg 2, 25845 Nordstrand
Tel. 04842/473
www.womoland-nordstrand.com
GPS: 54.517694, 8.932111
Tolle Lage am nördlichen Deichabschnitt von Nordstrand. Der mehrfach ausgezeichnete Stellplatz bietet 44 Stellflächen, Sanitäreinrichtungen, einen Aufenthaltsraum und eine Grillscheune. Mit wenigen Schritten steht man auf dem Deich und blickt auf das Marschland. Der Platz ist ideal, um Nordstrand mit dem Fahrrad zu erkunden. Geöffnet von Mitte März bis Anfang November und von Mitte Dezember bis Mitte Januar.

S 801 **Wohnmobilstellplatz Pellworm**
(S. 210 C4) siehe Wattenmeercamping Pellworm

S 802 **Wohnmobilstellplatz am Amsinck-Haus** (S. 211 E2)
vor der Hamburger Hallig, 25821 Reußenköge
GPS: 54.615056, 8.872361
Einfacher Wohnmobilstellplatz direkt am Deich mit Zugang zum Damm zur Hamburger Hallig. Bezahlt wird auf Vertrauensbasis und mittels Briefumschlag, wenn das Amsinck-Haus geschlossen ist. Ansonsten erfolgt die Bezahlung dort. Während der Öffnungszeiten kann man Dusche, Toilette und Waschmaschine nutzen und sein Abwasser entsorgen.

S 803 **Wohnmobilstellplatz Föhr** (S. 210 B1)
Strunwai 14, 25938 Utersum
Tel. 04863/214, www.wohnmobile-foehr.de
GPS: 54.715889, 8.401472
Im Jahr 2015 eröffneter Stellplatz für über

Wohnmobilstellplatz an der Hamburger Hallig, gleich hinter dem Deich.

Stellplatz mit kleinem Bezahlhäuschen

30 Mobile in ruhiger Lage. Nur 300 Meter vom Strand und einer kleinen Megalithanlage ganz im Westen der Insel entfernt. Sanitäranlagen, Strom und WLAN vorhanden. Geöffnet von Mitte März bis Mitte November. Aufgrund der Insellage ist eine vorherige Reservierung sinnvoll.

S 804 Wohnmobilstellplatz Oasen Rømø
(S. 213 G2) Rømersvej 9,
6792 Rømø, Dänemark
Tel. +45 7375 52 00, www.oasen-roemoe.dk
GPS: 55.091472, 8.540250
Großer Stellplatz mit großzügigen Stellflächen, von denen die beliebtesten um einen großen Teich angelegt wurden. Modernes Sanitärgebäude inklusive großem Aufenthaltsraum. Sämtliche Einrichtungen sind mit einer Karte zugänglich, die man beim Einchecken am Automaten erhält. Achtung, wenn man von der Hauptstraße rechts abbiegt, folgt auf der rechten Seite erst einmal nur der kleinere Teil des Wohnmobilstellplatzes mit nur wenigen Stellflächen ebenfalls um einen Teich herum. Hier geradeaus fahren und es folgt wenig später der deutlich größere Bereich.

CAMPINGPLÄTZE

C 805 Campingplatz Elisabeth-Sophien-Koog
(S. 211 E4) Elisabeth-Sophien-Koog 17
25845 Elisabeth-Sophien-Koog (Nordstrand)
Tel. 04842/85 34
www.nordstrandcamping.de
GPS: 54.515278, 8.857528
Ruhige Lage, rund zweieinhalb Kilometer vom Nationalparkhaus am nördlichen Ufer der Insel gelegen. Gleich hinter dem Deich mit angrenzender Gastronomie »Zum Wattwurm«. Der Campingplatz bietet ein elektrogetriebenes Golfcar zur Vermietung an, mit dem man ebenfalls die Insel erkunden kann. Geöffnet von Anfang April bis Anfang Oktober.

C 806 Wattenmeercamping Pellworm
(S. 210 C4) Klostermitteldeich 14,
25849 Pellworm
Tel. 04844/990 42 88
www.wattenmeerhaus-pellworm.de
GPS: 54.516889, 8.595111
Kleiner, gemütlicher Campingplatz in 200 Meter Entfernung zur Alten Kirche und 350 Meter zum Deich. Eigentlich als Wohnmobilstellplatz konzipiert, werden hier aber auch Zelttouristen und Wohnwagengespanne

Großzügige Parzellen gibt es auf dem Stellplatz auf Rømø.

Sehnsüchtig blickt man auf das Meer.

willkommen geheißen, was angesichts der ansonsten fehlenden Möglichkeiten auf der Insel nur allzu verständlich ist. Sanitäranlagen und Strom vorhanden. Ebenfalls im Angebot sind Brötchenservice und WLAN. Geöffnet von Mitte März bis Oktober und auch über den Jahreswechsel.

C 807 **Campingplatz Amrum** (S. 210 B2)
Inselstr. 125, 25946 Wittdün auf Amrum
Tel. 04682/2254, www.amrum-camping.de
GPS: 54.629389, 8.366194
Mitten in den Dünen gelegener Campingplatz zwischen Wittdün und Süddorf, nahe dem Amrumer Leuchtturm. Aufgrund der Insellage ist eine vorherige Reservierung sinnvoll.

C 808 **Campingplatz Neuwarft** (S. 210 D1)
Nordseestr. 20, 25899 Dagebüll
Tel. 04667/95140
www.nordfriesland-camping.de
GPS: 54.728917, 8.699194
Einfacher Campingplatz mitten im Ortsteil Hafen, die Anmeldung erfolgt im angrenzenden Hotel. Der Duschbereich ist ab 22 Uhr nicht mehr zugänglich.

C 809 **Campingplatz Westerland** (S. 213 F5)
Rantumer Str., 25980 Westerland
Tel. 04651/836160
www.campingplatz-westerland.de
GPS: 54.893778, 8.299028
Großer Campingplatz südlich von Westerland mit direktem Zugang zum Strand und den Dünen.

C 810 **Campingplatz Wenningstedt**
(S. 213 F4) Osetal 3, 25996 Wenningstedt
Tel. 04651/944004
www.campingplatz.wenningstedt.de
GPS: 54.943222, 8.327917
Ebenfalls großer Campingplatz mit umfangreicher Ausstattung und direktem Zugang zu den Dünen.

C 811 **Campingplatz Kampen** (S. 213 F4)
Möwenweg 4, 25999 Kampen
Tel. 04651/42086
www.campen-in-kampen.de
GPS: 54.950278, 8.335833
Da es in List auf Sylt keinen Campingplatz gibt, ist dies der nördlichste Campingplatz Deutschlands, ebenfalls umgeben von herrlicher Dünenlandschaft in der Nähe des Roten Kliffs.

Weitere Campingplätze auf Sylt gibt es in Rantum, Hörnum, Morsum und Südhörn.

Parkplatz in Dagebüll

Abendstimmung auf dem Stellplatz auf der dänischen Insel Rømø

» REISE-INFORMATIONEN VON A BIS Z

Mit der Fähre geht es hinüber nach Föhr.

ANREISE

Um zur Nordsee zu gelangen, ist eine der Autobahnen mit ungerader Nummer grundsätzlich nicht verkehrt, denn diese verlaufen immer in Nord-Süd-Richtung. Urlauber aus dem Ruhrgebiet und dem Münsterland bzw. vom Niederrhein werden die A 31 nutzen, um Papenburg und Ostfriesland zu erreichen. Wer quer in die Touren einsteigen möchte, nutzt die A1 bis Bremen und anschließend die A 29 oder A 27. Wer sich nur für den schleswig-holsteinischen Teil der Nordseeküste interessiert, ist auf der A 7 in Richtung Hamburg richtig. Von Osten Anreisende erreichen Hamburg in der Regel über die A 24. Die Einstiegsmöglichkeiten in die Routen dieses Buchs sind also vielfältig.

CAMPINGPLATZ UND STELLPLATZ

Campingplätze und Wohnmobilstellplätze unterscheiden sich in der Regel darin, dass Wohnmobilstellplätze – wie der Name es schon andeutet – nur für Wohnmobile gedacht sind. Zelturlauber und Reisende mit einem Wohnwagengespann sind auf Wohnmobilstellplätzen üblicherweise nicht erlaubt. Wer diese Art von Urlaub bevorzugt, ist auf einem klassischen Campingplatz willkommen. Darüber hinaus sind Wohnmobilstellplätze meist unkomplizierter in der Anmeldung und auch bei den Anreisezeiten. Üblicherweise gibt es hier keine zeitlichen Begrenzungen oder Mittagspausen. In vielen Fällen existiert auch keine Schranke. Dafür steht man dann, gerade an der Nordsee, schon mal etwas enger, sodass eventuell noch nicht einmal Platz ist, die Markise auszufahren.

ENTSORGUNGSSTELLEN

Das Entsorgen von Grauwasser oder dem Chemie-WC erfolgt ausschließlich in dafür vorgesehene Entsorgungsstellen. Will man nicht auf einem Campingplatz übernachten, kann man dort meist gegen eine kleine Gebühr sein Abwasser zurücklassen. In vielen Fällen sind auch die Entsorgungsstellen auf Wohnmobilstellplätzen frei oder gegen einen Obolus erreichbar. Es ist auf jeden Fall zu unterlassen, das Grauwasser oder die Chemie-Toilette am Straßenrand oder in die Natur zu entleeren.

ESSEN

Niemand wird an der Nordseeküste verhungern. Selbst dann nicht, wenn man kein

Freund von Meeresspezialitäten oder Fischbrötchen ist. Wie überall, herrscht auch an der Küste eine gastronomische Vielfalt, die Klassiker allerdings sind eben Fischgerichte in zahlreichen Variationen. Besonders beliebt sind die Nordseekrabben, die frisch vom Kutter verkauft werden.

An der Küste isst man Fisch, aber Schillerlocken sollten es besser nicht sein.

FAHRRAD

Der Wind kommt immer von vorn – diese alte Radler-Weisheit gilt erst recht im flachen Norddeutschland. Allerdings gibt es hier eine Hauptwindrichtung, und zwar von Westen. Das macht sich besonders an der ostfriesischen Küste bemerkbar und sollte bei der Radtour eingeplant werden. Es macht wenig Spaß, nach einer ausgiebigen Radtour auf dem Rückweg zum Wohnmobil noch abschließend gegen den Wind anzukämpfen. An Infrastruktur mangelt es für Radfahrer kaum, immerhin verläuft fast überall direkt neben den Deichen ein asphaltierter Radweg. Auf deutscher Seite kann man auf diese Weise etwas über 900 Kilometer von der niederländischen bis zur dänischen Grenze auf der länderübergreifenden North Sea Cycle Route zurücklegen. Außerdem gibt es in fast allen Orten regionale Rundradwege.

Stellplatz mit Aussicht auf den Hafen

Der Weg zum Stellplatz in Hooksiel ist gut beschildert.

GESCHWINDIGKEITEN FÜR WOHNMOBILE

Für kleine Wohnmobile und Kastenwagen, sprich Fahrzeuge bis 3,5 Tonnen, gelten in Deutschland die gleichen Regelungen wie für Pkws: auf Landstraßen also maximal 100 km/h und auf Autobahnen eine Richtgeschwindigkeit von 130 km/h. Wohnmobile bis 7,5 Tonnen dürfen außerorts nur 80 km/h und auf Autobahnen 100 km/h fahren. Größere Wohnmobile mit einem Gewicht von über 7,5 Tonnen dürfen außerorts maximal 60 km/h und auf Autobahnen nur 80 km/h fahren. Achtung: Wer über Dänemark nach Sylt fährt, muss natürlich die dänischen Verkehrsregeln beachten. Das bedeutet: Lichtpflicht auch am Tage und außerorts maximal 80 km/h (bis 3,5 t) bzw. 70 km/h (über 3,5 t). Außerdem gibt es an Kreuzungen oftmals keine »Vorfahrt gewähren«-Schilder. Wer Vorfahrt zu achten hat, erkennt das an den sogenannten Haifischzähnen auf dem Asphalt, die in Richtung des Wartepflichtigen zeigen.

GRILLEN

Das liebste Hobby eines Campers ist meist das Grillen. Mit Holzkohle ist das Grillen üblicherweise auf den meisten Plätzen verboten. Gegen Gas- oder Elektrogrills gibt es selten Einwände. Ein offenes Feuer ist natürlich nur an vorgesehenen Feuerstellen möglich.

HUNDE

Auf den meisten Wohnmobilstellplätzen und Campingplätzen sind Hunde erlaubt, jedoch natürlich an der Leine zu halten. Leinenpflicht herrscht auch in den Orten und auf den Promenaden der Küste. Viele Strandabschnitte sind hingegen für Hunde nicht erlaubt und auch das Spazieren auf dem Deich ist mit Hund nicht möglich, um die dort grasenden Schafe nicht zu verängstigen. Oftmals ist aber ein Teil des Strandes als Hundebereich ausgewiesen.

INFORMATIONEN

Beinahe jede Ortschaft hat eine Touristeninformation, die besonders in der Hochsaison täglich besetzt ist. Auch in den Rezeptionen der Campingplätze erhält man zahlreiches Material über die jeweilige Region. Ansonsten bleibt noch der Weg ins Internet, wo sich jede Ortschaft umfangreich vorstellt. Die Touristeninformationen werden mitsamt ihrer Adresse und Webseite am Ende jeder Route erwähnt.

Lohnenswert sind auch Fahrten auf einem Krabbenkutter.

KURTAXE

Während in anderen europäischen Staaten die Strände frei betreten werden können, muss man in Deutschland entweder eine Gebühr bezahlen oder seine Kurkarte vorzeigen. Letztere erhält man automatisch, wenn man auf einem Campingplatz oder einem betreuten Wohnmobilstellplatz untergekommen ist. Im Gegenzug erhält man dafür üblicherweise verschiedene Vergünstigungen und kann an diversen Veranstaltungen kostenlos teilnehmen. Wer Preise von Wohnmobilstellplätzen oder Campingplätzen vergleicht, sollte nicht außer Acht lassen, dass die Gebühren für die Kurtaxe hinzugerechnet werden müssen. Diese sind von Ort zu Ort unterschiedlich und werden jedes Jahr neu angepasst. Üblicherweise werden sie in den Preislisten mit angegeben.

MÜNZEN

Für die meisten Wohnmobilfahrer hat es sich bewährt, im Handschuhfach ein paar Münzen mit sich zu führen. Damit können die Ticketautomaten oder die Stromzähler auf den Wohnmobilstellplätzen gefüttert werden. Auch für die Entnahme von Wasser werden oftmals Münzen benötigt, erst recht, wenn dankenswerterweise auch kleine Wasserabgaben möglich sind.

ÖFFENTLICHE VERKEHRSMITTEL

Ein einheitliches Verkehrsnetz gibt es schon allein deshalb nicht, weil sich die Nordseeregion inklusive Bremen und Hamburg über zwei Bundesländer erstreckt und sogar innerhalb der Länder unterschiedliche Möglichkeiten bestehen, den öffentlichen Personennahverkehr zu nutzen. Eine praktische Angelegenheit ist der Urlauberbus in Ostfriesland, mit dem man für nur einen Euro pro Person zwischen Ems und Jade pendeln kann.

SCHIFFFAHRT

Kein Nordseeurlaub ohne Schifffahrt. Man muss ja nicht gleich alle Inseln aufsuchen, doch das ein oder andere Eiland sollte man einplanen und gesehen haben. Die meisten der Ostfriesischen Inseln sind autofrei und daher nur mit einem Ausflugsschiff zu erreichen. Norderney und Borkum werden auch von Autofähren angesteuert. Die Nordfriesischen Inseln können ebenfalls mit dem

Auch Reiter haben Spaß am Wattenmeer.

Bei einer geführten Wattwanderung lernt man die Vielfalt des Wattenmeeres kennen.

Wohnmobil befahren werden. Die Halligen vor der schleswig-holsteinischen Küste sind wiederum nur mit Passagierschiffen erreichbar. Üblicherweise nehmen die Schiffe die kürzeste Strecke, sodass meist der nächstgelegene Festlandshafen Ausgangspunkt für Touren zu den Inseln ist. Details hierzu sind in den entsprechenden Routen beschrieben. Außerdem werden Ausflugsfahrten nach Helgoland oder zu den Seehundsbänken angeboten. Letztere dauern meist mehrere Stunden und legen an zahlreichen Sielhäfen ab. Oftmals werden sie von Krabbenkuttern durchgeführt. Zu guter Letzt bleibt noch die Erwähnung der Fähre über die Elbe von Wischhafen nach Glückstadt, mit der man sich den Großraum Hamburg ersparen kann. Hierzu stehen Details in der entsprechenden Routenbeschreibung.

SURFEN

St. Peter-Ording gilt als deutsches Surfparadies und war schon Austragungsort verschiedener Meisterschaften und Weltcups. Der lange Strand und die dortige Brandung laden regelrecht dazu ein, sich auf das Brett zu stellen und die beste Welle zu finden. An anderen Orten der Nordsee ist Wind- oder Kitesurfen in der Regel nicht üblich.

TAUCHEN

Tauchen ist in der flachen Nordsee meist nicht möglich, bestenfalls kann man an der Wasseroberfläche ein wenig schnorcheln. Über mögliche Tauchstellen kann vor Ort die Touristeninformation aufklären. Beliebt ist eine Tauchmöglichkeit bei Sylt, die jedoch erst mit einem Boot angesteuert werden muss.

UMWELTZONE

Die derzeit (Stand 31. 01. 2021) einzige Umweltzone entlang der beschriebenen Routen befindet sich in Bremen. Hier ist die Einfahrt in die Stadt nur mit einer grünen Umweltplakette möglich. Der Wohnmobilstellplatz Am Kuhhirten ist jedoch auch ohne Umweltplakette erreichbar. Aktuelle Infos über die Anreise sind der Stellplatzseite www.stellplatz-bremen.de zu entnehmen.

VOGELBEOBACHTUNG

Ein Fernglas oder eine Kamera mit Teleobjektiv sollte unbedingt im Gepäck eines Nordseereisenden verstaut werden. Die Region ist ein wahres Vogelparadies und es gibt zahlreiche Naturschutzgebiete, die zwar nicht betreten, aber aus der Ferne beobachtet werden dürfen. Zahlreiche Küstenvögel und in den entsprechenden Jahreszeiten auch durchziehende Vögel können immer entdeckt werden. An exponierten Stellen stehen außerdem Vogelbeobachtungshäuschen, von denen aus man über die Salzwiesen und Naturschutzgebiete blicken kann. Oftmals sind sie mit Hinweisen zu den unterschiedlichen Vogelarten ausgestattet. In den zahlreichen Nationalparkhäusern der Region erhält man ausführliche Informationen über Beobachtungspunkte. Und sollten einmal keine Vögel zu sehen sein, dient das mitgebrachte Fernglas dazu, um Seehunde auf ihren Bänken zu erspähen oder das Treiben auf den vorbeiziehenden Schiffen zu verfolgen.

WANDERN

An der Küste hält man es mit dem abendlichen Spaziergang am Deich oder den Strand entlang. Im besten Fall macht man einen kurzen Rundweg innerhalb einer Region. Doch bei Ebbe locken Wanderungen durch das Wattenmeer. Diese sollten nur mit entsprechender Erfahrung und bei geeignetem Wetter und Gezeiten angegangen werden. In den meisten Orten stehen erfahrene Wattwanderführer bereit, die Interessierte durch das Watt oder sogar zu Inseln bringen. Wer allein unterwegs sein möchte, sollte unbedingt vorher Kontakt mit der lokalen Touristeninformation aufnehmen und sich über die örtlichen Möglichkeiten, Gefahren und Gezeiten informieren. Weitere Informationen hierzu stehen auch im Text an den entsprechenden Stellen.

Deiche laden zu endlosen Spaziergängen ein.

REGISTER

A

Aeronauticum 96
Amrum 172
Amsinck-Haus 165
Aurich 24

B

Bad Zwischenahn 83
Baltrum 50
Bensersiel 52
Binnenalster 115
Borkum 44
Bremen 85
Bremer Stadtmusikanten 89
Bremerhaven 91
Brokdorf 127
Brunsbüttel 129
Buddelschiffmuseum 57
Bundespräsidentenplatz 70
Büsum 140
Butjadingen 76
Buxtehude 109

C

Carolinensiel 61
Cuxhaven 97

D

Dagebüll 169
Dangast 76
Deutsches Auswandererhaus 93
Deutsches Marinemuseum 74
Deutsches Schiffahrtsmuseum 91
DGzRS (Deutsche Gesellschaft zur Rettung Schiffbrüchiger) 87
Dieksanderkoog 137
Dornum 51, 96
Dornumersiel 51
Dorum-Neufeld 96

E

Eidersperrwerk 144
Elmshorn 125
Emden 27
Esens 55

F

Fedderwardersiel 77
Föhr 170
Friedrichskoog 137
Friedrichstadt 147

G

Glückstadt 126
Grettsiel 31

H

Hallig 161, 166
Hallig Grüde 167
Hallig Hooge 167
Hallig Nordstrandischmoor 164
Hamburg 109
- Reeperbahn 110
- Alter Elbtunnel 110
- Elbphilharmonie 113
- Jungfernsteig 116
- Speicherstadt 114
- St. Pauli 112
Hamburger Hallig 166
Harlesiel 60
Heide 143
Hemmoor 106
Himmelpforten 107
Hohenkirchen 69
Hooksiel 72
Hörnum 176
Horumersiel-Schillig 69
Husum 152

I

Insel Neuwerk 99
Itzehoe 130

J

Jadebusen 74
JadeWeserPort 73
Jever 70
Juist 46

K

Kniepsand 172
Kugelbake 98

L

Langeneß 168
Langeoog 52
Leer 22
List 176

M

Meldorfer Bucht 139
Mellum 69
Meyer-Werft 19
Miniatur Wunderland 114

N

Neßmersiel 49
Neuenburger Urwald 75
Neuendorf-Sachsenband 128
Neuengamme 116
Neuharlingersiel 57
Nord-Ostsee-Kanal (NOK) 129
Norddeich 39
Norden 38
Nordenham 77
Norderhever 163
Norderney 47
Nordstrand 161

O

Oland 169
Oldenburg 83
Ostfriesisches Landesmuseum 28
Ottendorf 105

P

Papenburg 19
Pellworm 162
Pfahlbauten 146
Pilsumer Leuchtturm 33

R

Rendsburg 132
- Schwebefähre 132
Rendsburger Schiffsbegrüßungsanlage 133
Rømø 176

S

Schacht-Audorf 132
Schachtholm 132
Schifffahrtsmuseum Nordfriesland 153
Schiffsbegrüßungsanlage 123
Schnoorviertel 86
Schwebefähre 106
Sielhafenmuseum 61
Sönke-Nissen-Koog 165
Speicherkoog 139

Strandleben in St. Peter Ording

Spiekeroog 58
Spiijöl 76
Sprechende Grabsteine 172
St. Peter-Ording 146
Stade 107
Störsperrwerk 127
Störtebekerkanal 37
Suurhusen 26
Sylt 173

T

Tammensiel 163
Theodor-Storm-Haus 155
Tönning 144
Trischendamm 139

U

Uetersen 124

V

Varel 76

W

Waalkes, Otto 29
Wangerooge 62
Wattenmeerhaus 74
Wedel 123
Weserfähre 77
Westeraccumersiel 52
Westerland 174
Westrhauderfehnkanal 22
Wilhelmshaven 72
Wittdün 173
Wittmund 69
Wördener Loch 139
Wremen 93
Wurster Nordseeküste 96
Wyk 170

Z

Zwillingsmühlen 32
Zwischenahner Meer 83

PS.: DA FÄLLT MIR NOCH WAS EIN!

Im Jahr 2002 radelte ich sechs Wochen lang für einen guten Zweck durch Deutschland. Dabei legte ich 2500 Kilometer zurück und rührte die Werbetrommel für die Deutsche Gesellschaft zur Rettung Schiffbrüchiger (DGzRS). Im Gepäck hatte ich eines der typischen Sammelschiffchen sowie ausgewehte Flaggen von Schiffen der Seenotretter. Diese wurden während meiner Radtour von Harald Schmidt, dem Ensemble der Lindenstraße, Michael Mittermeier und weiteren prominenten Persönlichkeiten aus den Bereichen Unterhaltung und Sport mit einem Autogramm versehen.

Ich radelte von meiner Heimat südwärts durch den Schwarzwald, bis in das Allgäu und über Thüringen und Brandenburg bis zur Küste zurück, um unter dem Motto »Helfen kann jeder!« auf die Arbeit der Seenotretter aufmerksam zu machen. Die mediale Aufmerksamkeit war für die DGzRS eine willkommene Unterstützung, während die ausgewehten Flaggen nach der Radtour zugunsten der Gesellschaft versteigert wurden.

An diese Reise muss ich natürlich immer denken, wenn ich an der Küste unterwegs bin und in den Geschäften und Restaurants das markante Sammelschiffchen entdecke. Die Gesellschaft, die keine staatlichen Zuwendungen erhält, hat es verdient, wenn man ab und an den einen oder anderen Euro in eines dieser Sammelschiffchen steckt. Denn sie rettet nicht nur Küstenbewohner, sondern vor allen Dingen Urlauber, die auf See in Gefahr geraten.

Vielleicht möchten Sie das Wechselgeld an der Kasse auch einfach mal in solch ein Sammelschiffchen stecken. Die Seenotretter danken es Ihnen!

Herzlichst Ihr

Michael Moll

» STRASSENATLAS

Esbjerg
Kolding
DÄNEMARK
Nordsee
Nordfriesische Inseln
Sylt
213
214
215
Flensburg
210
211
212
Husum
Schleswig
Rendsburg
Kiel
Helgoland
Nord-Ostsee-Kanal
Deutsche Bucht
207
208
209
Itzehoe
Cuxhaven
Elbe
Ostfriesische Inseln
201
202
203
204
205
206
Norden
Wilhelmshaven
Bremerhaven
HAMBURG
Emden
Groningen
Weser
196
197
198
199
200
Oldenburg
BREMEN
Soltau
Aller
NIEDERLANDE
Meppen
Ems
Lingen
Celle
HANNOVER
Osnabrück
Minden
Enschede

LEGENDE

1	Route 1 - STÄDTEBESICHTIGUNG IM HINTERLAND DER NORSEEKÜSTE
2	Route 2 - OSTFRIESISCHES INSELHOPPING OHNE WOHNMOBIL
3	Route 3 - RUND UM DEN JADEBUSEN – GROSSE MEERESBUCHT DER NORDSEE
4	Route 4 - EINBLICKE INS LANDESINNERE RUND UM BREMEN
5	Route 5 - AN DER ELBE LANDEINWÄRTS IN DIE HANSESTADT HAMBURG
6	Route 6 - AN ELBE UND KANAL DURCH SCHLESWIG-HOLSTEIN
7	Route 7 - ZU DEN ALTEN BADEORTEN NORDFRIESLANDS
8	Route 8 - MIT DEM SCHIFF NORD FRIESLANDS INSELN ENTDECKEN

18 E45	Autobahn mit Anschlussstelle
	Schnellstraße
34	Fernstraße
467	Nebenstraße
	Sonstige Straße
	Fahrweg
	Eisenbahn
	Flüsse
	See
	Bebauung
	Natur-, Nationalpark
	Staatsgrenze

C 10	Campingplätze
S 10	Stellplätze
	Sehenswürdigkeit - Kultur
	Kirche
	Kloster
	Klosterruine
	Schloss
	Schlossruine
	Museum
	Höhle
	Windmühle, Windrad
	Leuchtturm, Mühle
	Aussichtspunkt
	Flughafen

HUBER KARTOGRAPHIE

N

0 10 km

1 : 250.000

201
A
B
C
D
1
2
3
4
5
6
Krummhörn
Hinte
EMDEN
Ihlow
Delfzijl
Appingedam
Dollart
Reiderwolderpolder
Rheiderland
Winschoten
Weener
Papenburg
Oude-Pekela
Vlagtwedde
Stadskanaal
NIEDERLANDE
Ems
Ostfriesisches Freilicht-museum
Siel-und Schöpfwerk
Ems-sperrwerk
S 107
S 108
S 109
S 103
S 105
C 111
C 112
C 113
C 114
Pewsum
Manslagt
Groothusen
Hamswehrum
Upleward
Campen
Loquard
Rysum
Larrelt
Wybelsum
Wolthusen
Borßum
Petkum
Pogum
Ditzum
Hatzum
Oldersum
Jemgum
Bunde
Weenermoor
Holthusen
Rhede (Ems)
Nieuweschans
Finsterwolde
Scheemda
Midwolda
Blijham
Wedde
Bourtange
A7
E22
31
280
N33
N362
N366
N365
N367
436
70
72
210
401

202
203
198
E
F
G
H
1
2
3
4
5
6
AURICH
Sandhorst
Pfalzdorf
Egels
Wiesens
Akelsbarg
Felde
Wrisse
Holtrop
72
Ost-
großefehn
Bietze-
feld
Lübbertsfehn
West-
großefehn
Großefehn
Timmel
Boekzeteler
Meer
Neukamperfehn
Stiekel-
kamper-
fehn
Varsingsfehn
Iheringsfehn
Hesel
Kleinhesel
Holtlander
Nücke
Brinkum
Holtland
AD Leer
Leer-
Ost
436
Nortmoor
Filsum
Wiesedermeer
Upschört
Marcards-
moor
Wiesede
Wilhelmsfehn
Großefehnkanal
Wiesmoor
Nordgeorgsfehnkanal
Mullberg
Hopels
Spetzerfehn
Voßbarg
Norderney
Hinrichsfehn
Zwischen-
bergen
Strackholt
Fiebing
Bagband
Neufirrel
Neudorf
Firrel
Schwerins-
dorf
Uplengen
Remels
Selverde
Hasselt
Klein Remels
Lammertsfehn
Nordgeorgsfehn
Bargerfehn
Hollen
Jübberde
Langstraße
Abickhafe
Reepsholt
Lopsum
Dykhausen
Ems-Jade
Etzel
Hesel
Friede-
burg
436
Marx
Hohemoor
Heidendom
Barge
Bentstreek
437
Ruttel
Spols
Oltmannsfehn
Lengener Meer
Stapelermoor
Tarbarg
Stapel
Bühren
Großsander
Kleinsander
Halsbek
Neuengland
Moorburg
Westerstede-West
Hollwege
Westerstederfeld
Westerstede
Klauhörn
Westerloy
Apen/Remels
Nordloher Kanal
Augustfehn
Roggenmoor
Apen
Mansie
Neu-
stadtgödens
Sande
Sanderg
Horsten
Ellens
Zetel
Driefel
Zetel
Jeringhave
S 307
Bockhorn
Neuenburg
Neuen-
burgerfeld
Astederfeld
Grabstede
Osterforde
Bredehorn
Grünen-
kamp
Conne-
forde
Eggeloge
Spohle
Felde
Petersfeld
Linswege
Westerstede
Bad Zwischenahn-West
Gießelhorst
28
E22
Elmendorf
Aue
Zwischenahner
Meer
Torsholt
Rostrup
S 400
Bad
Zwischenahn
Kayhauser
Loga
Amdorf
Jümme
Wolde
Breinermoor
Leda
Backemoor
Potshsn.
Schatteburg
Holte
Ost-
Holterfehn
Rhaude
438
rhauder-
S 101
Rhaudermoor
West-
fehn
S 102
fehn
Idafehn
Elisabeth-
fehn
Hahnentange
Langholt
Klostermoor
Altburlage
Burlage
Neuburlage
Bockhorst
Deternerlehe
Stickhausen
Vreschen-Bokel
Detern
Barge
Tange
Barßel
Nordloh
Godenshollt
Gödens-
holterweg
Ocholterfeld
Ocholt
Howiek
Karlshof
Dänikhorster-
feld
Ohrwege
Ammerland
Loher Ostmark
Loher Rieger
Loho
Loher Westmark
Wittenbergo
Dänikhorst
Kleefeld
Portologe
Petersfehn
Edewecht
Friedrichsfe
Westerscheps
Holttange
Jeddeloh
Jenseits
der Aue
Oster-
scheps
Süd Edewecht
Klein Scharr
Küstenkanal
401
Achtern
Strücklingen
Sater-
Ramsloh
Elisabethfehn Süd
Friesoythe
Kanal
Hollenermoor
Hollen
Kamperfehn
land
Scharrel
Harkebrügge
Langes Moor
Kampe
Edewechter-
damm
Hogenset
Ostland
Wester-
Neuwall
Schwaneburger-
moor
Bätholt
Sedelsberg
Heselberg
Moor
Eggers-
hausen
Riege
Altenoythe
Bremersand
401
Küstenkanal
Friesoythe
Neuscharrel
Esterwegen
Mühlenberg
Hilkenbrook
Neulorup
Barkentang
72
Ellerbrock
Bösel

203
197
A
B
C
D
1
2
3
4
5
6
S 308
C 316
C 317
S 313
S 403
S 402
Sandergroden
Abbehausergroden
Abbehausen
Friedrich-August-Hütte
Lanhausen
Ellwürden
Overwarfe
Esenshammergroden
Seefeld
Esenshamm
Kleinensiel
Weser
Dedesdorf
Fleeste
Bremerhaven
Ness
Holte
Stotel
Ellenserdammersiel
Dangast
Dangastermoor
Moorhausen
Rallenbüschen
Sehestedt
Reitland
Bösensieben
Esenshammer Oberdeich
Hayenwärf
Hartwarden
Schwegen
Neuenlande
Norderschweiburg
Stadland
Schwei
Strohausen
Rodenkirchen
Langendammsmoor
Varel/Bockhorn
Varel
Hohenberge
Süderschwei
Absen
Rechtenfleth
Driftsel
Seghorn
Varel-Obenstrohe
Jaderaußendeich
Schweiburg
Alserwurp
Sürwürden
Weißenberg
Büppel
Bramloge
Hohelucht
Süderschweiburg
Golzwarderwurp
Schmalenfleth
Hagen
Altjührden
Neuenwege
Jade
Jaderaltendeich
Neustadt
Ovelgönne
Golzwarden
Sandstedt
Nordmentzhausen
Brake (Unterweser)
Offenwarden
Jaderberg
Heubült
Wapeldorf
Jaderkreuzmoor
Südbollenhagen
Strückhauser Altendorf
Wersabe
Rastederbg.
Außendeich
Bekhausen
Südmentzhsn.
Rechtebe
Uthlede
Lehmdermoor
Mittelort
Süderfeld
Wurthfleth
Dringenburg
Jaderlangstraße
Lehmden
Delfshausen
Oberströmische Seite
Sandfeld
Brakland
Mollberg
Nethen
Hahn-Lehmden
Altendorf
Aschwarden
Moorseite
Oberhammelwarden
Meyenburg
Wiefelstede
Großenmeer
Hinnebeck
Nuttel
Loyermoor
Neuenfelde
Lienen
Flachsberg
Osterstade
Kuhlen
Moorriem
Rastede
Lohr
Elsfleth
Neuenkirchen
Vorbruch
Eggestedt
Bokel
Ipwegermoor
Rekum
Schwanewede
Mansholt
Borbeck
AK Oldenburg-N.
Dalsper
Weserdeich
Neuenkruge
Metjendorf
Wahnbek
Huntebrück
Bremen-Farge
Bremen-Lüssum
Beckedorf
OL-Etzhorn
Huntorf
Schlüte
Ranzenbüttel
Moordorf
Neuenhuntorf
Berne
Bremen-Blumenthal
Vegesack-Hafen
Kayhauserfeld
Ofen
Moorhausen
Moorriemer Kanal
Hunte
OL-Nadorst
OL-Bürgerfelde
OL-Ohmstede
Holler Sandberg
Buttel
Neuenkoop
Hiddigwarden
Lemwerder
OL-Wechloy
AD OL-West
OLDENBURG
Holle
Neuenhuntorfermoor
Bardewisch
Petersfehn
OL-Haarentor
Eversten
OL-Hafen
Oberhausen
Pfahlhausen
Stedinger Kanal
Friedrichsfehn
OL-Eversten
OL-Kreyenbrück
Wraggenort
Hudermoor
Altenesch
OL-Marschweg
Wüsting
OL-Osternburg
AK Oldenburg-Ost
Süd Moslesfehn
Klein Scharrel
Küstenkanal
Hundsmühlen
Kreyenbrück
Hude (Oldenburg)
Schönemoor
Lintel
Nordenholz
Rethorn
Tungeln
Tweelbäke Ost
Altmoorhausen
Stenum
Schierbrok
Achternmeer
Ostland
Westerholt
Streek
Hesterort
Grüppenbühren
Ganderkesee-West
DELMENHORST
Sandkrug
Hatten
Hude
Wardenburg
Munderloh
Habbrügge
Ganderkesee-Ost
DEL-Deichhorst
Benthullen
Astrup
Hatterwüsting
Dingstede
Lethe
Wardenburg
Ganderkesee
DEL-Adelheide
Littel
Westerburg
Kirchhatten
Bergedorf
Bürstel
Charlottendorf
Hunte
Immer
Nuttel
Sannum
Sandhatten
Delme
Adelheide
Halenhorst
Klattenhof
Havekost
Hengstlage
Huntlosen
Ostrittrum
Barel
Hengsterholz
Döhlen
Westrittrum
Geveshausen
Neerstedt
Henstedt

204
205
200
E
F
G
H
1
2
3
4
5
6
Bexhövede
Hipstedt
Oerel
Heerstedt
Wollingst
Malse
Barchel
Hesedorf
Dohren
Appeln
Basdahl
Oese
Spreckens
Lunestedt
Osterndorf
Fahrendorf
Minstedt
Bevern
Kampe
Wester-
beverstedt
Volkmarst
Plönjeshausen
Hollen
Lune
Beverstedt
Kirchwistedt
Fahrendahl
Altwistedt
Brillit
Klenkendorf
Deinstedt
Stubben
Wellen
Ahe
Friedrichs-
dorf
Oste-Kanal
Sandbostel
Bokel
Oberochten-
hausen
Langenfelde
Kuhstedt
Langen-
hausen
Augustendorf
Parnewinkel
Holste
Hellingst
Gnarren-
burg
Dubenmoor
Lohe
Oldendorf
Giehle
Barkhausen
Selsingen
Bramstedt
Haaßel
Steden
Kolheim
Granstedt
Finna
Axstedt
Karlshöfen
Twistenbek
Glinstedt
Harrendorf
Paddewisch
Hamme
Kuhstedtermoor
Findorf
Seedorf
Ahrensdorf
Oste
Lübberstedt
Gehlermoor
Rhade
Rockstedt
Lavenstedt
Albstedt
Wallhöfen
Vollersode
Nordsode
Goden-
stedt
Hambergen
Friedensheim
Ostersode
Hanstedt
Rhadereistedt
Ohlenstedt
Heißenbüttel
Ostereistedt
Teufelsmoor
Zeven
Heudorf
Breddorf
Oldenbüttel
Heilsdorf
Bornreihe
Spreddig
Hüttendorf
Badenstedt
Oldendorf
Hülseberg
Ströhe
Hüttenbusch
61
Freißenbüttel
Sandhausen
Neu Sankt Jürgen
Hepstedt
Brümmerhof
Altendamm
Heide
Teufelsmoor
Überhamm
Ostertimke
Westerbeck
Kirchtimke
Busch-
hausen
Pennigbüttel
Weyerdeelen
Mevenstedt
Westertimke
Osterholz-
Scharmbeck
Adolphsdorf
Tarmstedt
Heilshorn
74
Worpswede
Tüschendorf
Steinfeld
Werschen-
rege
Ostendorf
Otterstein
Bülstedt
Waak-
hausen
Lesumstotel
Westerwede
Mooringen
Seehausen
Winkeldorf
Scharmbeckstotel
Moorende
Wilstedt
Nartum
Ihlpohl
Worpheim
Wörpe-
dorf
Eickedorf
Viehland
Lüninghausen
Vorwerk
Horstedt
Bremen-Nord
Ritterhude
Worphausen
Schmalenbeck
Sankt Jürgen
Klostermoor
Grasberg
Stapel
Wümme
Frankenburg
Dipshorn
Benkel
Trupermoor
Huxfeld
27
Heidberg
Grasdorf
Buchholz
Narthauen
AD Bremen-Industriehäfen
Lilienthal
Falkenberg
Dannenberg
Taaken
Bremen-
Grambke
Mittelsmoor
Ottersstedt
E22
Rautendorf
Quelkhorn
Reeßum
Schleeßel
25
Clüversborstel
Seebergen
Eckstever
Bremen-
Überseestadt
Wilhelmshausen
Sottrum
Bremen-
Horn/Lehe
281
Seehausen
E234
Fischerhude
6
Horn
Lehe
Ober-
neuland
Ottersberg
Stuckenborstel
Bremen-
Seehausen
Übersee-
Museum
Woltmers-
hausen
Rathaus und
Rolandstatue
Bremen-Vahr
Sagehorn
Bremen-
Neustädter Hfn.
Posthausen
Hellwege
BREMEN
Bremen-Woltmershausen
Oyten
Bassen
Osterholz
Wümmingen
S 401
4
75
Neustadt
Bremen-Sebaldsbrück
1
Schanzendorf
Posthausen
Hemelingen
Lindheim
Bremen-
Hemelingen
Oyten
Uphsn/Bremen-
Mahndf.
AK Bremen
Stuhr
Ochtum
Badenermoor
Grasdorf
Ober-
vieland
8
Haberloh
Varrel
Bremen-Arsten
Moordeich
Uphusen
Achim-Ost
Steinberg
Allerdorf
Achim-Nord
Bremen/Brinkum
Dreye
Bierden
Lang-
wedelermoor
Brinkum
AD Stuhr
Hörden
Bollen
Achim
Baden
Völkersen
Gross Mackenstedt
Kirchweyhe
Ahausen
Uesen
Horstedt
Weser
Langwedel
322
Etelsen
Secken-
hausen
Leeste
Sudweyhe
Dibbersen
Eißel
Werder
Daverden
Weyhe
439
51
Lunsen
Langwedel

A
B
C
D
1
2
3
4
5
6
206
199
5
S 514
S 513
E22
1
3
26
71
73
75
440
Fredenbeck
Deinste
Helmste
Dollern
Jork
Neuenkirchen
Horneburg
Königreich
Nincop
Ladekop
Estebrügge
Mulsum
Essel
Wedel
Kutenholz
Frankenmoor
Klein Aspe
Groß Aspe
Sadersdorf
Bargstedt
Ohrensen
Issendorf
Nottensdorf
Hedendorf
Grundoldendorf
Dammhausen
Neukloster
Buxtehude
Rübke
Harsefeld
Ruschwedel
Eilendorf
Ovelgönne
Neu Wulmstorf
Byhusen
Bredenbeck
Brest
Doosthof
Ottensen
Ketzendorf
Farven
Reith
Wohlerst
Kakerbeck
Hollenbeck
Griemshorst
Kammerbusch
Apensen
Pippensen
Ardestorf
Daensen
Malstedt
Fehrenbruch
Windershwohlde
Oersdorf
Ahlerstedt
Beckdorf
Revenahe
Nindorf
Moisburg
Elstorf
Rahmstorf
Eversen
Goldbeck
Grauen
Ohrel
Grafel
Kohlenhausen
Klethen
Ottendorf
Ahrensmoor
Sauensiek
Staersbeck
Appel
Oldendorf
Rade
Dubenmoor
Anderlingen
Viehbrock
Bokel
Ahrenswohlde
Wiegersen
Regesbostel
Wohlesbostel
Hollenstedt
Haaßel
Twistenbostel
Bohnste
Wense
Steddorf
Wangersen
Groß Wohnste
Klein Wohnste
Wohnste
Holvede
Sellhorn
Halvesbostel
Hollinde
Wenzendorf
Dierstorf
Sassenholz
Boitzen
Boitzenbostel
Ippensen
Vierden
Ramshausen
Heidenau
Ochtmannsbruch
Drestedt
Meinstedt
Offensen
Heeslingen
Marschhorst
Langenfelde
Klein Meckelsen
Freetz
Kallmoor
Bötersheim
Kakenstorf
Trelde
Zeven
Weertzen
Lengenbostel
Sittensen
Kalbe
Wüstenhöfen
Dohren
Sprötze
Wiersdorf
Freyersen
Groß Meckelsen
Tiste
Vaerloh
Tostedt
Todtglüsingen
Aspe
Frankenbostel
Volkensen
Burgsittensen
Wistedt
Langeloh
Hoinkenbostel
Brüttendorf
Rüspel
Avensermoor
Tostedt-Land
Tiefenbruch
Kampen
Elsdorf
Ehestorf
Hamersen
Wümme
Otter
Osenhorst
Appel
Königsmoor
Klein Todtshorn
Groß Todtshorn
Gyhum
Sothel
Stemmen
Helvesiek
Stell
Bockel
Hesedorf
Abbendorf
Wittkopsbostel
Wenkeloh
Riepe
Ottermoor
Nartum
Lauenbrück
Hetzwege
Westeresch
Varel
Wesseloh
Wintermoor
Langenhörn
Vahlde
Redderberg
Mulmshorn
Westerholz
Jeersdorf
Benkeloh
Fintel
Freilichtmuseum Meyerhof
Scheeßel
Einloh
Haswede
Borchel
Veersebrück
Westervesede
Ostervesede
Insel
Höperhöfen
Großenwede
Schleeßel
Bötersen
Bartelsdorf
Clüversborstel
Luhne
Deepen
Schneverdingen
Sottrum
Lünzen
Waffensen
Rotenburg (Wümme)
Zahrensen
Hassendorf
Molkenreith
Brockel
Lünzenbrockhof
Grauen
Worth
Hemsbünde
Hemslingen
Schülern
Unterstedt
Hastedt
Söhlingen
Schwalingen
Hemsen
Bothel
Bellen
Tewel
Sprengel
Ahausen
Hassel
Moordorf
Brochdorf
Delmsen
Ilhorn
Langeloh
Bretel
Reimerdingen
Eversen
Rosebruch
Neuenkirchen
Gilmerdingen
Westerwalsede
Riekenbostel
Wolterdingen
Kirchwalsede
Drögenbostel
Ellinge
Oste
Otter
Bever
Aue
Twiste
Ramme
Este
Wümme
Fintau
Rodau
Aue-Mehde
Lühe
Visselbach
Demm
Königsmoor
Wümme
Borchelsmoor

E
F
G
H
1
2
3
4
5
6
NORDSEE
Helgoland
Ostfriesische Inseln
Schluchters
Norderney
Busetief
202
Juist
Bill
Im Loog
Memmert
Voorentief
Osterems
Borkum
Ostland
Nationalpark
Lütje Hörn
Niedersächsisches
Wattenmeer
Reede Borkum
Westerems
Rottumeroog
Zuiderstrand
Oude Westereems
C 209
S 200
S 201
C 208
S 110
Norddeich
Utlandshörn
Wester-marsch I
Norder Tief
Neuwesteel
Leybucht
Leybucht-polder
Greetsiel
Hauen
Pilsum
Eilsum
Visquard
Grimersum
Manslagt
Jennelt
Uttum
Krumm-
Groothusen
Pewsum
Hamswerum
Upleward
Ostfriesisches Freilicht-museum
Dukegat
Doeke Gat
Eemshaven
Valom
Roode-school
Oudeschip
Uithuizermeeden
N33
196
201

A B C D
1 2 3 4 5 6
Helgoland
N O R D S E E
O s t f r i e s i s c h e I n s
Spieke
Spiekeroog
Langeoog
Meierei Ostende
Baltrum
Norderney
Niedersächsisches
Nationalpark
Wichter Ee
Accumer Ee
Otzumer Balje
Schillbalje
Dollart
Ruteplate
Riffgat
200
C 210
S 202
C 211
C 212
S 204
S 203
S 106
196
Neßmersiel
Hilgenriedersiel
Dornumersiel
Nordsee-therme
Bettenwarfen
Neu-harlingersiel
Ostbense
Groß Holum
Bensersiel
Damsum
Dornumergrode
Harketief
Nesse
Westeraccum
Hartward
Werdum
Esens
Hagermarsch
Westdorf
Dornum
Utgast
Thunum
Honnewarf
Linteler-marsch
Schwittersum
Holtgast
Osteraccum
Westerloog
Terhalle
Roggenstede
Fulkum
Harlinger Land
Stedesdorf
Schloss Nordeck
Westerende
Utarp
Lütetsburg
Berum
Arle
Ochtersum
Buttforde
Hage
Burg Berum
Norden
Wasserschloss Lütetsburg
Berumbur
Großheide
Schweindf.
Moorweg
Dunum
Burhafe
Nenndorf
Westerholt
Abens
Wurzeldeich
Berumerfehnkanal
Süd-coldinne
Blomberg
Negenbargen
Brill
Burgschloot
Wittmund
Halbemond
Neuschoo
Norder Tief
Neuwesteel
Berumerfehn
Eversmeer
Ewiges Meer
Leezdorf
Goldmoor
Langefeld
Webershausen
Nord-
Osteel
Rechtsupweg
Meerhusener Moor
Middels-Osterloog
Heglitz
Marienhafe
Upgant-Schott
Upende
Stürenburgshof
Middels-Westerloog
Ardorf
Neue Welt
Münkeboe
Tannenhausen
Plaggenburg
Spekendorf
Schnapp
Schottjer Dresche
Süd-
brookmerland
Victorbur
Kollrunge
Müggenkrug
Oldeborg
Sandhorst
Pfalzdorf
Wirdum
Moordorf
Brockzetel
Grimersum
Georgsheil
AURICH
Wiesedermeer
Wiegboldsbur
Theene
Extum
Egels
Westerende-Kirchloog
Wiesens
Marcardsmoor
Schirumer-feld
Schirum
Akelsbarg
Felde
Loppersum
Barstede
Holtrop
Wilhelmsfehn
72
210
1
2

E
F
G
H
1
2
3
4
5
6
Helgoland
Alte Weser
Neue Weser
Alte Weser
Roter Sand
Weser
Hoher Knechtsand
Wangerooge
Harle
Tegeler Plate
Mellumplate
Minsener Oog
Wattenmeer
Mellum
Hohewegrinne
Hoher Weg
Nationalpark
Niedersächsisches
Wattenmeer
Weser
204
Jade
Hooksielplate
S 205
S 207
S 300
C 314
S 301
S 302
C 315
C 318
S 311
C 319
S 305
S 306
S 304
S 303
C 316
S 308
C 317
Harlesiel
Bassens
Minsen
Schillig
Friederikensiel
Carolinensiel
Horumersiel
Neugarmssiel
Wiarden
Sankt Joost
Hohenkirchen
Wangerland
Wüppelser Altendeich
Middoge
Tettens
Oldorf
Hooksiel
Berdum
Wichtens
Eggelingen
Haddien
Utwarfe
Ölhafen
Westrum
Waddewarden
Wiefels
Jeverland
Utters
Hooksielplate
Langwarden
Ruhwarden
Asel
210
Jever
Sillenstede
Oengwarden
Fedderwarden
Niedersachsendamm
Fedderwardergroden
Tossens
Burhave
Süllwarden
Butjadingen
Cleverns
Moorwarfen
Grafschaft
Burg Kniphausen
Wilhelmshaven
Möns
Addernhsn.
Fedderwarden
Kopperhörner Mühle
Sandel
Schortens
Gr. Ostiem
29
WILHELMSHAVEN
Eckwarden
Iffens
Sandelerburg
Wilhelmshavener Kreuz
Middelsfähr
Kaiser-Wilhelm-Brücke
Eckwarderhörne
Schoost
Stollhamm
Langstraße
Lopsum
Dykhausen
Sanderbusch
Abickhafe
Schloss Gödens
Sande
Ahndeich
Reepsholt
Gödens
Sande
Sandergroden
Ems-Jade-Kanal
Abbehausergroden
Etzel
Neustadtgödens
Arngast
Hesel
Jadebusen
Friedeburg
436
Horsten
197
Ellens
198
Ellenserdammersiel
Dangast
Sehestedt
Marx
Hohemoor
Dangastermoor

207
203
198
199
A
B
C
D
1
2
3
4
5
6
Scharhörn
Nationalpark
Hamburgisches
Wattenmeer
Neuwerk
Niedersächsisches
Klotzenloch
Kaiser-Wilhelm-Koog
C 413
C 414
S 408
S 409
S 407
C 411
C 412
C 520
S 500
S 406
C 410
S 309
S 310
C 320
S 405
S 404
S 312
Kugelbake
Duhnen
Döse
Stickenbüttel
Sahlenburg
CUXHAVEN
Medemsand-
insel
Elbe
Spangen
Holte
Groden
Cuxhaven
Arensch
Höltjer Höhe
Altenwalde
Berensch
Wehldorf
Müggendorf
Altenbruch
Altenbruch-
Osterende
Otterndorf
Mahrdorf
Franzenburg
Gudendorf
Lüdingworth
Spieka-
Neufeld
Oxstedt
Nordholz
Köstersweg
Süderwisch
Norderteil
Osterbruch
Neuenkirchen
Süderteil
Wursterheide
Spiekaer Altendeich
Cappel-Neufeld
Knill
Nordleda
Kampen
Hasendorf
Wanhöden
Wanna
Osterwanna
Ihlienworth
Spieka
Dorumer Neufeld
Midlum
Dorumer Altendeich
Cappel
Mittelteil
Padingbütteler-
Oberstrich
Land-
Wursten
Sonnenberg
Süderleda
Auedeich
Ahlenmoor
Medemstade
Norderende
Krempel
Ahlen-Falkenberg
Padingbüttel
Alsum
Schiffshöhe
Misselwardener
Dorum
Holßel
Dahlemer See
Süderwesterseite
Lauenteil
Missel-
warden
Fünf Seen
Neuenwalde
Flögelner See
Steinau
Schmarren
Mulsum
Flögeln
Höring
Wremen
Neubachenbruch
Wremertief
Sievern
Hymendorf
Fickmühlen
Hofe
Hülsing
Bederkesaer See
Schottwarden
Debstedt
Bad
Bederkesa
Ankelohe
Imsum
Langen
Drangstedt
Wehden
Lintig
Fedderwardersiel
Marschenhaus
Freilichtmuseum
Alfstedt
Meckelstedt
Elmlohe
Kührstedt
Bremerhaven-
Überseehäfen
Laven
Spaden
Marschkamp
Wüstewohlde
Hainmühlen
Deutsches
Auswanderer-
haus
Sillens
Waddens
Zoo am Meer
Tettens
Klimahaus 8°C
Deutsches
Schiffahrtsmuseum
Bremerhaven-Mitte
Bramel
Geeste
Elbe-Weser-Binnenschiffahrtsweg
Ringstedt
Altenkamp
Klein
Eckwarden
BREMERHAVEN
Schiffdorf
Köhlen
Blexen
Schweewarden
Sellstedt
Altluneberg
Drittgeest
Stollhamm
Bremerhaven-Geestemünde
Geestenseth
Apeler
Hosermühlen
Wehdel
West-
moorsee
Heering
HB-Wulsdorf
Donnern
Frelsdorf
Friedrich-
August-
Hütte
Abbe-
hausen
Lanhausen
Bexhövede
Ellwürden
Overwarfe
Loxstedt
Wollingst
Heerstedt
Lohe
Esenshammergroden
Fleeste
Bremerhaven-Süd
Weser
Nesse
Düring
Appeln
Holte
Stotel
Hetthorn
Westerbeverstedt
Osterndorf

208
206
199
200
205
Itzehoe
Brunsbüttel
Glückstadt
Freiburg (Elbe)
Drochtersen
Hemmoor
STADE
Bremervörde
Fredenbeck
Deutsches Zementmuseum
Freilichtmuseum
S 501
S 502
S 503
S 504
S 505
S 506
S 507
S 508
S 509
S 510
S 603
S 604
S 605
S 606
S 607
C 521
C 612
C 613
NSG
Elbe
Oste
Wingst
Kehdingen
Land Kehdingen
Wilstermarsch
Krempermarsch
Westerberg

209
205
200
A
B
C
D
1
2
3
4
5
6
Bad Bramstedt
Kaltenkirchen
Henstedt-Ulzburg
Barmstedt
ELMSHORN
Quickborn
NORDERSTEDT
Tornesch
Uetersen
Rellingen
Halstenbek
Schenefeld
Wedel
HAMBURG
Jork
Buxtehude
Neu Wulmstorf
Horneburg
Lohbarbek
Wittenbergen
Oelixdorf
Breitenberg
Kollmoor
Westermoor
Breitenburg
Moordiek
Kronsmoor
Moordorf
Breitenburger Moor
Knöllerdamm
Lägerdorf
Vossbarg
Osterhorn
Rethwisch
Westerhorn
Hohenfelde
Glindesmoor
Bokelseß
Heisterende
Groß Offenseth
Kl. Offenseth-Sparrieshoop
Grönland
Horst (Holstein)
Siethwende
Sparrieshoop
Kiebitzreihe
Wrist
Stellau
Auufer
Wulfsmoor
Hingstheide
Mönkloh
Bokel
Hörnerkirchen
Brande-Hörnerkirchen
Heidmoor
Hitzhusen
Föhrden-Barl
Weddelbrook
Lentföhrden
Grotmoor
Krummendieke
Heidkaten
Höllen
Langelner Heidkaten
Langeln
Aspern
Hanredder
Bokholt-Hanredder
Heede
Bullenkuhlen
Hemdingen
Bilsen
Alveslohe
Ulzburg
Ellerau
Kölln-Reisiek
Bevern
Seeth-Ekholt
Ellerhoop
Quickbornerheide
Renzel
Ahrenlohe
Kummerfeld
Hohenraden
Borstel-Hohenraden
Tangstedt
Hasloh
Bönningstedt
Prisdorf
Egenbüttel
Gayen
Bimöhlen
Weide
Kolonie Glashütte
Bockhorn
Fuhlenrüe
Hartenholm
Hasenmoor
Schmalfeld
Nützen
Struvenhütten
Bredenbekshorst
Kattendorf
Oersdorf
Hüttblek
Sievershütten
Winsen
Kisdorferwohld
Kisdorf
Götzberg
Nahe
Wakendorf II
Wohld
Ulzburg Süd
Rhen
Kayhude
Wilstedt
Tangstedt
Siedlung Wilstedt
Wulksfelde
Friedrichsgabe
Harksheide
Duvenstedt
Glashütte
Lemsahl-Mellingstedt
Langenhorn
Poppenbüttel
Hummelsbüttel
Sasel
Wellingsbüttel
Fuhlsbüttel
Flughafen Hamburg
Hagenbecks Tierpark
Barmbek
Wandsbek
Außenalster
Hauptbahnhof
Altona
Neuendorf b. Elmshorn
Flejen
Kurzenmoor
Klein Nordende
Neuendeich
Haselau
Haseldorfer Marsch
Hohenhorst
Heist
Scholen
Haseldorf
Unterglinde
Oberglinde
Appen
Etz
Holm
Holmer Sandberge
Waldenau-Datum
Haidehof
Hetlingen
Twielenfleth
Grünendeich
Steinkirchen
Sülldorf
Osdorf
Rissen
Schiffsbegrüßungsanlage
Blankenese
AOL-Arena
Elbtunnel
Finkenwerder
Guderhandviertel
Borstel
Hinterbrack
Königreich
Neuenkirchen
Ladekop
Nincop
Neuenfelde
Francop
Estebrügge
Köhlbrandbrücke
Wilhelmsburg
Moorburg
Rübke
Dammhausen
Neukloster
Nottensdorf
Hedendorf
Neugraben-Fischbek
Harburg
Ehestorf
Eilendorf
Ovelgönne
Ketzendorf
Ottensen
Pippensen
Daerstorf
Neuland
Bullenhausen
Over
Naturpark
Altes Land
Krückau
Pinnau
Alster
Osterau
Ohlau
Bramau
Moorwettern
Landwettern
Lühe
S 602
S 601
S 600
S 511
S 512
S 513
S 514
S 515
S 516
S 517
S 518
S 519
C 522
C 523
E45
E22
7
23
20
24
26
255
4
5
73
75
206
431
432
433
447
253
Bad Bramstedt
Kaltenkirchen
Henstedt-Ulzburg
Quickborn
Horst/Elmshorn
Elmshorn
Tornesch
Pinneberg-Nord
Pinneberg-Mitte
Pinneberg-Süd
Halstenbek/Rellingen
Halstenbek/Krupunder
HH-Schnelsen-Nord
HH-Schnelsen
HH-Eidelstedt
AD HH-Nordwest
HH-Stellingen
HH-Volkspark
HH-Othmarschen
HH-Waltershof
HH-Moorburg
HH-Heimfeld
HH-Wilstorf
Hamburg-Wilhelmsburg-Süd
HH-Harburg-Mitte
HH-Harburg
HH-Stillhorn
AD HH-Südost
AK HH-Süd
HH-Moorfleet
HH-Veddel
HH-Billstedt
HH-Horn
HH-Öjendorf
HH-Jenfeld
AD HH-Südwest
HH-Marmstorf
Lägerdorf
Hohenfelde
Dollern
Horneburg
Jork

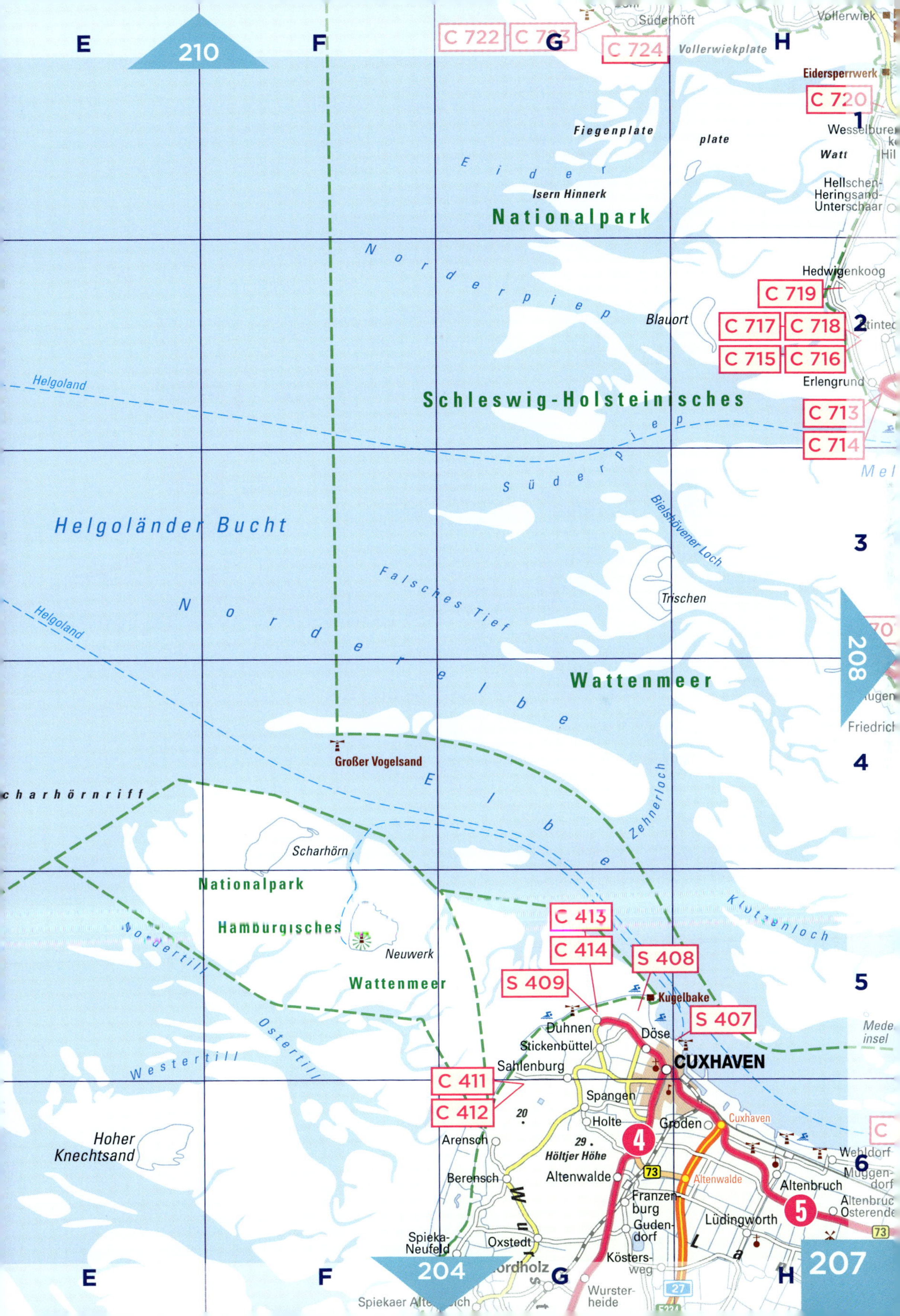
210
208
204
E
F
G
H
1
2
3
4
5
6
Süderhöft
Vollerwiek
Vollerwiekplate
Eidersperrwerk
C 720
C 722
C 723
C 724
Wesselburen
Watt
Fiegenplate
plate
Eider
Isern Hinnerk
Nationalpark
Hellschen-Heringsand-Unterschaar
Norderpiep
Hedwigenkoog
C 719
C 717
C 718
C 715
C 716
Blauort
Erlengrund
Helgoland
Schleswig-Holsteinisches
C 713
C 714
Süderpiep
Helgoländer Bucht
Bielshövener Loch
Falsches Tief
Trischen
Norderelbe
Wattenmeer
Friedrich
Großer Vogelsand
Elbe
Zehnerloch
charhörnriff
Scharhörn
Nationalpark
Hamburgisches
Neuwerk
Wattenmeer
Klotzenloch
C 413
C 414
S 408
S 409
Kugelbake
S 407
Duhnen
Döse
Stickenbüttel
CUXHAVEN
Sahlenburg
Westertill
Ostertill
Nordertill
C 411
C 412
Spangen
Holte
Groden
Cuxhaven
Hoher Knechtsand
Arensch
Höltjer Höhe
Altenwalde
Berensch
Franzenburg
Gudendorf
Altenbruch
Lüdingworth
Spieka-Neufeld
Oxstedt
Köstersweg
Wursterheide
Spiekaer Alte
Wehldorf
Altenbruch Osterende
Medeminsel
73
27
4
5
207

211
207
205
A
B
C
D
1
2
3
4
5
6
NABU Naturzentrum Katinger Watt
Karolinenkoog
Zennhusen
Bargen
Fedder
Hennstedt
Wallen
Tielen
Eiderdeich
Glüsing
Pahlen
Pahlhude
Tielenhemme
Wittenwurth
Stelle-
Hägen
Strübbel
Blankenmoor
Norderheistedt
Weddingstedt
Linden
Pahlkrug
Dörpling
Dellstedter M
Tielenau
Eider
Schülp
Heuwisch
Dellweg
Barkenholm
Schalkholz
Hövede
Dellstedt
Wesselburenerkoog
Hillgroven
Neuenkirchen
Borgholz
Süderheistedt
Breitenberg
Rederstall
Tellingstedt
Lüdersbüttel
Norddeich
Kohlosseum
Wesselburen
Tiebensee
Wesseln
Ostrohe
Westerborstel
Wrohm
Oesterwurth
Süderholm
Bennewohld
Schelrade
Süderdeich
Norderwöhrden
Heide
Heide-West
S 704
Welmbüttel
Lendern
Gaushorn
Osterrade
Reinsbüttel
Wellinghusen
Lohe
Schrum
Immenstedt
Jützbüttel
Nordhastedt
Oesterdeichstrich
Wesselburener Deichhausen
Wöhrden
Heide-Süd
23
Osterwohld
Arkebek
Dammsl
203
Hochwöhrden
Braaken
Westerwohld
S 700
Albersdorf
Steenfeld
Friedrichsgabekoog
Büsumer Deichhausen
Warwerort
Ketelsbüttel
Hemmingstedt
Fiel
Odderade
Lehrsbüttel
Steinzeitpark Dithmarschen
Landgraben
Christianskoog
Speicherkoog
Büsum
Epenwöhrden
Meldorfermoor
Röst
Beldorf
S 703
Sarzbüttel
Albersdorf
Grünental
Hanerau
Meldorfer Bucht
Neuer Meldorfer Hafen
Barsfleth
Thalingburen
Süderrmiele
431
Bargenstedt
Tensbüttel-Röst
Thade
S 702
Dithmarscher Bauernhausmuseum
Dellbrück
Bornholt
Meldorferhafen
Nindorf
Ammerswurth
Meldorf
Farnewinkel
Schafstedt
Lütjenbornholt
Oersdorf
Helmsand
Elpersbüttel
Dith-
Wolmersdorf
Krumstedt
Hanerau-Hademarschen
Eesch
Elpersbüttelerdonn
Süderau
Eggstedt
Hohenhörn
Windbergen
Süderhastedt
Dückerswisch
Besdorf
Busenwurth
Kleinhastedt
C 711
Holstenniendorf
Bokelrehm
Barlterneuendeich
Kleinrade
Meerensstrom
Wolfenbüttel
Gudendorf
Frestedt
Großenrade
Gribbohm
Diek-
Kaiserin-
marschen
Barlt
Hochdonn
sand
Auguste-
Sankt Michaelisdonn
Hindorf
Quickborn
Brickeln
Wacken
Viktoria-
Barlteraltendeich
Friedrichskoog
Koog
Trennewurth
Hamberg
Burg (Dithmarschen)
Großes Moor
Vaale
Hopen
Buchholz
Kronsaal
Krumwehl
C 712
Aebtissinwisch
Vaalermoor
Dieksanderkoog
Helse
Darenwurth
Stubbenberg
Rösthusen
Kuden
Kronprinzenkoog
Neuendorf b. Wilster
Tiefste deutsche Landstelle
Volsemenhusen
Dingen
Dingerdonn
Kudensee
Nord-Ostsee-Kanal
Kaiser-Wilhelm-Koog
Marne
Behmhusen
Eddelak
Ecklak
Moorhusen
Marnerdeich
Averlak
Wilster
Fahrstedt
Ramhusen
Averfleth
Hackeboe
Diekhusen
Blangenmoor
Kudensee
Ecklakerhörn
Landrecht
Schmedeswurth
Helser Fleth
Landscheide
Marner
Westerbelmhusen
Neuenkoogsdeich
Westerbüttel
Wilster
Neufeld
Nortorf
Dammfle
Neufelderkoog
S 606
Büttel
Stuven
Poßfeld
Hochfeld
Nordhusen
Mühlenstraßen
Brunsbüttel
Sankt Margarethen
Kleinarentsee
Medemsandinsel
C 613
Marsch
Beidenfleth
Großarentsee
Brokdorf
Elbe
NSG
S 605
Wewe
C 520
S 500
Krummendeich
Wehldorf
Stellenfleth
S 501
S 502
Freiburg (Elbe)
Muggendorf
Mahrdorf
Balje
Altenbruch
Belum
Hörne
S 503
Osterende
Otterndorf
Bahrdorf
Süderdeich
Breitendeich
S 504
Allwörden
Oste
Altenwisch
Holenwisch
Kehdingen
Neuhaus (Oste)
Oederquart
Landesbrück
73
Wischhafener Schleusenfleth
Norderteil
Kehdingbruch
Geversdorf
Neuenkirchen
Hollerdeich
Hamelwörden
S 505
S 603
Osterbruch
Westercadewisch
Seeweg
Dösemoor
Wischhafen
Süderteil
Cadenberge
Zollbaum
Bruchweg
S 507

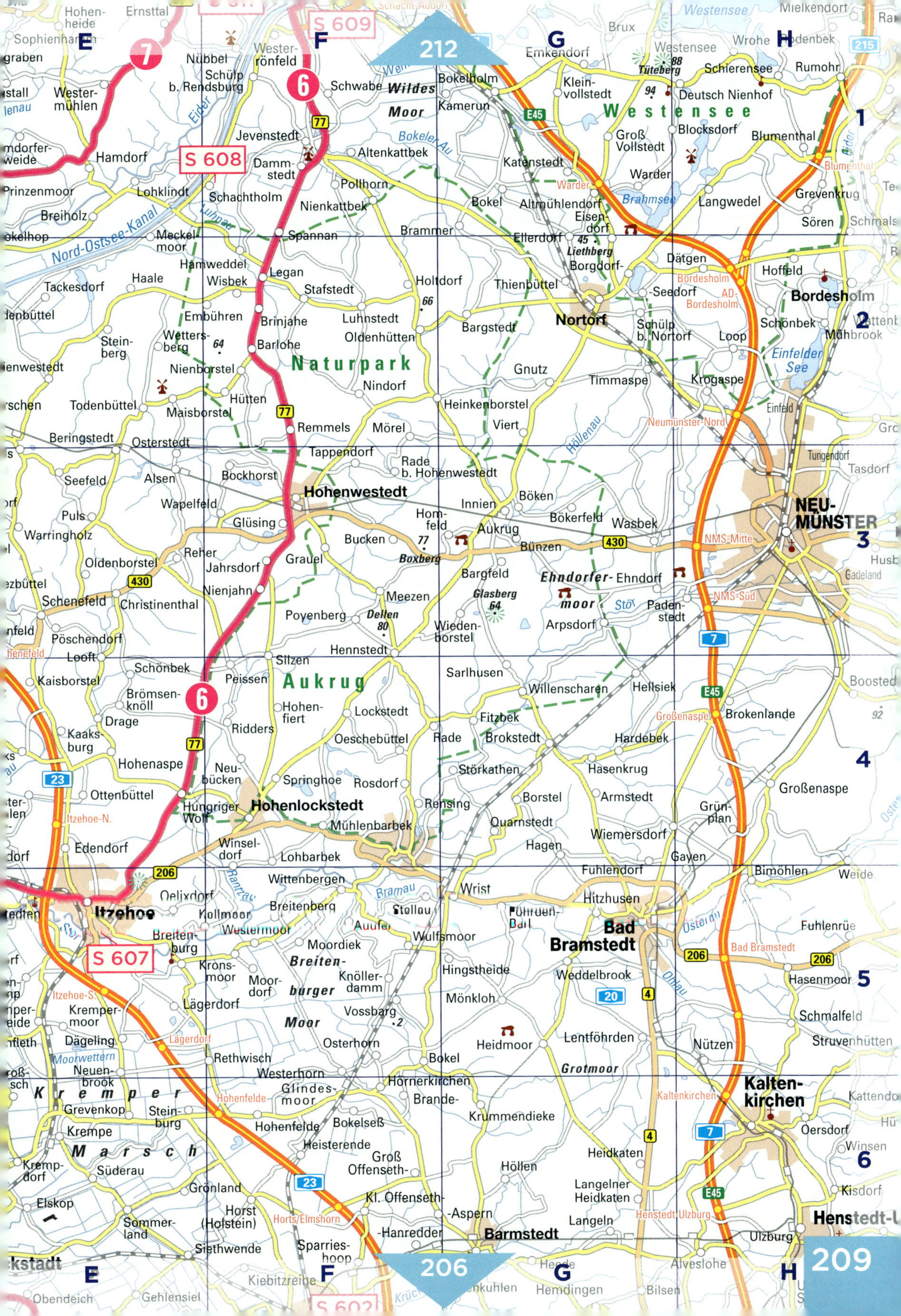
212
206
E
F
G
H
1
2
3
4
5
6
Westensee
Nübbel
Schülp b. Rendsburg
Wester-rönfeld
Schwabe
Wildes Moor
Bokelholm
Kamerun
Emkendorf
Klein-vollstedt
Tüteberg
Deutsch Nienhof
Schierensee
Rumohr
Wrohe
Westensee
Groß Vollstedt
Blocksdorf
Blumenthal
Westermühlen
Hamdorf
Jevenstedt
Damm-stedt
Altenkattbek
Bokeler Au
Katenstedt
Warder
Brahmsee
Langwedel
Grevenkrug
Sören
Prinzenmoor
Lohklindt
Schachtholm
Pollhorn
Nienkattbek
Bokel
Altmühlendorf
Eisendorf
Breiholz
Nord-Ostsee-Kanal
Meckelmoor
Spannan
Brammer
Ellerdorf
Liethberg
Borgdorf-
Dätgen
Hoffeld
Bordesholm
Hamweddel
Wisbek
Legan
Stafstedt
Holtdorf
Thienbüttel
Seedorf
AD-Bordesholm
Tackesdorf
Haale
Embühren
Brinjahe
Luhnstedt
Oldenhütten
Bargstedt
Nortorf
Schülp b. Nortorf
Loop
Schönbek
Mühbrook
Stein-berg
Wetters-berg
Barlohe
Naturpark
Gnutz
Timmaspe
Krogaspe
Einfelder See
Nienborstel
Nindorf
Todenbüttel
Maisborstel
Hütten
Heinkenborstel
Einfeld
Remmels
Mörel
Viert
Höllenau
Neumünster-Nord
Beringstedt
Osterstedt
Tappendorf
Rade b. Hohenwestedt
Tungendorf
Tasdorf
Seefeld
Alsen
Bockhorst
Hohenwestedt
Böken
Wapelfeld
Innien
Puls
Glüsing
Hom-feld
Aukrug
Bökerfeld
Wasbek
NEUMÜNSTER
Warringholz
Bucken
Boxberg
Bünzen
NMS-Mitte
Reher
Oldenborstel
Jahrsdorf
Grauel
Bargfeld
Ehndorfer-moor
Ehndorf
Gadeland
Schenefeld
Christinenthal
Nienjahn
Meezen
Glasberg
Stör
Padenstedt
NMS-Süd
Poyenberg
Dellen
Wieden-borstel
Arpsdorf
Pöschendorf
Looft
Hennstedt
Silzen
Schönbek
Peissen
Aukrug
Sarlhusen
Willenscharen
Hellsiek
Boosted
Kaisborstel
Brömsen-knöll
Hohen-fiert
Lockstedt
Fitzbek
Großenaspe
Brokenlande
Drage
Ridders
Oeschebüttel
Rade
Brokstedt
Hardebek
Kaaks-burg
Hohenaspe
Neu-bücken
Springhoe
Rosdorf
Störkathen
Hasenkrug
Großenaspe
Ottenbüttel
Hungriger Wolf
Hohenlockstedt
Rensing
Borstel
Armstedt
Grün-plan
Itzehoe-N.
Mühlenbarbek
Quarnstedt
Wiemersdorf
Edendorf
Winsel-dorf
Lohbarbek
Hagen
Gayen
Fuhlendorf
Bimöhlen
Weide
Wittenbergen
Oelixdorf
Bramau
Wrist
Hitzhusen
Itzehoe
Kollmoor
Breitenberg
Stellau
Föhrden-Barl
Bad Bramstedt
Westermoor
Auufer
Fuhlenrüe
Breiten-burg
Moordiek
Wulfsmoor
Osterau
Bad Bramstedt
S 607
Krons-moor
Breiten-burger Moor
Knöller-damm
Hingstheide
Weddelbrook
Hasenmoor
Itzehoe-S.
Moor-dorf
Mönkloh
Lägerdorf
Kremper-moor
Vossbarg
Schmalfeld
Dägeling
Lägerdorf
Heidmoor
Lentföhrden
Nützen
Struvenhütten
Rethwisch
Osterhorn
Grotmoor
Moorwettern
Neuen-brook
Westerhorn
Bokel
Hörnerkirchen
Kaltenkirchen
Kalten-kirchen
Kattendorf
Glindes-moor
Brande-
Krempermarsch
Grevenkop
Hohenfelde
Stein-burg
Krummendieke
Krempe
Hohenfelde
Bokelseß
Oersdorf
Heisterende
Groß Offenseth-
Heidkaten
Winsen
Kremp-dorf
Süderau
Höllen
Grönland
Langelner Heidkaten
Kisdorf
Elskop
Kl. Offenseth-
Horst (Holstein)
Horst/Elmshorn
-Aspern
Langeln
Henstedt-Ulzburg
Henstedt-U
Sommer-land
Sparries-hoop
-Hanredder
Barmstedt
Ulzburg
Siethwende
Heede
Alveslohe
Kiebitzreihe
Hemdingen
Bilsen
Obendeich
Gehlensiel
S 602
S 608
S 609
S 607

214
207
A
B
C
D
1
2
3
4
5
6
Nationalpark
Schleswig-Holsteinisches
Wattenmeer
Hörnum (Sylt)
Hörnumtief
Föhr
Osterland
Westerland
Ackerum
Dunsum
Oldsum
Süderende
Utersum
Hedehusum
Witsum
Borgsum
Alkersum
Midlum
Oevenum
Wrixum
Goting
Nieblum
Wyk auf Föhr
Museum Kunst der Westküste
Friesenmuseum
S 803
C 808
Dagebüll-Hafen
Juliane-Marienkoog
Neu-galmsbüll
Fahretoft
Bongsieler Kanal
8
Amrum
Kniepsand
Norddorf
Nebel
Süddorf
Steenodde
Wittdün
C 807
Nordfriesische Inseln
Norderaue
Süderaue
Oland
Langeneß
Hunnenswarf
Kirchwarf
Ketelswarf
Mayenswarf
Bandixwarf
Tadenswarf
Hilligenley
Gröde-Appelland
Gröde
Habel
Halligen
Hamburger Hallig
Japsand
Hooge
Ipkenswarf
Backenswarft
Sandshörn
Königspesel
Ockenswarft
Hoogeloch
Norderoog
Norderoog-sand
S 801
Pellworm
Waldhusen
Tammensiel
Ostertilli
Schmer-hörn
C 806
Rummelloch
Schutzzone I
Süderoog
Süderoogsand
Norderhever
Heverstrom
Nordstrand
Südfall
Rungholt-sand
Helgoland
Süderhever
Stufhusen
Utholm
Norderheverkoog
Augusten-koog
Westerhever
Wester-hever-sand
Leuchtturm Westerheversand
Tümlauer Bucht
Tümlauer Koog
Poppenbüll
Eiderstedt
Medehop
Sandwehle
Tating
Garding
Ording
Brösum
Surferstrand
Bad Sankt Peter
St. Peter-Ording
Wittendün
Böhl
Süderhöft
Ehst
Grothusen-koog
C 726
C 727
C 725
S 707
C 722
C 723
C 724
7

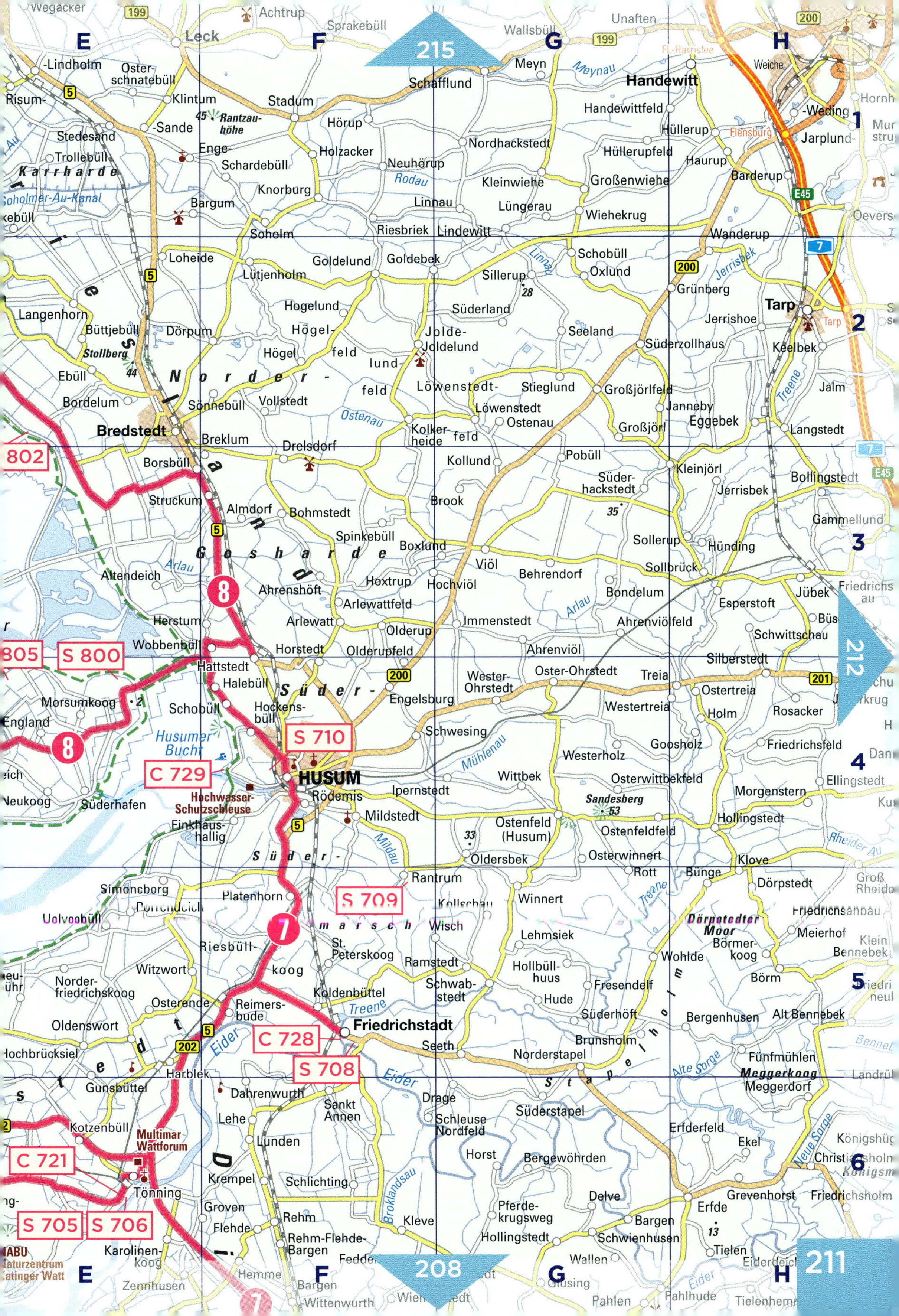

215
212
208
Leck
Schafflund
Handewitt
Flensburg
Tarp
Bredstedt
Nordergoesharde
Südergoesharde
Hattstedt
HUSUM
Rödemis
Mildstedt
Husumer Bucht
Hochwasser-Schutzschleuse
Friedrichstadt
Tönning
Multimar Wattforum
Eider
Treene
Süderstapel
Norderstapel
Stapelholm
Viöl
Ostenfeld (Husum)
Schwabstedt
Lunden
Dörpstedter Moor
Meggerkoog
S 710
C 729
S 709
C 728
S 708
C 721
S 705
S 706
S 800
802
805

215
211
209
A
B
C
D
1
2
3
4
5
6
Maasbüll
Bönstrup
Dollerup
Bucht
Steinbergholz
Nieby
Falshöft
Tastrup
Weseby
Husby
Grundhof
Steinberghaff
Wackerballig
Pommerby
Hornholz
Hürup
Husbyholz
Schwensby
Quern
Scheersberg
Steinberg
Steinbergkirche
Niesgrau
Gelting
Kronsgaard
Munkwolstrup
Kleinwolstrup
Ausacker
Winderatt
Dingholz
Sterup
Esgrus
Birzhaft
Rundhof
Rabenholz
Frelenwill
Flatzby
Hasselberg
Juhlschau
Groß-soltbrück
Estrup
Kollerup
Südensee
Sörup
Ahneby
Esgrus-schauby
Stangheck
Schwackendorf
Oehe
Oeversee
Bondenau
Obdrup
Sörupholz
Stoltebüll
Wormshöft
Treßsee
Satrup
Mühlenholz
Stutebüll
199
Rabel
Großsolt
Rüde
Gulde
Kraghöh
57
Maasholm
Großsoltholz
Esmark
Mohrkirch
Rügge
Brarupholz
Oersberg
Sandbek
Schlei
Angeln
Köhnholz
Saustrup
Wagersrott
Kappeln
Olpenitz
Süderschmedeby
Havetoftloit
Mohrkirch-osterholz
Hostrup
Dammholm
Norderbrarup
Scheggerott
Ellenberg
Havetoft
Ekeberg
Thumby
Böel
Dollrottfeld
Rabenkirchen-Faulück
Weidefeld
Sieverstedt
Schnarup-Thumby
201
Grödersby
203
Stenderupau
Ülsbyholz
Struxdorf
Brebel
Süderbrarup
Arnis
Kopperby
Brodersby
Ülsby
Kiesby
Ekenis
Karby
Poppholz
Klappholz
Buschau
Loit
Nottfeld
Boren
Ketelsby
Winnemark
Dörphof
7
Kattbek
Bienebek
Stolk
Böklund
Steinfeld
Lindaunis
Schuby
E45
Süderfahrenstedt
Wellspang
Twedt
Lindaumühlenholz
Sieseby
Thumby
Hegenholz
Idstedt
Langsee
Tolk
Kius
Freizeitpark Tolk-Schau
Ulsnis
Stubbe
Maasleben
Doro
Haarholm
Taarstedt
Krieseby
Pommerby
Schwastrum
Berend
Nübel
Bistorf
Holzdorf
Söby
Friedrichsau
Neuberend
Schaalby
Hestoft
Großwaabs
Boo
Royum
Goltoft
Rieseby
Lürschau
Moldenit
Norby
Rotensande
Klensby
Brodersby
Basdorf
48
Waabs
Füsing
Geel
Bohnert
Schwansen
Sophienhof
Schuby
SCHLESWIG
Schloß Gottorf
Dom
Missunde
Sönderby
Loose
Langholz
Schlei
Ludwigsburg
Hüsby
Borgwedel
Kosel
Barkelsby
Fahrdorf
Gammelby
Hohenstein
Karlsminde
Busdorf
Haithabu
76
Güby
Hemmelmark
Dannewerk
Schleswig/Jagel
Götheby
Eckernförder Bucht
Ellingstedt
Selk
Fleckeby
Kochendorf
Windebyer Noor
Eckernförde
Kruse
Kurburg
Grundlos
Esprehm
Hummelfeld
Noer
Lindhöft
Rheider Au
Klein Rheide
Jagel
Geltorf
Fellhorst
Windeby
Schnellmark
Aschau
Stubbendorf
Osterby
Neudorf
Lottorf
Saar
19
Hüttener Berge
Hütten
Goosefeld
Altenhof
Groß Rheide
Ascheffel
Borghorst
Dänischer Wohld
77
Brekendorf
Scheelsberg
106
Damendorf
Bornstein
Boklund
Naturpark
Lehmsiek
Harzhorn
Hohenlieth
Gettorf
Klein Bennebek
Kropp
Ahlefeld
203
Groß Wittensee
Harfe
Owschlag
Bistensee
Holtsee
Norby
Revensdorf
Friedrichsneuland
Ramsdorf
Bistensee
Klein Wittensee
Wittensee
Haby
Lindau
Tüttendorf
Owschlag
E45
Hüttener
24
Holzbunge
Grünhorst
Wulfshagenerhütten
Friedrichswiese
Heidbunge
Sorge
Neu Duvenstedt
Wentorf
Sehestedt
Bennebek
Krummenort
Berge
Bünsdorf
Großkönigsförde
Schinkel
Neu Warleb
Landrüh
Sorgwohld
Steinwehr
Nord-Ostsee-Kanal
Alt Duvenstedt
Schirnau
Osterrade
Rosenkranz
Tetenhusen
Rendsburg/Büdelsdorf
Lehmbek
Kluvensiek
Kleinkönigsförde
Groß Nordsee
Strohbr
Föhrden
Lohe-Föhrden
Rickert
Rade b. Rendsburg
Ehlersdorf
Krummwisch
Quarnbek
Königshügel
Ahrenstedt
Ostenfeld (Rendsburg)
Bovenau
Bredenbek
Achterwehr
Christiansholm
Königsmoor
Julianenebene
Büdelsdorf
S 610
Bredenbek
210
Achterwehr
Friedrichsholm
Hohner See
Fockbek
RENDSBURG
AK Rendsburg
Kronsburg
Brandsbek
Steinfurt
202
Hohn
Hochbrücke
Schwebefähre
Naturpark
Haßmoor
Felde
203
S 611
Schacht-Audorf
Höbek
Bossee
Ernsttal
Westensee
Mielkendorf
Hohenheide
Brux
Rodenbek
Nübbel
Westerrönfeld
7
Emkendorf
Westensee
Schierensee
Rumoh
88

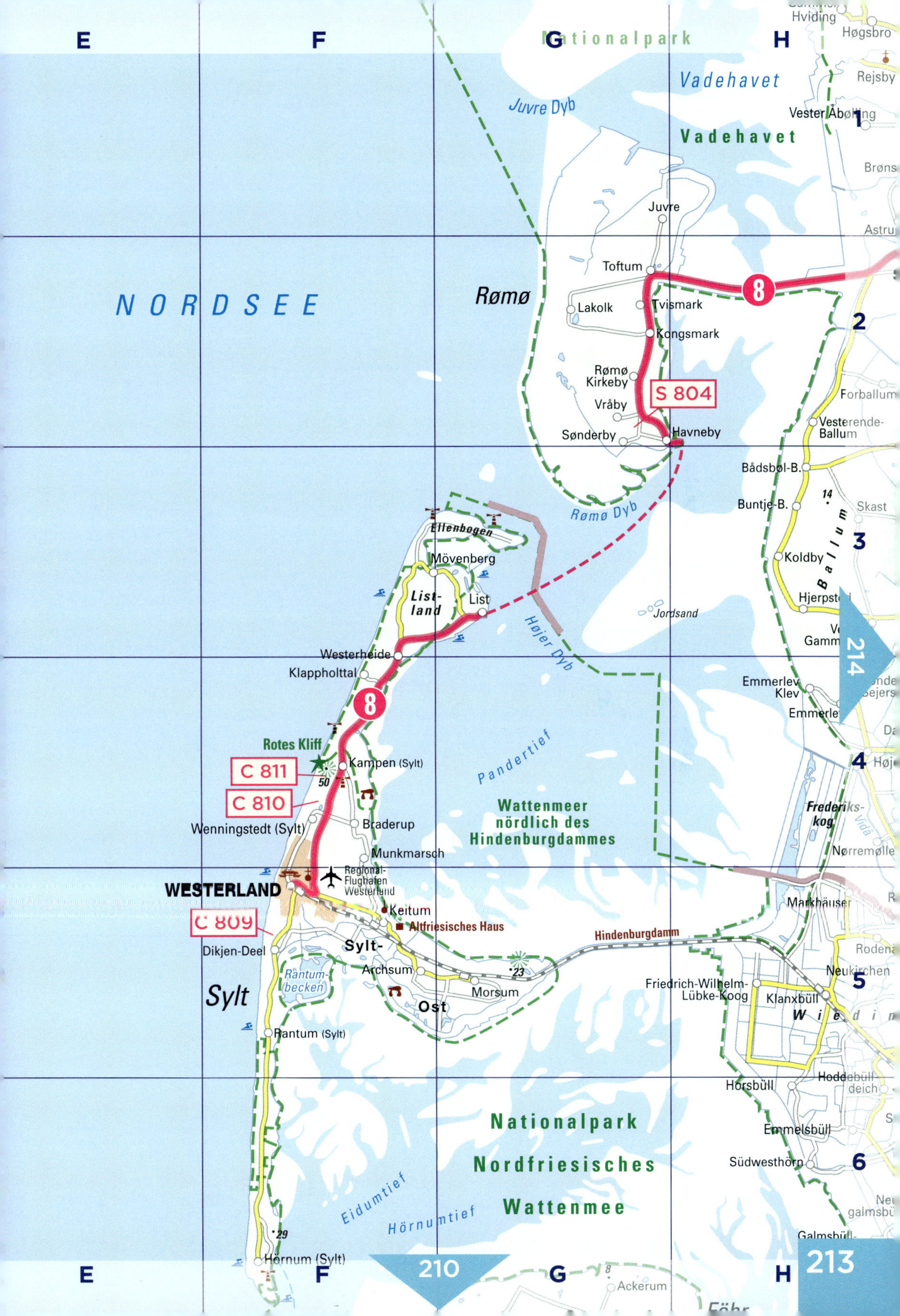

E
F
G
H
Nationalpark
Vadehavet
Vadehavet
Juvre Dyb
Hviding
Høgsbro
Rejsby
Vester Åbølling
Brøns
NORDSEE
Rømø
Juvre
Toftum
Lakolk
Tvismark
Kongsmark
Rømø Kirkeby
Vråby
Sønderby
Havneby
S 804
8
Forballum
Vesterende-Ballum
Bådsbøl-B.
Buntje-B.
Koldby
Ballum
Hjerpsted
Skast
Rømø Dyb
Ellenbogen
Mövenberg
List-land
List
Højer Dyb
Jordsand
214
Westerheide
Klappholttal
Emmerlev Klev
Rotes Kliff
C 811
C 810
Kampen (Sylt)
Pandertief
Braderup
Wenningstedt (Sylt)
Munkmarsch
Wattenmeer nördlich des Hindenburgdammes
Frederiks-kog
Nørremølle
Regional-Flughafen Westerland
WESTERLAND
Keitum
C 809
Altfriesisches Haus
Markhäuser
Hindenburgdamm
Dikjen-Deel
Sylt-Ost
Archsum
Morsum
Rantum-becken
Sylt
Friedrich-Wilhelm-Lübke-Koog
Klanxbüll
Neukirchen
Rantum (Sylt)
Horsbüll
Emmelsbüll
Südwesthörn
Nationalpark Nordfriesisches Wattenmee
Eidumtief
Hörnumtief
Hörnum (Sylt)
210
Ackerum
1
2
3
4
5
6

Nationalpark
Vadehavet
Vadehavet
A
B
C
D
1
2
3
4
5
6
Hviding
Høgsbro
Roager
Fjersted
Øster Åbølling
Spandet
Kastrup
Arnum
449
Gels Å
Rejsby
Rejsby Å
Haved
Vester Åbølling
Birkelev
Hølleskov
Vodder Kirke
Frifelt
Gånsager
Højrup
179
Stenderup
Brøns
Aved
Lindet
Allerup
Toft
Juvre
Ullerup
Renbæk
Astrup
Hønning
Toftum
Skærbæk
Øster Gasse
Rurup
Arrild
Geestrup
Lakolk
Tvismark
Kongsmark
Ottersbøl
Vinum
Tevring
Øbjerg
Roost
25
Mjolden
Døstrup
Kløjing
Rømø Kirkeby
S 804
Vråby
Sønderby
Havneby
Forballum
Lunde
Lovrup
Løgum Bjerge
Nørre Løgum
Bjerndrup
Bovlund
Vesterende-Ballum
Nørre Vollum
Sønder
Drengsted
Vester Terp
Løjtved
Randerup
Ulstrup
Visbjerg
Bådsbøl-B.
Abterp
Løgumgårde
Rømø Dyb
Buntje-B.
Skast
Brede
Kumled
Nybo
Løgumkloster
Harres
Bredebro
Kunstmuseum
Mårbæk
Alstev Kro
Ballum
Koldby
Trælborg
Ellum
Borg
Arnå
Alstev
Hjerpsted
Møllerup
Draved
Jordsand
Sølsted
Vester Gammelby
Nørre Sejerslev
Visby
Tyvse
Kongsbjerg
Vester Højst
Øster Højst
213
Emmerlev Klev
Sønder Sejerslev
Øster Gammelby
Travsted
Bøgvad
Emmerlev
Østerby
Abild
Vennemose
Søvang
Daler
Store Emmerske
Adelvad
Solderup
Højer
Gallehus
Sottrup
Lund
Schackenborg
Hostrup
Frederiks-koog
Bønderby
Vidå
Højer Kog
Tønder
Rørkær
Jejsing
Stemmild
Møgeltønder
Nørremølle
Nolde
Kog
Ubjerg
Sæd
Grønå
Grøndgård
Lydersholm
Markhäuser
Rudbøl
Aventoft
Klindt
Ellhöft
Hindenburgdamm
Rodenäs
Emil Nolde-Stiftung Seebüll
Süderlügumfeld
Pebersmark
Neukirchen
Wimmersbüll
Friedrich-Wilhelm-Lübke-Koog
Klanxbüll
Humptrup
Süderlügum
Westrefeld
Wiedingharde
Bundesgaarder See
Krakebüll
Westre
Bramstedtlund
Ladelund
Uphusum
Braderup
Lexgaard
Horsbüll
Hoddebüll-deich
Holm
Karlum
Nord
Nordergottes-koog
Südergottes-koog
Bosbüll
Emmelsbüll
Langstoft
Tinningstedt
Boverstedt
Uhlebüll
Klixbüll
Leckfeld
Südwesthörn
Klix-büllfeld
Niebüll
Wegacker
Neu-galmsbüll
199
Achtrup
Deezbüll
Leck
Galmsbüll-koog
Bökingharde
Lindholm
Oster-schnatebüll
210
Maasbüll
Risum-
Klintum
Stadum
Rantzau-
Föhr
8
11
5

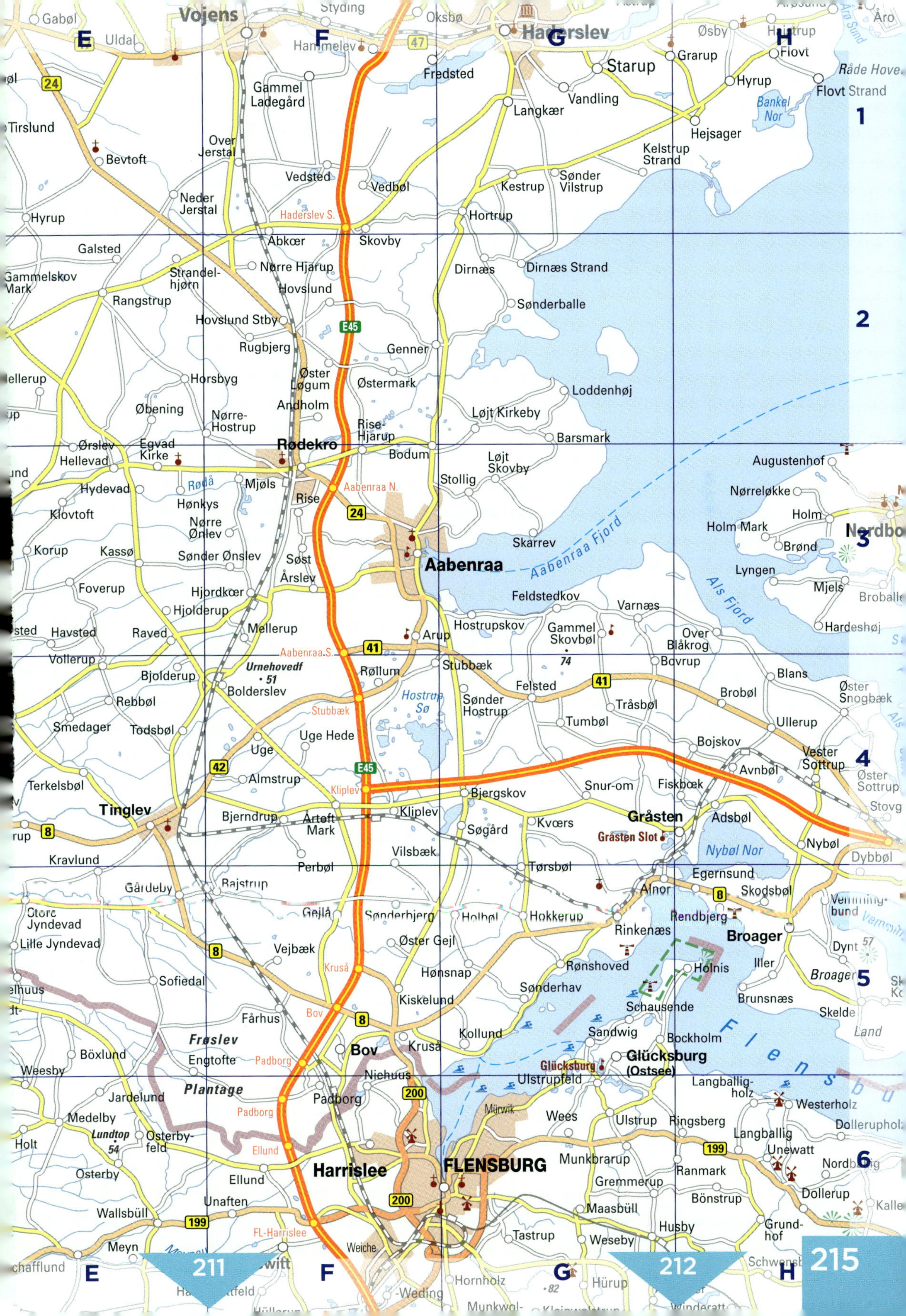

Vojens
Styding
Oksbø
Haderslev
Øsby
Årø
E F G H
Gabøl
Uldal
Hammelev
47
Fredsted
Starup
Grarup
Flovt
Hejstrup
Råde Hoved
Flovt Strand
Hyrup
Bankel Nor
Vandling
Langkær
Hejsager
Kelstrup Strand
24
Tirslund
Gammel Ladegård
Over Jerstal
Bevtoft
Vedsted
Vedbøl
Kestrup
Sønder Vilstrup
Neder Jerstal
Haderslev S.
Hortrup
Hyrup
Abkær
Skovby
Galsted
Nørre Hjarup
Dirnæs
Dirnæs Strand
Gammelskov Mark
Strandelhjørn
Hovslund
Rangstrup
Sønderballe
Hovslund Stby
E45
Rugbjerg
Genner
Øster Løgum
Østermark
Horsbyg
Loddenhøj
Øbening
Andholm
Nørre-Hostrup
Løjt Kirkeby
Rise-Hjarup
Ørslev
Egvad Kirke
Rødekro
Bodum
Barsmark
Hellevad
Løjt Skovby
Augustenhof
Stollig
Hydevad
Røde Å
Mjøls
Aabenraa N.
Nørreløkke
Klovtoft
Hønkys
Rise
Holm
Nørre Ønlev
24
Holm Mark
Nordborg
Skarrev
Brønd
Korup
Kassø
Sønder Ønslev
Aabenraa Fjord
Søst
Aabenraa
Lyngen
Årslev
Als Fjord
Foverup
Mjels
Broballe
Hjordkær
Feldstedkov
Hjolderup
Varnæs
Havsted
Raved
Mellerup
Hostrupskov
Gammel Skovbøl
Over Blåkrog
Hardeshøj
Arup
Vollerup
Aabenraa S.
41
74
Bovrup
Urnehovedf 51
Stubbæk
Bjolderup
Bolderslev
Røllum
Blans
Felsted
41
Hostrup Sø
Sønder Hostrup
Brobøl
Øster Snogbæk
Rebbøl
Stubbæk
Tråsbøl
Tumbøl
Ullerup
Smedager
Todsbøl
Uge Hede
Bojskov
Uge
Vester Sottrup
42
Avnbøl
Øster Sottrup
Terkelsbøl
Almstrup
E45
Kliplev
Snur-om
Fiskbæk
Bjergskov
Tinglev
Stovg
Bjerndrup
Årtoft Mark
Kliplev
Gråsten
Adsbøl
8
Søgård
Kværs
Gråsten Slot
Nybøl
Kravlund
Vilsbæk
Nybøl Nor
Dybbøl
Perbøl
Tørsbøl
Egernsund
Gårdeby
Rajstrup
Alnor
8
Skodsbøl
Store Jyndevad
Gejlå
Sønderbjerg
Holbøl
Hokkerup
Rendbjerg
Vemmingbund
Rinkenæs
Broager
Lille Jyndevad
Øster Gejl
8
Vejbæk
Kruså
Rønshoved
Iller
Dynt
Sofiedal
Hønsnap
Holnis
Broager Land
Sønderhav
Brunsnæs
Fårhus
Kiskelund
Schausende
Skelde
Frøslev
Bov
8
Sandwig
Böxlund
Kollund
Bockholm
Engtofte
Padborg
Bov
Kruså
Glücksburg
Glücksburg (Ostsee)
Weesby
Plantage
Niehuus
Ulstrupfeld
Langballigholz
Jardelund
Padborg
200
Westerholz
Medelby
Padborg
Mürwik
Wees
Ulstrup
Ringsberg
Dollerupholz
Lundtop 54
Osterbyfeld
Langballig
Holt
Ellund
199
Unewatt
Harrislee
FLENSBURG
Munkbrarup
Osterby
Ranmark
Nordballig
Ellund
Gremmerup
Unaften
200
Bönstrup
Dollerup
Wallsbüll
199
Maasbüll
Kalleby
FL-Harrislee
Tastrup
Husby
Grund-hof
Meyn
Weiche
Weseby
Schafflund
211
212
Hornholz
Hürup
Schwensby
-Weding
Munkwolstrup
Kleinwolstrup

IMPRESSUM

Verantwortlich: Kerstin Thiele
Lektorat: Michaela Zelfel
Layout: Elke Mader, Rudi Stix
Repro: Cromika
Kartografie: Heidi Schmalfuß, Huber Kartographie
Herstellung: Anna Katavic
Printed in Slovenia by Florjancic

Sind Sie mit diesem Titel zufrieden? Dann würden wir uns über Ihre Weiterempfehlung freuen.
Erzählen Sie es im Freundeskreis, berichten Sie Ihrem Buchhändler, oder bewerten Sie bei Onlinekauf. Und wenn Sie Kritik, Korrekturen oder Aktualisierungen haben, freuen wir uns über Ihre Nachricht an den Bruckmann Verlag, Postfach 40 02 09, D-80702 München oder per E-Mail an lektorat@verlagshaus.de.

Unser komplettes Programm finden Sie unter www.bruckmann.de

Alle Angaben dieses Werkes wurden vom Autor sorgfältig recherchiert und auf den neuesten Stand gebracht sowie vom Verlag geprüft. Für die Richtigkeit der Angaben kann jedoch keine Haftung übernommen werden, weshalb die Nutzung auf eigene Gefahr erfolgt. Insbesondere bei GPS-Daten können Abweichungen nicht ausgeschlossen werden.

Bildnachweis: Alle Bilder auf der Umschlagrückseite und im Innenteil stammen vom Autor außer: S. 24, 25 Shutterstock/Marc Venema; S. 40 Shutterstock/Jan Schneckenhaus; S. 44, 45 u. Shutterstock/Eddi-m; S. 45 o. Shutterstock/tobibambola; S. 46 o. Shutterstock/dirkr; S. 63 o. Shutterstock/Copula; S. 63 u. Shutterstock/FRDMR; S. 82 Shutterstock/gg-foto; S. 90 o. Shutterstock/Bildagentur Zoonar GmbH; S. 90 u. Shutterstock/SSchaefer; S. 91 Shutterstock/manfredxy; S. 92 oben li. Shutterstock/Askolds Berovskis; S. 92 oben re., 96, 171 o. Shutterstock/Oliver Hoffmann; S. 93 Shutterstock/Christian Colista; S. 98 Pinguinmuseum Cuxhaven; S. 105 re. Shutterstock/Manfred Ruckszio; S. 105 li. Shutterstock/Volker Rauch; S. 124 o. Shutterstock/shichko; S. 125 wikimedia, Barghann; S. 143 picture alliance/Arco Images GmbH, T.Schäffer; S. 171 o. Shutterstock/mese.berg; S. 172 o. Shutterstock/bluecrayola.

Umschlagvorderseite: Strandparkplatz, Sankt Peter-Ording
Umschlagrückseite: Im Hafen von Dangast

Die Deutsche Nationalbibliothek verzeichnet diese Publikation in der Deutschen Nationalbibliografie; detaillierte bibliografische Daten sind im Internet über http://dnb.d-nb.de abrufbar.

Vollständig überarbeitete Neuauflage

ISBN 978-3-7343-2307-2

Originalausgabe mit dem Titel „Nordseeküste mit dem Wohnmobil“, ISBN 978-3-7343-1060-7 © 2018